人类经济社会思想探索前沿丛书

惯例

一项哲学层面的研究

[美]大卫·刘易斯(David Lewis)著
方 钦 译

上海财经大学出版社 WILEY

本书由上海市新闻出版专项资金资助出版

图书在版编目(CIP)数据

惯例:一项哲学层面的研究/[美]大卫·刘易斯(David Lewis)著;方钦译.
—上海:上海财经大学出版社,2021.1
(人类经济社会思想探索前沿丛书)
书名原文:Convention:A Philosophical Study
ISBN 978-7-5642-3499-7/F·3499

Ⅰ.①惯…　Ⅱ.①大…②方…　Ⅲ.①经济协调-研究　Ⅳ.①F014.9

中国版本图书馆 CIP 数据核字(2020)第 047517 号

图字:09-2015-773 号

□ 责任编辑　石兴凤
□ 封面设计　张克瑶

惯　例
一项哲学层面的研究
[美] 大卫·刘易斯 (David Lewis) 著
方　钦　译

上海财经大学出版社出版发行
(上海市中山北一路 369 号　邮编 200083)
网　址:http://www.sufep.com
电子邮箱:webmaster@sufep.com
全国新华书店经销
上海华教印务有限公司印刷装订
2021 年 1 月第 1 版　2021 年 1 月第 1 次印刷

710mm×1000mm　1/16　14.75 印张(插页:2)　226 千字
定价:75.00 元

本译著系国家社会科学基金一般项目,“大卫·刘易斯的惯例理论及其对当代经济学制度分析的影响研究”(项目编号:18BJL010)的阶段性研究成果。

人类经济社会思想探索前沿丛书

总　序

20 世纪 40 年代以来，国际上的经济学、哲学和社会科学各领域都取得了巨大的理论进展，也随之出现了一大批大师级的思想家，并相应产生了许多理论艰深、思想深邃、影响深远的学术著作。

在当代经济学、哲学和其他社会学科的殿堂中，可谓是群星灿烂，大家辈出。这些当代思想大家的著作，代表了国际学术界反思和探讨人类社会构成、运作及变迁机理的前沿理论探索。尤其是自 20 世纪 60 年代以来，在各学科以及各领域中，许多学术思想大家已经破除了学科壁垒和门户之见，经常产生跨学科和跨研究领域的思想对话。在经济学（特别是在福利经济学和社会选择理论）、伦理学、政治哲学、法学、社会学诸领域中，一些学术思想大家经常关注同一类社会现象，探讨同一类经济与社会理论问题，著书立说，从而拓宽人们的视野，推进人类对经济和社会现象的认识，并进而把人类社会反思自身存在等问题的知识不断推向前沿和理论深处。

1978 年以来，伴随着中国 40 年来的思想解放和改革开放的历史进程，国内学术界翻译出版了大量西方古代、近代乃至当代的一些哲学社会科学的学术著作。但是，值得注意的是，仍有很多当代的有思想价值的学术著作被中国学界和翻译界所忽视，尤其是哲学、经济学、社会科学的跨学科方面的一些理论艰深、探索前沿的学术专著，以及一批艰涩难懂和难以翻译的著述，至今仍然未有译介。

经反复酝酿和挑选，我们选编了这套“人类经济社会思想探索前沿丛书”。这套丛书将覆盖诸多现在被人为划分为门类的学科，包括经济学、哲学、伦理学、政治哲学、法学、人类学、社会学等学科的前沿思想及各学科的交叉领域。

我们希望把这套丛书做成一个开放的系统，不断把已有的和新近出现的世界各国学术界真正有思想的经济社会理论探索的著作和菁华引介到中文世界中来，从而期盼未来中国学术思想界也能与世界上的同行们同步思考，并为未来中国的经济发展和社会变迁提供思想资源，奠定一些深层的理论认识基础。

韦　森

2020 年 8 月 16 日

译者前言

一

大卫·刘易斯，全名为大卫·凯洛格·刘易斯(David Kellogg Lewis，1941—2001)，美国哲学家。先后执教于加州大学洛杉矶分校(UCLA)和普林斯顿大学。他在当代语言哲学、心灵哲学、逻辑哲学、概率论、形而上学以及美学等领域均有重要贡献。

刘易斯于1941年9月28日出生于美国俄亥俄州的欧柏林(Oberlin，Ohio)，父亲约翰·D.刘易斯(John D. Lewis)是欧柏林学院的政治学教授，母亲露丝·尤尔特·凯洛格·刘易斯(Ruth Ewart Kelloggs Lewis)则来自一个学术世家，是一位出色的中世纪历史研究者，但是未曾执教，除了博士论文她也未曾发表过其他著作。刘易斯父母共有三位子女，而大卫是家中长子。

高中阶段开始刘易斯就显露出他的学术才华。他很少去上学，反而参加了欧柏林学院的化学课程，并且暑期在学院的化学实验室工作(1954—1957)。不过大概也正因为如此，他没能拿到高中文凭，高中没有毕业。

1957年，刘易斯就读于斯沃斯莫尔学院(Swarthmore College)，一开始他的兴趣仍然是化学，但同时也开始修读哲学和符号逻辑课程。1959—1960年，刘易斯全家在牛津待了一年时间(因为他的父亲在牛津做访问学者)，刘易斯因此中断了化学学习，转向了哲学。在牛津，他父亲的同事接纳他作为一名牛津的本科学生，并为他指派了一位哲学导师，由此刘易斯开始了他的哲学课程学习。其间，他除了每周定期交一篇哲学论文并接受一对一指导外，还参加了格赖斯（H. P. Grice）、斯特劳森（P. F. Strawson）、赖尔（Gilbert Ryle）和奥斯汀（J. L. Austin）等人的讲座，接触到牛津日常语言学派。不过按照刘易斯妻子（Stephanie R. Lewis）的说法，刘易斯当时并未受到牛津这些大哲的影响。[参见《大卫·刘易斯的学术生平（1941—2001）：早期影响》，收录于文集《与大卫·刘易斯同行》（*A Companion to David Lewis*，2015），这部论文集中收录了近二十年来有关刘易斯生平和哲学理论的评论文章。]

之后刘易斯回到斯沃斯莫尔学院，由于学校不允许他将哲学作为辅修专业，所以他转为主修哲学，他的毕业论文主题是道德哲学。

1962—1975 年，刘易斯在哈德逊研究所兼职，这段时间里刘易斯学习并研究了博弈理论。1962 年刘易斯去了哈佛大学，参加了由斯马特（J. J. C. Smart）举办的研讨班，他与斯马特之间的友谊一直持续到他去世；并通过斯马特，刘易斯和澳大利亚学术圈保持着密切联系，基本上从 20 世纪 70 年代开始，他每年都会定期前往澳大利亚与哲学界同行交流一次。其间，他也结识了蒯因（W. V. O. Quine）和普特南（Hilary Putnam），一同探讨哲学问题。他于 1967 年在哈佛获得了博士学位，指导老师正是蒯因。刘易斯在哈佛求学和从事研究期间，克里普克（Saul Kripke）、内格尔（Tom Nagel）、丹尼特（Daniel Dennett）等人都在蒯因门下学习，他们后来都成为世界级著名哲学家。其中刘易斯和克里普克是蒯因最为出色的两名学生。（克里普克于 1962 年在哈佛大学获得数学学士学位，并作为工作人员和讲师一直工作到 1968 年。）

1966 年刘易斯在加州大学洛杉矶分校担任助理教授；1971 年他开始执教于普林斯顿大学，直到去世。同时刘易斯也是美国艺术与科学学院、英国科学院院士，澳大利亚人文科学学院的荣誉会员。

刘易斯酷爱甜食——这点从他在本书中的致谢词中就可以体现出来，因此长期患有严重的糖尿病，最终因为糖尿病引起的并发症于 2001 年 10 月 14

日突然离世。

二

刘易斯去世后，世界权威哲学刊物《心灵》(*Mind*)杂志刊发纪念文章，认为刘易斯哲学延续了分析性的体系哲学之主流传统，继承罗素(Bertrand Russell)、卡尔纳普(Rudolf Carnap)以及古德曼(Nelson Goodman)等人的观点，即在极小基底上“重构”我们对于世界的认知，因此刘易斯虽然追随的是蒯因的方法，却得到了非蒯因式的结论。刘易斯的研究主要涉及两大领域：一是有关语言作为思想表达之惯例体系的论述；二是模态论研究。参照维基百科词条，刘易斯的模态实在论是他影响范围最广，同时也最具有争议性的内容，其主要观点为：(1)可能世界存在；(2)每一个可能世界都是一个具体实体；(3)任何一个可能世界都在因果关系和时空关系上与其他可能世界相分离；(4)我们的世界是诸可能世界中的一个。

索姆斯(Scott Soames)曾评价说：“从 20 世纪 70 年代早期开始，一直到 2001 年，在英语世界中，大卫·刘易斯和索尔·克里普克就取代了 W. V. O. 蒯因在形而上学、认识论、语言哲学和逻辑哲学等领域的领导地位。”[参见《大卫·刘易斯在分析哲学中的位置》(*David Lewis's Place in Analytic Philosophy*)，收录于文集《与大卫·刘易斯同行》。]

而就在 2019 年 8 月 20 日，美国哲学家施维茨格贝尔(Eric Schwitzgebel，执教于加州大学河滨分校)做了一次评估，让他的儿子使用最新的计算机技术对收录于《斯坦福哲学百科全书》(*Stanford Encyclopedia of Philosophy*)中的 295 位引用率最高的当代哲学家进行统计排名(其实之前他已经做过类似的统计)，用来作为评价这些哲学家影响力的指标之一。其中排名前五位的分别是：大卫·刘易斯、W. V. O. 蒯因、希拉里·普特南(Hilary Putnam)、约翰·罗尔斯(John Rawls)和索尔·克里普克。刘易斯在《斯坦福哲学百科全书》中有 267 项条目提及，远远高于排名第二的、他的老师蒯因(191 项)。(这次评估的具体内容和详细方法可参见施维茨格贝尔的博客文章，网址：http://schwitzsplinters.blogspot.com/2019/08/the-295-most-cited-contemporary-authors.html。)

《惯例》出版于1969年，是刘易斯的第一本专著，在他的博士论文基础上修改而成。刘易斯一生专著不多，只有四部，另有一部文集；此外，到目前为止还出版过五部论文集，收录了他的99篇论文。但相较于刘易斯那些在哲学界影响深远的著述而言，《惯例》一书十分特殊：它在经济学界的影响力恐怕要远远胜于哲学界，尽管许多经济学者目前尚未认识到这一点。

在当下经济学界，制度研究即便不是热点，也是最为重要的研究主题之一；而在制度分析中，博弈论又是最重要的基础工具。但博弈理论又是如何进入制度研究之中的呢？对于这一点，经济学界有一个流传极广的"都市传说"——即新制度经济学家最早将博弈理论引入了制度分析。

之所以会有这样一种误解，可能很大程度上得益于来自诺思(Douglass C. North)的那个引用率极高的制度定义，制度是"一个社会的博弈规则，或者更规范地说，它们是一些人为设计的、形塑人们交往行为的约束"(《制度、制度变迁和经济绩效》，英文版第3页)。然而，诺思的这个定义不仅语焉不详，还引发过诸多误解，对此笔者曾在《经济学制度分析的源流、误识及其未来》(《南方经济》，2018年第12期)一文中略有说明，在此不再赘述。

事实上，早在新制度经济学家们注意到博弈论之前，作为一股独立的研究思潮，博弈论制度分析就已经发展了差不多十年之久。目前我们所知的使用博弈理论研究社会制度的第一部经济学著作是肖特(Andrew Schotter)的《社会制度的经济理论》(*The Economic Theory of Social Institutions*, 1981)；而引用率更高，且影响更为深远的，则是萨格登(Robert Sugden)的《权利、合作与福利的经济学》(*The Economics of Rights, Cooperation, and Welfare*, 1986, 2004)。此后，作为演化博弈论(evolutionary game theory，目前已与主流的经典博弈理论相互融合)的主要研究议题之一，出现了一大批博弈论制度分析文献，其中代表性学者及其著作有：宾默尔（Ken Binmore）的《博弈论与社会契约，第一卷：博弈公平》（*Game Theory and Social Contract*，*Vol. I*：*Playing Fair*，1994），《博弈论与社会契约，第二卷：正义博弈》（*Game Theory and Social Contract*，*Vol. II*：*Just Playing*，1998）；威布尔（Jörgen W. Weibull）的《演化博弈论》（*Evolutionary Game Theory*，1995）以及扬（H. Peyton Young）的《个人策略与社会结构》（*Individual Strategy and Social Structure*，1998）等。

综观这些著作，会发现两个显著特点。其一，这些学者的著作中基本上很少提及新制度经济学的那些代表性学者和他们的理论。其中前述的几位教授曾私下和笔者坦言，他们从未读过科斯（Ronald H. Coase）、诺思或是威廉姆森（Oliver E. Williamson）这些获得诺奖的新制度经济学领军人物的文章。倒是和制度研究具有亲缘性但更为主流的学者，比如阿罗（Kenneth J. Arrow）和布坎南（James M. Buchanan），对他们有重要的影响。其二，这些著作所使用的分析框架，与新制度经济学差异很大，但又毫无例外地具有某种相似性：休谟（David Hume）《人性论》的第三卷是他们共同的理论源泉；他们有关社会制度生成机制的分析，通常都会从协调问题入手，作为研究的出发点；最终，他们又往往会回到社会规范——即道德命题——的讨论上。

这种论证理论上的近似性表明博弈论制度分析存在着其特有的理论渊源，这就是来自哲学界，特别是分析哲学和语言哲学界有关个人理性选择和社会规范的研究。其中具有代表性的著作有：乌尔曼-玛格丽特（Edna Ullman-Margalit）的《规范的产生》（*The Emergence of Norms*，1977）；斯科姆斯（Brian Skyrms）的《社会契约的演化》（*Evolution of the Social Contract*，1996），《猎鹿和社会结构的演化》（*The Stag Hunt and the Evolution of Social Structure*，2004）；比基耶里（Cristina Bicchieri）的《社会的语法：社会规范的性质与动态过程》（*The Grammar of Society*：*The Nature and Dynamics of Social Norms*，2006），《象牙塔之外的规范：如何诊断、度量和改变社会规范》

(*Norms in the Wild: How to Diagnose, Measure, and Change Social Norms*,2017)。

而上述所有这些著作的起源,正是刘易斯的《惯例》。可以说,本书是博弈论制度分析之理论基础的奠基之作。

可见,就刘易斯在当代哲学界的地位和本书对于经济学制度分析的意义来说,笔者再做任何评论都无疑有画蛇添足、班门弄斧之嫌。因此在这篇前言中,笔者只是想简单地谈论两点:(1)概述本书中刘易斯的理论框架;(2)根据刘易斯的惯例理论反思当下经济学制度分析中我们可能忽视的三个问题。

三

确切来说,本书的主旨其实不在于"惯例",而是"语言"。刘易斯想要证明的,是两百多年前休谟在《人性论》中写下的一个论断:"以相同的方式,无需任何的承诺,通过人类惯例得以逐步形成语言。"(《人性论》,第三卷,第二章,第二节)即"语言是惯例"这个命题。

将语言视为惯例,本是一个古老的观点,或者如刘易斯所言,一个"寻常道理"。不过在刘易斯写作本书的年代,以他的老师蒯因为代表的一些人的主张逐渐流行起来,认为"语言是惯例"这个命题会导致无限递归的难题。也就是说,如果语言是一项惯例的话,那么在不存在语言的时候,我们又使用什么样的惯例来确立语言惯例呢?如果说不存在语言之时还有一种"元语言"(meta-language),那么元语言惯例是什么,我们又是通过什么样的惯例来确立元语言惯例的呢?这样一层层逐级递归的结果,得到的就是"语言不是惯例"的命题。正是对"语言是惯例"的怀疑,促使当代分析哲学和语言哲学转向了对自然语言而非人为语言的研究。

在刘易斯看来,蒯因式的怀疑论很大程度上是源自对惯例概念的误解:将惯例视为一种协定(agreement)——由我们一致同意的规则(rules)所确立起来的协定,但事实上根本不存在这样的协定。所以要证明"语言是惯例",首先要界定“惯例”是什么。这就是本书前三章的主要内容。

刘易斯的惯例定义从协调问题入手，后世博弈论制度分析大多都延续了这一分析理路。而刘易斯之所以这样做，一方面是由于休谟在得出“语言是惯例”这一论断的相关章节中，涉及的是与协调问题相关的例子；另一方面则是谢林(Thomas C. Schelling)的影响。因为当时的博弈理论还处于冯·诺依曼(John von Neumann)和莫根施特恩(Oskar Morgenstern)的时代——纳什(John Nash)尚未成为主流，而冯·诺依曼式的博弈理论主要研究的是参与人之间利益冲突的情形，但语言的形成并非那种你死我活的利害冲突，更多的是相互之间的沟通理解——即协调问题。所以刘易斯赞同谢林的主张：博弈理论研究应当发生转向，从纯冲突博弈转向纯协调博弈。这样，刘易斯就开启了博弈论制度分析的研究模式，运用协调博弈来定义惯例。

受当时博弈理论发展程度所限，本书中运用的博弈论分析工具今日看来确实有些落后了，刘易斯主要是运用占优策略作为协调问题的均衡解。但值得注意的是刘易斯对于存在多重均衡时如何剔除其他均衡解的分析，这里需要特别强调的是以下两点：第一，刘易斯率先提出作为惯例的均衡解必须是多重均衡中的某一个(在本书第二章中他特别分析了备选惯例——即其他均衡解——存在的必要性)，如果只有唯一一种方式来解决协调问题，那么这不是惯例，而是某种预先安排的“设计”；这与我们的选择无关，无论我们如何行为，都必须如此。换言之，人类社会的制度必须是个人选择的结果，既不是生物本能，也不是物理世界的法则。第二，刘易斯将协调问题的解决诉诸“共同预期”，即“我预期你预期我预期你预期我预期……”。熟悉博弈理论的读者立即会明白这就是“共同知识”问题，但刘易斯指出，这种想象他人是如何思考的复制推理过程，并非一种人与人之间的交往过程，而是个人独立的理性计算过程。这样刘易斯有意无意地削弱了博弈分析，回到了传统决策理论的路径上；同时也避免了早期经典博弈论中强理性推导(即无限推衍)的缺陷。在刘易斯看来，这种理性计算方式所依赖的是谢林提出的“显著性”(salience)，而显著性来自人与生俱来的类推能力和经验归纳(先例)的结果。

就这样,当我们的共同预期相互一致时,我们能够解决协调问题;当我们(我们自己或者与我们相关的前人)反复通过相似的行为解决相似的协调问题时,经验的积累促使我们的交往行为趋于稳定,形成"行为的常规性";当出现某种行为的常规性时,我们的共同预期就转变为共同信念,这种共同信念促使我们以某种特定的行为模式解决特定的或者与之相似的协调问题,这就是惯例(第 42 页,原书页码,即本书边码):

当群体 P 的成员作为某一重复出现的情境 S 中的参与人时,他们行为的常规性 R 是一项**惯例**,当且仅当群体 P 的成员在属于 S 的任何事例中:

(1)每个人都遵从 R;

(2)每个人都预期其他每个人都遵从 R;

(3)在其他人都遵从 R 的条件下,每个人都偏好遵从 R,因为 S 是一个协调问题,而对于 R 的一致遵从是 S 的一个真正的协调均衡。

这是本书提出的第一个惯例定义,也是后来的博弈论制度分析文献中引用率最高的一个定义。但是很多经济学家似乎并没有注意到,刘易斯认为这只是一个粗略的定义。

随后在本书的第二章中,刘易斯对惯例概念做出了进一步的精致化处理。首先就是共同知识问题。如前所述,产生共同预期的基础是共同知识,而共同知识是理性、经验归纳能力和客观环境传递给当事人的信息三者所共同促成的结果,它是惯例形成的必要条件。但共同知识最大的困难就是理性的限度问题:我们对于他人行为的预期究竟需要达到什么样的程度?

刘易斯的解决方案是"弱知识",即在实际惯例的形成过程中,我们绝大多数人根本不会使用到强理性推理,通过平常的方式即可达成共同预期并拥有付诸行动所需的知识,这就是"惯例知识"。刘易斯列举了三类惯例知识,其中最为重要的是他有关综合意义上(in sensu composito)和分离意义上(in sensu diviso)的一般性预期的区分，即作为一名研究惯例的专家来说，他会在综合意义上对某一特定群体内所有参与人的行为做出预期，这时涉及的是强理性推理；但是对当事人来说，并不需要如此，他只需对特定的事、特定的人、特定的时间与场合，具有特定的预期即可，只要他能将这种特定情形下形成的知识类推至其他相似的情形中，那么也可以形成一种一般化的预期，进而达成共同预期。

刘易斯的这一处理方式与时下经济学界所热衷的西蒙(Herbert A. Simon)的"有限理性"，或者是哈贝马斯(Jürgen Habermas)的"情境理性"("交往理性")概念看上去有些类似，且都能得到差不多的结论。但是与后二者相比，无疑刘易斯的方案更胜一筹，更符合标准的形而上学逻辑。因为理性的本质和理性的运用能力本就是两个问题，刘易斯在肯定理性的前提下着重讨论的是人类如何实际运用理性。而"有限理性"和"情境理性"这两个概念在某种程度上混淆了理性和理性运用能力之间的差异。

接下来，刘易斯讨论了备选惯例和弱化共同预期——即允许存在违反行为常规性的例外情形——两个问题，由此得出了惯例的最终定义(第 78 页)：

当群体 P 的成员作为某一重复出现的情境 S 中的参与人时，他们的行为常规性 R 是一项**惯例**，当且仅当群体 P 的成员在属于 S 的几乎任何事例中，如下条件为真，且如下条件构成群体 P 的共同知识：

(1)几乎每个人都遵从 R；

(2)几乎每个人都预期几乎其他每个人都遵从 R；

(3)对于所有可能的行动组合，几乎每个人都有近乎相同的偏好；

(4)在几乎每个人都遵从 R 的条件下，几乎每个人都偏好任何人越来越多地遵从 R；

(5)在几乎每个人都遵从 R' 的条件下，几乎每个人都愿意偏好任何人越

来越多地遵从 R'，

其中 R' 是群体 P 的成员所具有的、某种可能的行为的常规性，使得群体 P 的成员在属于 S 的几乎任何事例中，几乎没有人能够同时既遵从 R 又遵从 R'。

需要指出的是，这一惯例定义是“可量化的”，即群体中当占一定比例的人具有特定的行为的常规性时，惯例就能够确立，这就是惯例等级的含义。现实中的惯例从来不会得到百分之百的遵从，而不同的惯例等级所反映的正是现实制度的刚性程度。从这一点来说，对制度进行量化研究是可能的。

最后刘易斯还介绍了惯例后承，即由某一惯例（主惯例）派生出来的惯例（分支惯例）。其潜台词是：人类社会的复杂性，是在一些关键且主要的惯例确立之后，由其派生而成的制度复合体的结果，这些关键性的惯例——譬如曾作为休谟道德论核心内容之一的产权惯例——形塑了不同社会的制度发展路径。

在本书的第三章中，刘易斯对几个易于和惯例相混淆的概念——协定、社会契约、规范、规则、遵从行为和模仿——进行了分析和比较。这些概念和惯例定义之间存在相似性，但它们不是惯例。比如，惯例可以起源于协定，但现实中往往无须协定就能出现惯例，最为典型的就是靠右走、靠左走的交通惯例。不过其中特别值得经济学家注意的是刘易斯有关规则和惯例的区分。将制度等同于规则，是新制度经济学中常见的做法，可是并非所有规则都能成为制度。例如，所有计算机语言都是一套人为的语法规则，但能否说它们是惯例？我们可以承认，形成计算机语言的规则——即产生规则的规则，以及运用计算机语言的规则，在特定条件下是惯例，但计算机语言本身不是。因为如果这类机器语言算作惯例的话，那么从电子时代退回到机械时代，所谓机器语言，其实就是一连串齿轮、杠杆、滑轨、螺旋等构成的机械装置，这些机械装置也是惯例？

惯例可以说是某种意义上的规则，但规则不是惯例；规则可以人为设计，但惯例不是设计的结果，它取决于相关当事人的行为选择；理论上最有效率的规则是可以建构起来的，但这不属于惯例理论框架的内容。将制度等同于规则所导致的最糟糕结果，就是试图寻找所谓“最优的”制度。然而人类社会制度的特征就是“不完美”。最优制度意味着一个完美世界，可就像休谟在《道德原则研究》中业已指出的，像天堂那般完美的世界中根本不需要制度。

以上就是刘易斯对惯例概念所做的论述，可以说其中涉及的绝大部分内容仍然是当下制度研究的主要论题。然而刘易斯醉翁之意不在酒，他的真正目标是语言分析，这就是本书第五章和第六章的内容。

根据刘易斯的定义，惯例是某一特定的行为的常规性，这种行为常规性之所以能够持存是由于它符合行为人的预期和偏好（利益），而预期和偏好的形成，取决于行为人根据客观的行动场合所传递的信息以及过往相似的经验所做出的理性判断。那么语言是否符合这种意义上的行为的常规性呢？

从最为宽泛的含义来讲，语言就是一种具有意义的信号。人所发出的声音或者留下的记号，只要我们赋予它意义，都能成为一种广义上的语言，刘易斯在本书中称之为“言辞信号”（verbal signaling，关于该译名的解释，译者已在书中详细说明，参见本书第四章第三节的译者注）。

要证明言辞信号具有惯例性质，就必须避免蒯因式的诘问：当我们说言辞信号是惯例的时候，其惯例属性难道不是应当归结为信号的意义而非信号本身吗？因为语言作为人与人之间交往行为的沟通工具，主要功能就是表达意义；而我们能够相互理解对方所表达的意义，这本身就具有了惯例性质。此时就会出现前文所述的无限递归，如果说语言的意义具有惯例属性，那么其是如何确立起来的；不存在语言的情况下我们能否表达意义？如果否的话，那么意味着存在语言惯例之前的语言惯例，这就陷入了循环论证；如果是的话，那么这种意义只能来自不具备惯例属性的语言，也就是“自然语言”。

要推翻上述蒯因式论证，刘易斯采取的方法是在不涉及信号意义的前提下分析发信号现象，即将发信号现象本身视作协调问题。不过和先前惯例讨论中的协调问题稍有不同的是，发信号现象中存在两类相互依赖的协调问题（针对双边发信号现象而言）：信号发送者的协调问题和信号接收者的协调问题。

对于信号发送者而言，他所要解决的协调问题是在特定事态下发出何种信号对他而言才是最有利的；对于信号接收者而言，他要解决的协调问题是根据他所观察到的信号，做出何种回应对他而言才是最有利的。假设发出的信号为 σ_k，$k=1\cdots n$；做出的回应为 r_j，$j=1\cdots m$；可能的事态为 s_i，$i=1\cdots m$，且 $n\geq m$；F 为某一特定的从$\{s_i\}$映射至$\{r_j\}$的单射函数。这样就存在两组相互依赖的函数映射关系，如图 A.1 所示：

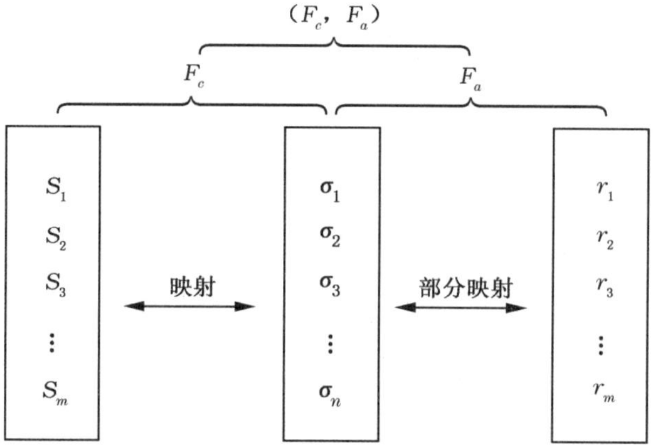

图 A.1　发信号机制

将发信号现象的意义内容去除，转为函数映射关系；而函数映射关系表示的是行为人在特定情境下的选择行为，称作"应变预案"(contingency plan)，这样发信号就变成了一个标准的协调问题。这一协调问题的均衡解就是行为人所偏好的某一特定选择，具体来说就是单射函数 Fc（针对信号发送者而言），值域与 F 相同的函数 Fa（针对信号接收者而言），以及二者之间的相互依赖关系，(Fc, Fa)构成了一组发信号机制。特定的行为选择反映的是某一行为的常规性，行为常规性的存在表明惯例的存在，因此根据上述定义，"将一项**发信**

号惯例界定为，任意某项惯例，根据此惯例，群体 P 的成员在某一特定的发信号问题 S 中，作为信号发送者或者信号接收者，通过依照他们各自的应变预案采取行动，从而在某一特定的发信号机制 $\langle Fc, Fa\rangle$ 中发挥他们的作用。如果这样一项惯例存在，我们也将 $\langle Fc, Fa\rangle$ 称为是一套**惯例性质的发信号机制**”（边码第 135 页）。

可以说，刘易斯运用数理逻辑做出的这一分析性论证干脆利落，极其漂亮，既规避了无限递归的难题，又无需复杂的数理模型，就将信号现象转化为行为模式问题，从而推出其中蕴含的惯例属性。但是也正因为上述论证过程中不涉及信号的意义，那么这就不是我们日常使用的信号（语言）：日常信号（语言）最重要的目的就是意义的表达和沟通。所以上述具有惯例性质的发信号机制只存在于可能世界之中。而刘易斯进一步要做的，就是我们实际使用的语言（言辞信号）亦具有惯例属性：这就是“求真惯例”（conventions of truthfulness）。

因为基于函数形式，发信号机制 $\langle Fc, Fa\rangle$ 只能表达真假（true or false）。而所谓“求真”，就是行为人试图发送那些在机制 $\langle Fc, Fa\rangle$ 中为真的信号（针对信号发送者而言）；或者根据这类信号，采取最优的行动（针对信号接收者而言）。通过从有关“真”的可能行为逻辑的描述，转向有关“求真”的实际行动的描述，刘易斯将可能世界中的信号惯例转变为实际使用的言辞信号惯例，“群体 P 的成员在属于 S 的任何事例中，信号发送者试图使得发送出的任何一个信号在机制 $\langle Fc, Fa\rangle$ 的该事例中皆为真，信号接收者假定发送者成功地做到了这一点，基于这一条件做出回应，采取任何看起来似乎是最好的行动。被称作为求真的惯例，更确切地应被称作为机制 $\langle Fc, Fa\rangle$ 中的求真惯例”（边码第 149 页）。

到目前为止，刘易斯只是证明了信号机制 $\langle Fc, Fa\rangle$ 具有惯例性质，要将信号机制变为语言，那么还需要规定语言函数的形式，即赋予机制 $\langle Fc, Fa\rangle$ 内所有的信号 σ 以“解释”（interpretation），其赋值为 $\langle\mu, \tau\rangle$，其中 μ 是语气（mood）

要素，而 τ 为真值条件，表明 σ 为真时的事态。最终我们得到的语言惯例是："在属于语言函数 $\mathcal{L}$ 得以应用的发信号问题的任何事例中，一方——就直陈式信号而言是信号发送者，就命令式信号而言是信号接收者——试图确保经信号发送者言说的语句在该事例中，在 $\mathcal{L}$ 内，为真；另一方假定前者成功地做到了这一点，基于这一条件采取看起来似乎是最好的行动。"（边码第 152 页）

不过从发信号现象中推出的言辞信号语言还只是一种初级语言。刘易斯更希望证明真实世界中我们使用的语言也和这类初级语言一样，具有惯例性质。为此，就必须放宽原本的约束条件，对语言函数做出更为细致化的规定，例如其具体的语法构成，增添更多的语气类型，增加语言的歧义性和指向性等。这就是本书第五章所讨论的内容。其中刘易斯论证推理令人拍案叫绝之处，就留待读者们自己去细细品味了。

就像蒯因在前言中所说的，本书的结尾之处更像是另一项研究的开篇，即分析性概念，这是刘易斯模态论的核心内容之一。其实在有关惯例和语言的论证中，博弈论更像是一个辅助工具，刘易斯的主要武器是"分析性"。如刘易斯自己在结论部分的最后所坦言的那样，"我不知道离开了这些可能世界我如何可能完成这项研究"（边码第 207 页）。然而在当代哲学中，分析性自身就是一个备受质疑的概念。当然，有关刘易斯对于分析性和可能世界的辩护，已经不再是本书的主题，所以就此打住。

四

以上便是本书的大致内容，其中有关惯例部分的讨论在之后的博弈论制度分析中得到了极大的发展：运用最新的博弈论分析工具；进一步细化不同类型的博弈（惯例），例如产权博弈、互惠博弈；增加更为精致、技术更为成熟的数理模型；进行量化研究；等等。但是从刘易斯原初的论证逻辑反观当下的经济学制度分析，笔者认为有三个问题是值得我们深思的。

一是不确定性问题。新制度经济学界有一种观点认为我们需要制度就是为了减少不确定性；博弈论制度分析中也未能为不确定性留下太多的空间，如果参与人对博弈所处的事态、自身能够采取的策略和获得的收益越不确定,那么就越难达成博弈的均衡。但是如果我们仔细考察刘易斯的论述,得到的恰恰是相反的结论:能够容许更多不确定性的制度更容易确立和持存,因为不确定性的存在更容易让人们形成共同预期。这听上去令人费解,却是我们现实状况的反映。比方说最为常见的交通惯例。在理论建模中,我们通常假设只有两个策略——靠左走、靠右走,分析起来颇为简单。但试想在真实世界中,不存在任何交通惯例的情形下,如果只允许存在这两项策略,只允许人们对于这两项策略形成某一共同的预期,会是什么样的状况?“如果别人靠左走,我稍稍靠右边一些,只要不撞到他人,可不可以?”“马路足够宽敞,别人靠左走,我走中间可不可以?”“我只需不和他人走在会导致相撞的路径上,可不可以?”这些都是我们在实践过程中有可能会产生的预期。如果规定必须形成“靠右”或者“靠左”这些明确的共同预期,才能确立惯例,那么惯例的形成过程无疑会变得困难重重,甚至是不可能实现的。因为每个人的主观想法各异,且易于改变;每个人运用理性进行推理的能力存在差别;每个人对于周遭主、客观事物的认知,对于过往经验的归纳,都是不同的。所有这一切都会导致个人预期的异质性,当我们的预期存在异质性的情况下,如何才能形成共同预期?

解决异质性的方案之一,是社会群体内的共同信念,但是共同信念的形成往往是制度的结果而非原因——除非在已有制度的基础上派生制度。此时不确定性的存在就有了价值。如果不要求我们的预期完全一致,他人靠左走的情形下,我只要不靠右走,甚至我只要不走在会与他人相撞的路径上,这样反而易于形成某种一致的共同预期,从而解决协调问题。在此基础上,我们所遵从的行为的常规性才会慢慢趋于一致,最终形成大致上靠左走或靠右走的惯例。归根结底,博弈均衡在数学意义上是“鞍点”或“不动点”,不动点意味着我们的行为会趋同,而非完全相同。

所以笔者认为:制度的存在不是为了减少不确定性,而是能够容忍某种程度的不确定性,并使得这些不确定性的存在不是增加我们的行动成本,相反是减少我们的行动成本。在现实世界中,那些具有某种“容错机制”的制度往往才是能够持存最久、最为稳定的制度(注意,译者在此的意思绝对不是说这类制度是“好的”或者“正确的”);另一方面,试图通过社会动员式的监察执法模式确立某种明确规则的努力,不仅耗费成本巨大,而且往往在一段时间之后,又恢复如常,没有任何有效的制度建立起来,或者确立起来的是本非意欲的制度。从这一角度来看,容忍不确定性的制度才更符合休谟或者哈耶克(F. A. Hayek)曾经讨论的"自发秩序"(spontaneous orders)。

我们都依赖某种产权制度的保障,但是倘若朋友之间、同事之间、社会成员之间,稍稍影响到我的财产利益便要报警处理,乃至诉诸武力,那么在任何社会中,这样的产权制度都是无法长久存在下去的。每个社会都有交通惯例,但是哪一个人可以拍拍胸脯保证自己一生从来没有违反过交通惯例(注意,笔者指的是靠左走、靠右走的这类交通惯例,而非那些不近人情的、繁杂的交通规则)? 真实的情况是,我们都需要制度,我们也会时不时地、有意无意地不遵从制度,而有效制度的存在能够降低我们违反制度的成本,不至于造成糟糕的结果:这才是制度的意义。

但是如何将不确定性纳入现有的博弈论制度分析之中——必须强调此处的"不确定性"绝对不是单纯的信息问题;制度确立过程中需要的是什么样的不确定性;何种程度的不确定性才能维持而非削弱制度,这些都是值得深入探讨的论题。在本书中,刘易斯所讨论的"惯例知识""备选惯例""惯例等级"和"惯例后承"等与惯例概念精致化相关的问题,其实都与这类不确定性有关。

二是有关"丛林状态"或者说"战争状态"的问题。当代博弈论制度分析的模型建构通常会采取一种社会契约论的方案,即假设某种"初始状态"或者"自然状态",而霍布斯(Thomas Hobbes)意义上的自然状态就是一种丛林状态或者"每一个人对每个人"的战争状态。一种常见的观点是,这种战争状态是不可欲的,所以我们需要制度。

在本书的第三章第二节有关"社会契约"的讨论中,刘易斯就涉及这个问题。霍布斯意义上的战争状态不是惯例,只是因为它是博弈唯一的均衡,即身处其中的人们没有选择,如果他们可以选择,他们会选择更好的社会状态。但是就像刘易斯在脚注中所指出的,如果换作卢梭(Jean-Jacques Rousseau)的"猎鹿"例子,那么不合作——选择抓兔子而不是猎鹿——就是两个均衡中的一个,因此它具有成为惯例的资格。

读到此处,熟悉博弈论的读者可能会觉得有些似曾相识。没错,和猎鹿博弈有些相似,但更为著名的就是"囚徒困境"。但是二者本质上不一样,囚徒困境中的参与人选择相互背叛并非惯例,因为这是唯一的占优均衡。而猎鹿博弈中,“合作”(猎鹿惯例)和“不合作”(逐兔惯例)都是纳什均衡。

萨格登和扬都曾讨论过这个问题,在何种情况下我们才会更偏好合作而非不合作。但是不容否认的是,尽管我们都偏好一个人与人之间和平共处的社会,“尔虞我诈”“江湖险恶”仍然是备选的惯例,甚至在特定条件下还是相当稳定的制度状态。直至今日,世界上仍然有不少地区处于这样的战争状态之中。就学者的美好愿望而言,这类状态的确是不可欲的;但是就人类本性来说,这类状态也并非是不可能的。如果说制度的本质就是基于某种共同预期的行为的常规性,那么当我预期他人会对我采取敌对行动时我也采取相应的敌对行动更符合我的利益,“每一个人对每个人”的战争行为就会成为一种行为的常规性。并且,它是惯例,是制度性实在。这种“制度化的无序状态”实际上比霍布斯的自然状态更加糟糕。所以,笔者认同诺思的判断,现实人类社会中存续的制度不一定是有效率的;甚至笔者可以进一步说,在某些特殊情况下,有制度甚至比无制度要更坏而非更好。

为何促使人们相互敌对的制度会持续存在;为何生活在其间的人们处于韦伯(Max Weber)所言的“贱民资本主义”(pariah-capitalism)中却不愿亦不能改变;除了外生冲击,或者像《皇帝的新衣》中的小孩那种“基因突变”外,如何才能改变这类“制度化的无序状态”?这些是常常被我们忽略却值得深思的问题。

最后是一个不是问题的问题,即有关制度自身的价值评判。严格来说,价值判断应当在社会科学分析之外,但是由第二个问题我们可以推出第三个问题:制度是否存在好坏之分?

必须承认,在制度研究中,学者们往往会有一种不可抑制的冲动,对制度做出价值评判。就像笔者在前文中其实也涉及制度评价:我认为“制度化的无序状态”是最糟糕的。

现实中不存在完美的制度,因为制度是不完美的,所以我们需要改变,制度需要演化,社会需要变迁——虽然我们不知道其发展方向究竟是更好还是更坏。这就是为何我们通常都会对制度做出评判的原因。但是笔者想说的是:仅止于此。

因为如果制度反映的是行为的常规性,那么最终我们可以并且应当进行评判的是个人的行为而非制度本身。在此意义上来说,制度是中性的,而个人的行为是有价值取向的。

所以笔者一直反对有些学者动不动就将社会中存在的问题简单粗暴地归结为制度问题的做法，这是一种空洞无用的分析，无法说明或者解释任何事情。如果我们认为某些制度是“好的”，因而值得借鉴，那么需要借鉴的只是生活于其间的人们之行为的常规性而已；如果我们认为某些制度是“坏的”，因而必须改变，那么需要改变的也是生活于其间的人们之行为的常规性。一个社会的好制度是每个人行动的结果，坏制度也是如此。因此当我们对自己所处的社会境遇不满时，埋怨他人没有任何用处，关键是自己能够做什么：是随波逐流，还是愿意承受巨大的成本，做一名改变者（尽管我相信绝大多数的普通人都会选择前者）。同样，对于学者而言，我们的分析视角也应当聚焦于个人的行为，而非归咎主权者，或者大而无当的“社会”“文化”这些空泛的概念。

对于社会制度研究者来说，我们应当谨记：制度并不一定能防止人们做坏事，它也能鼓励人们做坏事；一个社会好坏与否，是生活于其间的每一个人的责任，取决于我们每一个人自己的选择。

以上便是笔者对于本书所做的概述，以及表达的一些拙见。今年是《惯例》一书出版 50 周年，半个世纪过去了，对于认识今日之世界而言，本书仍然有着极其重要的价值和意义。最后需要说明的是，本书不仅是博弈论制度分析基础理论的奠基之作，更是分析哲学和语言哲学的经典之作，但笔者的专业是经济学，对于哲学和语言学只是一名业余爱好者，所以本书的译文一定存在着不少错谬之处，还望各专业领域的方家指正。

是为记。

2019 年 10 月 1 日

致 谢

威拉德·范·奥曼·蒯因(Willard Van Orman Quine)使我获益良多,当我致力于修正分析哲学理论时,是他自始至终地给予鼓励和帮助。我感谢我的朋友们对本书前后数稿做出的评论。特别要感谢的有乔治·布洛斯(George Boolos)、查尔斯·查斯顿(Charles Chastain)、大卫·卡普兰(David Kaplan)、尤尔特·刘易斯(Ewart Lewis)、斯蒂芬妮·刘易斯(Stephanie Lewis)、芭芭拉·帕蒂(Barbara Partee)、斯蒂芬·希弗(Stephen Schiffer)、迈克尔·斯洛特(Michael Slote)、J. 霍华德·索贝尔(J. Howard Sobel),以及 1967 年秋季学期在加州大学洛杉矶分校修读我所开设的语言哲学研讨班的同学们。此外,还有另一层意义上的感谢要由衷送给最棒甜品屋(the C'est Si Bon Pâtisserie),谢谢他们的热情好客和棒棒的咖啡,此书的大部分章节就是在那里完成的。感谢大卫·施韦德(David Shwayder)允许我大篇幅引用他的著作《行为分层》(*The Stratification of Behaviour*)。

D. K. L. 大卫·刘易斯

洛杉矶

1968 年 6 月

前　言

当我还是小孩的时候，我脑海里就想象我们的语言是由一个委员会的成员们围坐在桌旁，在庄重的会议中讨论确定并传承下来的，就像一幅伦勃朗风格的画作中所展现的场景那样。这幅图景在很长时间里并未受到如下问题的干扰：当这些委员们商议的时候，他们会使用什么样的语言；或者担忧语言是否会因此而严重退化。

我想很多人在缺乏鉴别能力的孩童时期都会有这样的想法。许多审慎、老练的思想家们则明确将语言称为一种惯例。还有不少学者从其他角度入手，倾向于认为语言是一项协定，尽管该协定在历史上从未实行过。霍布斯(Hobbes)的政府论中的社会契约论，就是一个突出的例子。从逻辑上来说，这类观点运用在政府理论上要比运用在语言理论上更好：认为政府直接源自一项社会契约就不会牵涉历史倒退这类问题。

当然，不能从字面意义上来理解社会契约论的支持者们的意思。他们只是说政府**好像是**如此这般地建立起来的。这样一来这个"好像是"的命题就从心理分析的层面引出了另一个潜在问题：当我们被给予一份真正的社会契约时，政府到底会是什么样子呢？在语言理论中，有关上述潜在问题的回答显得更为迫切，且更为麻烦，认为语言的初始确立源自公开会议商讨的惯例不仅不符合历史，而且是难以想象的。当连召集会议的想法都不存在时，又何来会议商讨而形成的惯例呢？

有些哲学家造成了一项沉重的负担，他们要在各类“真”中划分出一条据称是明确的界线来，一种是**分析范畴的**（analytic）真，其纯粹由语言惯例而确定为真，另一种是**综合范畴的**（synthetic）真，其本质上关乎实在。[①] 这就是上述此类情形的一个典型而重要的例子：在连召集会议的想法都没有的时候就诉诸会议商讨而形成惯例。因为这些哲学家认为逻辑真是具有分析性的；然而，倘若我们要想明确界定惯例，这样的观点就会产生循环论证。其困境在于，为了应用任何清晰界定的惯例——这些一般化的惯例已能给予一切逻辑意义上的真，在从一般化之惯例到其独有之应用的推理过程中，我们就已经在使用逻辑。

xii

摆在我们面前的这项研究，清晰易懂且富于创造力，行文妙趣横生又一丝不苟。在本书中刘易斯所做的工作就是给出惯例的定义，但无需依赖任何事实的或是虚构的协商过程。他不必借助比喻或是想象，就解析出惯例属性及其潜在内涵的特质。大致而言，惯例属性的核心论题就是一种特定的漠不关心：我们不会关心字节“大”（big），本可以表示“小”（small），就如同我们也不会关心红灯本可以表示“前行”，黑色领带本可以被认为比花哨的领带更休闲，这就是作者最初的直觉。但是对这种漠不关心，或者说“本可以”做出适当的解释，需要反复地推敲琢磨。多亏刘易斯娴熟的分析能力，特别是对最新的博弈论和决策理论的应用，最终才做到了这一点。

很明显，分析范畴的真和综合范畴的真之间的区分问题只是本书的写作动机之一。最终，刘易斯得到结论认为惯例概念并非是区别两种不同类型的真的关键。但是他并不因此而拒绝承认分析性概念。本书的结束之处更像是另一个论题的开始之处，他将分析性概念置于可能世界的概念之中。他对于

① 英语 truth 一词的中译通常为“真理”。相应地，蒯因这两个术语也常常被译为“分析性真理”和“综合性真理”。但是在分析哲学中使用的这一术语是指形式逻辑上的 true or false（真或假），与中文语境中的“真理”一词含义相去甚远。所以译者遵循王路先生的译法，本书中在此类逻辑意义上的 truth 一律译为“真”（参见王路，《“是”与“真”——形而上学的基石》，人民出版社 2013 年版，第 20－27 页）。当然，truth 应用于其他意义上时，中文可以有不同的译法。——译者注

分析性难题的这样一种处理方式表示满意，这不禁让人奇怪他的惯例研究的动机究竟是什么。但是不论他的动机是什么，我们或许都应表示感谢。因为在阅读本书的过程中读者能够逐渐理解是惯例而非分析性命题，才是语言哲学中的核心概念。

W. V. 蒯因

哈佛大学

1968 年 9 月 26 日

目　录

总序 ………………………………………………………… 001

译者前言 …………………………………………………… 001

致谢 ………………………………………………………… 001

前言 ………………………………………………………… 001

导论 ………………………………………………………… 001

第一章　协调与惯例 ……………………………………… 004
　第一节　协调问题示例 ………………………………… 004
　第二节　分析协调问题 ………………………………… 007
　第三节　解决协调问题 ………………………………… 022
　第四节　惯例 …………………………………………… 032
　第五节　惯例示例 ……………………………………… 037

第二章　惯例概念的精致化 ……………………………… 046
　第一节　共同知识 ……………………………………… 046
　第二节　惯例知识 ……………………………………… 054
　第三节　备选惯例 ……………………………………… 061
　第四节　惯例等级 ……………………………………… 068
　第五节　惯例后承 ……………………………………… 072

第三章 惯例概念的比较 …… 075
第一节 协定 …… 075
第二节 社会契约 …… 080
第三节 规范 …… 087
第四节 规则 …… 091
第五节 遵从行为 …… 097
第六节 模仿 …… 107

第四章 惯例与沟通 …… 110
第一节 信号示例 …… 110
第二节 分析发信号现象 …… 117
第三节 言辞信号 …… 127
第四节 信号的惯例意义 …… 129
第五节 信号的非自然意义 …… 137

第五章 语言惯例 …… 144
第一节 可能的语言 …… 144
第二节 语法 …… 149
第三节 可能语言的语义学 …… 155
第四节 求真惯例 …… 159
第五节 群体中的语义学 …… 175

结论 …… 182

索引 …… 187

译者后记 …… 198

导 论 1

去质疑他人不假思索就接受下来的寻常道理是哲学家们的工作。由于相较于那些寻常道理，人们更怀疑哲学家的观点，因此这是一项危险的工作，但也是有用的工作。因为当一名优秀的哲学家挑战某一寻常道理的时候，通常的结果是这一道理从根本上来讲是正确的，只是哲学家注意到了其中蕴含的问题，而那些对此不假思索的人则不会注意到。最终哲学家的质疑得到了答案，而大多数寻常道理经受住了考验。但对于那些寻常道理的拥护者来说哲学家还是帮了点忙：让他们开始反思自己所拥护的寻常道理。

语言是惯例，这是一个寻常道理。词语可以用来表达几乎所有的事情，而对于我们来说，之所以使用词语，让它们表达它们所指向的意思，是因为在某种程度上我们逐步地并且是非正式地认为表达这些含义就是我们应当使用这些词汇的方式。其实我们也可以将这些词语换一个用法——或者使用不同的词汇，就像外国人那样。如果我们愿意，我们就有可能改变我们的惯例。

但仅是如此而已，不可过分推演，不能将语言描绘成像微积分那样，精确而严格。这并不是主张维护“正确的”言语，反对俗语；或者反过来，维护俗语，抵制“正确的”言语。这不是说我们能够想象得到的语言都一样好，或者说一门可用语言的每一处特点在其他不同语言中也都能找到；也不是说惯例创造了必然意义上的真(necessary truth)，仅仅是说依照惯例，必然意义上的真用这些词语而不是那些词语来陈述，这就像地质现象那般真实。更不是要像某些“传统主义的”哲学家那样，推崇惯例的力量，却只是坚持事实就是如此。语
言是惯例，这一寻常道理不属于任何哲学流派的教条，而是任何心思缜密者都 2
会立刻同意的要求，除非他是一位哲学家。

这一区区的寻常道理已然受到挑战。1936 年，蒯因提出质疑，而后彻底否

定了将语言视为惯例的观点。[1] 莫顿·怀特(Morton White)加入了争论,[2]他们使得一些学者同意了他们的怀疑,并让更多的学者对此保持沉默。蒯因和怀特认为,所谓的语言惯例和那些通常被视为是惯例的典型情形不符。惯例是协定,但是对于我们使用的语言,我们制定过规则并且互相同意要遵守这些规则吗?我们没有。即便我们的祖先确实有过这类协定,我们也早已遗忘了,那与我们又有什么关系?无论何种情形,语言惯例都不可能源自协定,因为在订立第一份协定时就需要某些协定来提供初级语言。除非经过长期的试错,我们都说不清我们的惯例究竟是什么。当我们最初采用这些惯例时,我们更了解它们吗?对于那些允许语言成为惯例的惯例,我们压根一点概念都没有;我们倾向于将某些语言的特点称为是约定俗成,但是我们说不清楚为何会这样。我们会容忍这种倾向性——蒯因自己就是这样,[3]但这样做并不能让我们更好地理解语言。结论:语言惯例是一个谜。真实的情况是,我们使用语言的方式遵从某些常规性——仅此而已。

3 我们也可以万般无奈地申辩说,将语言视为惯例的观点总归是**有些道理的**,即便我们说不出是什么道理。当我们接触到这类观点时我们**确实**是知道的,进而在分辨哪些语言特征是惯例,哪些不是时,我们都能做出或多或少差不多的区分,所以这肯定是有意义的。能够引发接受过同类教育的人们某种特定的反应,这至少肯定属于一种惯例的性质,尽管我们不知道它究竟是什么。

但要是能够知道我们讨论的东西究竟是什么,要是能够对惯例的一般性质做出全面分析,包括那些不是经由协定而产生的默会惯例,那就更好了。在

---

① "Truth by Convention", *Philosophical Essay for A. N. Whitehead*, ed. O. H. Lee (New York: Longmans, 1936); "Two Dogmas of Empiricism", *From a Logical Point of View: Nine Logico-Philosophical Essays*, 2nd ed. (Cambridge, Mass.: Harvard University Press, 1961), pp. 20—46; "Carnap and Logical Truth", *The Philosophy of Rudolf Carnap*, ed. P. A. Schilpp (LaSalle, Illinois: Open Court, 1963), pp. 385—406; *Word and Object* (Cambridge, Mass.: MIT Press, and New York: John Wiley, 1960).

② "The Analytic and the Synthetic: An Untenable Dualsim", *John Dewey: Philosopher of Science and Freedom*, ed. Sidney Hook (New York: Dial, 1950), pp. 316—330; *Toward Reunion in Philosophy* (Cambridge, Mass.: Harvard University Press, 1956).

③ 在"卡尔纳普与逻辑真"("Carnap and Logical Truth")一文的结尾,他说:"我们的父辈们口耳相传的知识……是一种灰白色的知识,事实是黑色的,掺杂着白色的惯例。"

本书中我就尝试做一次分析。我希望这是一次对我们共同的、既有惯例概念所进行的分析,这样当你说语言——像许多其他活动一样——是约定俗成的时候,你会发现我的解释正是你所想的那样。但也许不会如此,因为也许不是我们每一个人都共同享有一个清晰的、一般化的惯例概念。我不假思索地就得到了一个惯例概念,至少就这一点来说,惯例概念要么真的存在,要么有其他近似的理解。而我所称的惯例,它是一个可以具有任何其他名称的重要现象。有大量约定俗成的行为是非经我们同意而产生的,且难以名状,语言仅仅是其中一种。

我的惯例理论源自博弈论中的纯协调博弈——冯·诺依曼(von Neumann)和莫根斯特恩(Morgenstern)的博弈论中被忽视的一个分支领域,与他们那些成功的、更为人所熟知的纯冲突博弈理论相比,无论在方法还是内容上都非常不同。托马斯·C. 谢林(Thomas C. Schelling)研究了协调博弈,[①]正是他的理论支持能够让我回应蒯因和怀特的观点。

然而,博弈论归根结底只是脚手架。没有它,我也能重述自己有关惯例的分析。我的结论是休谟(Hume)理论的延续,在他有关正义和产权起源的讨论中,惯例就是:[②]

> 一般的共同利益感觉;这种感觉是社会全体成员互相表示出来的,并且诱导他们以特定规则来调整他们的行为。我观察到(举例而言),让别人占有他的财物,对我是有利的,假如他也同样地对待我。他感觉到,调整他的行为对他也同样有利。当这种共同的利益感觉共同表达出来,并为双方所了解时,它就产生了一种适当的决心和行为。这可以恰当地称为我们之间的惯例或协定,虽然中间并没有插入一个承诺;因为我们双方各自的行为都参照对方的行为,而且在做那些行为时,也推测对方要做某种行为。[③] 4

① 《冲突的策略》(*Strategy of Conflict*, Cambridge, Mass: Harvard University Press, 1960)。

② 以下译文引自中译本《人性论》(下册),关文运译,商务印书馆 1980 年版,第 530 页。相关术语稍做改动。——译者注

③ 《人性论》(*A Treatise of Human Nature*),第三卷第二章第二节。

5 # 第一章　协调与惯例

第一节　协调问题示例

语言的使用属于一类具有明显共同特征的情境，我称之为**协调问题**情境。我暂不对其下定义，而是先来看几个例子。我们先从可能发生于两个人之间的情境开始——这两人称作“你”和“我”。

(1)假设你和我都想同对方见面。当且仅当我们都到同一地方去的时候我们才会碰面。对我们两人中的任何一方来说，如果我们碰了面，到哪里会面并不重要(在允许范围内)；如果我们没见到面，我们去了哪里也不重要。我们必须各自决定要去哪里。对我而言，最佳的去处是你也会去的地方，因此我会试图想清楚你将去哪儿，然后我也去那里。你也会这么做。每个人的选择都取决于他预期对方的选择是什么。如果两人中任何一人成功，另一人也就成功了，这也是我们都渴望达成的结果。

(2)假设你和我在通电话，三分钟后电话被意外掐断。我们都希望立即恢复通话，而要做到这一点，当且仅当我们中的一人回拨电话时另一人等着接电话。对我们两人中的任何一方来说，谁来回拨电话，谁来等着接电话，并不重要。我们必须各自决定要不要回拨电话，每个人的选择都取决于他预期对方的选择是什么，当且仅当对方选择等待时才会回拨电话。

(3)休谟《人性论》中的一个例子：假设你和我一起划船。如果我们的划桨节奏一致，小船就会平稳前行；否则，小船就会走得很慢而且晃来晃去，我们不
6 仅浪费体力，还会有撞船的风险。我们始终要选择是划得快一些还是慢一些；对我们两人中的任何一方来说，只要划桨的节奏一致，我们划桨的速度并不重要。所以每个人都要不断地调整他的速度，以便与他预期的对方所保持的划

桨速度相匹配。

现在我们转而考虑两人以上的情境。

(4)假设我们几个人现在正驾车行驶在同一条蜿蜒曲折的两车道马路上。对任何一个人来说，只要其他人也行驶在同一侧车道上，他是靠左侧车道还是右侧车道行驶并不重要。但是如果有些人行驶在左侧车道，而有些人行驶在右侧车道，每一个人都有撞车的危险。所以每个人都必须根据他对其他人的预期，选择究竟是行驶在左侧车道还是右侧车道上：如果我们大多数人或者所有人都行驶在左侧车道上，那么就靠左侧车道驾车；如果我们大多数人或者所有人都行驶在右侧车道上，那么就靠右侧车道驾车(如果其他人中差不多一半靠左侧车道驾车，一半靠右侧车道驾车，那么他就可以行驶在自己喜欢的车道上)。

(5)假设我们是去找寻木柴的露营者。对任何一个人来说，他前往哪个方向去找木柴并不重要，但是如果其中有两个人走的是同一个方向，他们就有可能在同一区域找寻木柴，那么后来的那人就会没有木柴可捡。每个人都必须根据他对其他人的预期选择一个方向前往找寻木柴：一个不同于其他人的方向。

(6)假设我们几个人受邀参加聚会。对任何一个人来说，他如何穿着打扮并不重要。但是如果其他人都穿着相似，只有他奇装异服，那么就会很尴尬。因为他明白有些人会特意对他那古怪的装扮说三道四，让他难堪。因此，每个人都必须根据他对其他人如何穿着的预期来决定自己的穿着打扮：如果其他人穿着晚礼服，那么自己也穿晚礼服；如果其他人打扮成小丑，那么自己也打扮成小丑(如果其他人穿着各异，那么他就可以穿自己喜欢的衣服)。

(7)假设我们都是志得意满的寡头垄断厂商。当我们的原料价格发生变动时，我们各自都必须确定新价格。如果其中一人将价格设定得比其他人要高，对他来说没有好处，因为他这样做将会失去他的市场份额。同样，如果其中一人将价格设定得比其他人要低，对他来说也没有好处，因为他这样做就会对他的竞争者造成威胁并引致他们的报复，所以每个人都必须在他预期的、其 7
他人所定价格范围之内确定自己的价格。

(8)卢梭(Rousseau)在《论不平等》(*Discours sur l'inégalité*)[①]中的一个例子。假设我们身处荒野没有吃的,单独行动的话,我们能抓到兔子,可是食不果腹;一起行动的话,我们能抓到鹿,饱餐一顿。但是只要我们中有一人如果在猎鹿过程中开小差去抓兔子,鹿就会跑掉;所以其他猎鹿的人就会饿肚子,除非他们也一同开小差去抓兔子。每个人都必须根据他对其他人的预期选择是一同猎鹿还是开小差去抓兔子,当且仅当没有人开小差的时候才留下来猎鹿。

(9)假设我们都认为如下安排符合我们的共同利益:有些稀缺物品,比如牧场,应当以某种比例进行划分,以便我们每个人都能够依靠自己份地的专属使用权而生活。(假设没有人曾想过通过侵占他人的份地让自己获利。这样做产生的争斗,对邻居造成的伤害,树立的坏榜样,他人对自己信任的丧失,总是会让人发现这种做法得不偿失。)只要人们从未试图使用同一块份地,而且没有份地被浪费,那么对任何人来说由谁来使用哪一块份地并不重要。每个人都必须根据他对其他人的预期,他们会使用哪块份地,他们会将哪块份地留给自己,来选择自己的份地。

(10)假设我们是贸易商。对我们中的任何人来说,他用什么商品去交换其他物品并不重要(除非他交换的商品是自己使用的)。但是如果他拿来的是其他人不要的东西,那么这些商品就成了他无法脱手的无用之物;而如果他不要别人拿来的东西,他就给自己和自己的顾客招来了不必要的麻烦。每个人都必须根据他的预期来选择要拿什么商品进行交换。他想要什么,亦即别人会拿什么东西交换:如果他要金银,那么就交换金银;如果他要美元,那么就交换美元;如果他要加拿大便士,那么就交换加拿大便士;如果他要贝壳,那么就交换贝壳;如果他要山羊,那么就交换山羊;要什么就交换什么,如果他什么都不要,那么就不交换。

(11)假设经过训练以后,我们可以在较大范围内采纳任何一门语言。对
8 任何人来说,只要他和他周围的人使用的是同一门语言并且可以很容易地相

---

① 即卢梭的《论人类不平等的起源和基础》(*Discours sur l'origine et les fondements de l'inégalité parmi les hommes*,1755)。刘易斯此处写的例子取材于该书第二部分,中译本的第 114 页和 115 页(商务印书馆 1962 年版)。在当代博弈论中,这个例子就是著名的"猎鹿博弈"(stag hunt game)的原型。——译者注

互交流，那么他使用何种语言相对而言是不重要的（长期来看）。每个人都必须根据他对自己邻人会采用何种语言的预期来选择自己使用何种语言：在讲英语的人群中说英语；在讲威尔士语的人群中说威尔士语；在讲世界语的人群中说世界语，依此类推。

第二节　分析协调问题

根据上述例子，让我们看看如何来描述协调问题的共同特征。

两个或两个以上的参与人必须各自从数个可选择行动中择取其一。通常所有的参与人具有同一个可选择行动的集合，但该条件并非必需。参与人想要得到或避免的结果取决于所有参与人的行动。因此，一名参与人可能选择的行动所产生的结果取决于其他参与人选择什么样的行动。这就是为何——正如我们在每一个例子中所见到的那样——每个人都必须根据他对其他人会如何做的预期来选择采取什么行动。

参与人采取的行动选择组合中有一些构成了**均衡**：在这类行动组合中，给定其他参与人的选择，每个参与人做得和别人一样好。一个构成均衡的行动组合，没有一名参与人能够通过采取不同的行动获得比他想要得到的更好的结果，除非其他人中有一些也采取不同的行动。在得知其他人如何选择之后，没有人会对自己的选择感到后悔，没有人会因为缺乏先见之明而有所损失。

这不是说一个均衡组合必定会产生一个结果，该结果对至少一名参与人而言是最好的（但是如果存在一个对所有人而言都是最好的行动组合，该组合必定是一个均衡）。在一个均衡中，如果有些或者所有参与人采取了不同的行动，使得有些或者所有参与人获得了更好的结果，这是完全有可能的。不可能发生的是，如果其中任何一名参与人独自采取了不同的行动而所有其他人仍然照旧行事，那么该名参与人能够获得更好的结果。

通过画出两人协调问题的**收益矩阵图**，能够帮助我们阐释均衡概念。将 9
两名参与人分别称为**行一选择方**（Row-chooser）和**列一选择方**（Column-chooser）。我们通过矩阵中每行上的标签来列出可供行一选择方进行选择的行动，通过矩阵中每列上的标签来列出可供列一选择方进行选择的行动。矩阵中的格子就代表了参与人的行动组合以及由此带来的预期结果。格子中标记两种

收益，对行一选择方和列一选择方来说，这些数字或多或少衡量了他们对预期结果的欲求程度。[①] 行一选择方的收益在左下角，列一选择方的收益在右上角。

	C1	C2	C3
R1	1 会面 1	0 0	0 0
R2	0 0	1 会面 1	0 0
R3	0 0	0 0	1 会面 1

图 1

因此，图 1 所示的矩阵就可以表示例子(1)的一个简化版本，其中 $R1$、$R2$ 和 $R3$ 分别表示行一选择方前往地点 $P1$、$P2$ 和 $P3$ 的行动；$C1$、$C2$ 和 $C3$ 分别表示列一选择方前往地点 $P1$、$P2$ 和 $P3$ 的行动。均衡是三组行动组合，行一选择方和列一选择方前往相同的地点并在那里会面：⟨$R1$，$C1$⟩、⟨$R2$，$C2$⟩和⟨$R3$，$C3$⟩。例如：根据定义⟨$R2$，$C2$⟩是一个均衡，因为与⟨$R1$，$C2$⟩或者⟨$R3$，$C2$⟩相比，行一选择方偏好于该行动组合；与⟨$R2$，$C1$⟩或者⟨$R2$，$C3$⟩相比，列一选择方也偏好于该行动组合。对双方参与人来说，三个均衡没有区别。

但是假设我们将这个例子做些修改，行一选择方和列一选择方都在意他们所要前往的地点，尽管他们更在意的是能不能够会面成功。新的收益矩阵如图 2 所示。均衡仍然和之前相同：⟨$R1$，$C1$⟩、⟨$R2$，$C2$⟩和⟨$R3$，$C3$⟩。但是对行一选择方和列一选择方来说，这些均衡不再是没有区别的了。⟨$R1$，$C1$⟩是对双方而言最优的可能结果；⟨$R3$，$C3$⟩对双方而言是最糟糕的均衡结果。又

---

① 在我的论证中，对这些用数字衡量的欲求程度不要求有太多深奥复杂的解释。如果要求具备某种理论基础，那么可以由成熟的决策理论来提供，例如，理查德·杰弗里(Richard Jeffrey)所著的《决策的逻辑》(*The Logic of Decision*，New York：McGraw-Hill，1965)。我认为决策理论能够大致地应用于那些具备普通理性的参与人，他们的偏好并不完全一致；我们的收益只需粗略地显示出偏好强度即可。

或者如果收益矩阵如图 3 所示，那么〈$R1$,$C1$〉会成为行一选择方的最优结果，同时是列一选择方的最坏均衡结果；〈$R3$,$C3$〉会成为列一选择方的最优结果，同时是行一选择方的最坏均衡结果，而且没有任何一个结果对双方而言都是最优的。

	$C1$	$C2$	$C3$
$R1$	1. 5 会面 1. 5	0. 2 0. 5	0 0. 5
$R2$	0. 5 0. 2	1. 2 会面 1. 2	0 0. 2
$R3$	0. 5 0	0. 2 0	1 会面 1

图 2

	$C1$	$C2$	$C3$
$R1$	1 会面 1. 5	0. 2 0. 5	0. 5 0. 5
$R2$	0 0. 2	1. 2 会面 1. 2	0. 5 0. 2
$R3$	0 0	0. 2 0	1. 5 会面 1

图 3

每名参与人做出相同的行动所产生的均衡组合，与参与人各自做出不同的行动所产生的均衡组合，看起来有些不同。然而这种不同具有欺骗性。如
果参与人做出同一类行动，我们就说他们做出相同的行动，特别是那些使用同 11
一类方式描述的行动。但是我们可以用任意的方式来描述行动，而且我们不能断言称其中有一种方式胜过其他的描述方式。对于**任何一种**行动组合来说，**更是**对任何一种行动的均衡组合来说，总是存在**某种**描述参与人可选择行

动的方式，使得在给定的组合下这些可选择行动正好归为同一类型。任何一种组合，无论是不是均衡，都是**某个**同一种类的行动组合（即排除掉所有参与人其他可选择行动的那一种类）。是否能说这属于参与人做出相同行动的组合，仅仅取决于我们的分类是否自然。

考虑例子(2)的情形。如果我们将其中的行动描述记作如下方式：

$R1$ 或者 $C1$：回拨电话

$R2$ 或者 $C2$：不回拨电话

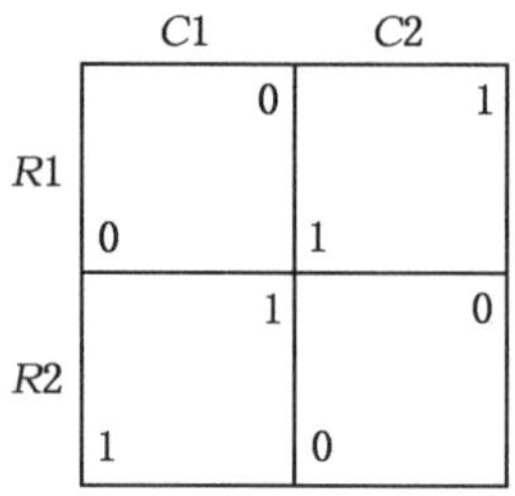

图 4

那么我们可以绘出如图 4 所示的收益矩阵，并且认为在这个例子中，均衡⟨$R1$，$C2$⟩和⟨$R2$，$C1$⟩属于参与人做出不同行动的组合。但是如果我们将其中的行动描述记作如下方式：

$R1'$或者 $C1'$：当且仅当他是最初打电话的人的时候才回拨电话

$R2'$或者 $C2'$：当且仅当他不是最初打电话的人的时候才回拨电话

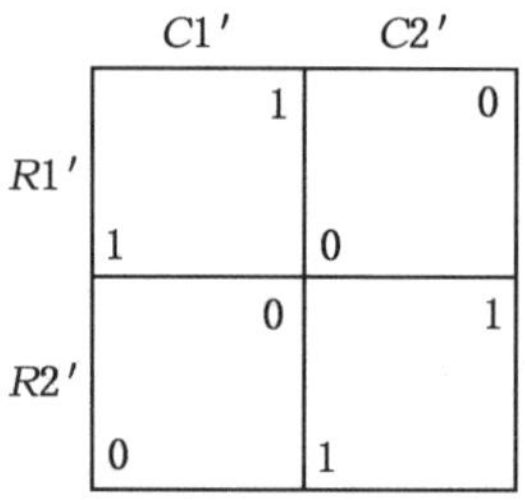

图 5

12 那么我们可以绘出如图 5 所示的收益矩阵，并且认为在这个例子中，均衡

$\langle R1', C1'\rangle$和$\langle R2', C2'\rangle$属于参与人做出相同行动的组合。然而是什么因素使得第一类行动描述比第二类更自然呢？而且如果第一类描述更自然又怎样呢？

我们可以说协调问题是如下这类情境：几名参与人都试图通过做出他人也会做出的选择来达成行动上的一致性。但这样的说法是危险的，因为只有在适当的行动描述下这种有关协调问题的说法才是成立的，而有些时候此类使得协调问题成立的描述会让我们一下子觉得是有意为之，非常不自然。比如说像例子(2)、(5)、(9)这类协调问题，或许也可以算上例子(4)。让我们感兴趣的那些协调一致的行动组合，其重点不在于一致性——像有些描述所称的那样，而是这些组合是均衡的。

当然这并不是说均衡的存在性决定了协调问题的特征。实际上，数学博弈论中的主体内容所探讨的恰恰是另一种相反情境下的均衡组合理论(也被 13
称为**鞍点**或**博弈解**)：参与人双方存在纯粹的利益冲突，如图 6 所示。

	C1	C2	C3
R1	0 0	−0.5 0.5	−0.5 0.5
R2	0.5 −0.5	1 −1	−1 1
R3	0.5 −0.5	−1 1	1 −1

图 6

通常可以用参与人的收益(其收益函数可能要经过线性调整)总和在每一个格子里皆为零这样一种收益矩阵来表示纯冲突，①即一名参与人的损失就是其他参与人的收益；反之，则反是。不过纯冲突依然存在均衡。如例子所示，

① 没有必要改变定义使加总的和成为一个非零的常数。通过允许重新调整函数，我们已经具备完全意义上的一般性。没有重新调整函数，我们也无法仅仅通过允许加总的和为非零常数就能达到完全意义上的一般性。并且通过允许函数进行线性调整，我们业已澄清——尽管表面上来看并非如此，为何说我们的定义无须依赖任何人际间的欲望比较，这类欲望比较常常会引发更多的难题。

$\langle R1,C1\rangle$是一个均衡：与$\langle R2,C1\rangle$或者$\langle R3,C1\rangle$相比较，行一选择方更偏好该行动组合；而与$\langle R1,C2\rangle$或者$\langle R1,C3\rangle$相比，列一选择方也更偏好该行动组合。①

谢林主张"博弈论的重新定位"，从纯冲突博弈到完全相反的纯协调博弈，介乎这两类博弈之间的所有形式的博弈——即相互依赖的决策问题——都应当涵盖进去。② **纯冲突博弈**，其定义如前所述，在这类博弈中参与人的利益完
14 全相悖。**纯协调博弈**，参与人的收益（也许要经过适当地线性调整之后）在每一个格子里都相等，这类博弈中参与人的利益完全相符。其他类型的博弈则是包含着不同程度的冲突和协调、利益相悖或者相符的混合体。

如例子(1)～(11)所示的我的协调问题，属于或近似于谢林意义上的纯协调博弈范畴。我不想要求具备利益完全相符这样的条件。比方说，我允许在如下版本的例子(1)中存在利益不完全相符的情形，行一选择方和列一选择方多多少少有些在意他们所要前往的地方是哪儿，尽管与之相比他们更在意的是能否会面成功。让我们回想一下图 2 和图 3 所示的收益矩阵（边码第 10—11 页）。有几个格子里的收益不完全相等。没有哪种线性调整能够使得这两个矩阵中每一个格子里的收益都同时相等。

然而，我会将注意力仍然集中于那些利益相符占主导的情境，亦即在任何一个格子里不同参与人的收益差距（也许要经过适当地线性调整之后），要小于不同格子之间存在的某些收益差距。所以在图 2 和图 3 的矩阵中，一个格子里最大的收益差距是 0.5，而不同格子之间最大的收益差距是 1.5。

让我们回忆一下，一个均衡是指这样一种行动组合，没有人能够通过他自己独自做出其他不同的行动而得到更好的结果。请允许我将一个**协调均衡**定义为如下的行动组合，**任何一名**参与人——无论是他自己还是其他人——都不能通过独自做出其他不同的行动而得到更好的结果。根据此定义，协调均衡是均衡状态。纯协调博弈的均衡状态总是协调均衡，因为参与人的利益完全相符。任何形式的纯协调博弈至少具有一个协调均衡，因为其至少有一个

---

① 由于写作时间较早，这一段论述中作者刘易斯使用的术语对现在读者来说有些陌生。他所称的"纯冲突博弈"即"零和博弈"(zero-sum game)，这是非合作博弈中比较特殊也比较著名的一类博弈。而在注释中他提到的"人际间欲望比较"，即我们现在通常所称的"人际间效用比较"问题。——译者注

② 《冲突的策略》，pp. 83—118，291—303。

结果对所有人而言都是最好的。但绝对不会只有在纯协调博弈中才存在协调 15
均衡。在既有利益相悖又相符的情境下同样也存在协调均衡，甚至在纯冲突博弈中也有协调均衡，图 7 所示的〈$R1$,$C1$〉就是一个协调均衡。

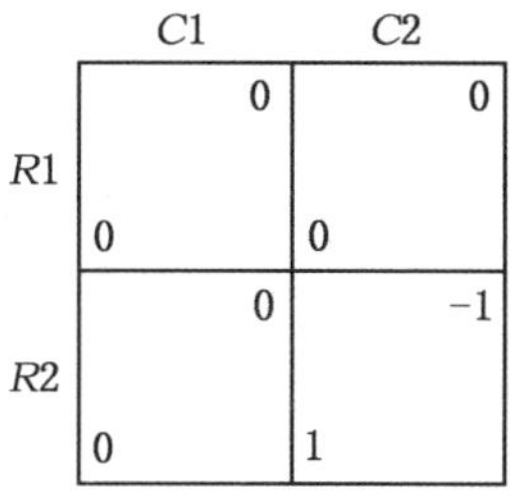

图 7

我们所使用的协调问题例子中，大多数类型都不是纯协调博弈，但是它们都具有协调均衡。我们已经注意到如图 2 和图 3 所示的这类会面地点问题形式并非是纯协调博弈，但是它们的均衡——在两类形式中〈$R1$,$C1$〉、〈$R2$,$C2$〉和〈$R3$,$C3$〉——都是协调均衡。

并不能说协调问题的**所有**均衡都必定是协调均衡。仍然以另一种形式的例子(1)来作说明。假设存在第四个地点：$P4$。行一选择方和列一选择方都想独自前往 $P4$，但是如果在 $P4$ 会面则会降低他们原本独自前往 $P4$ 所带来的乐趣，而且 $P4$ 不适合作为会面地点。这样我们就有了如图 8 所示的矩阵，其中有原来的协调均衡〈$R1$,$C1$〉、〈$R2$,$C2$〉、〈$R3$,$C3$〉，以及一个新的**非**协调均衡〈$R4$,$C4$〉。这是一个均衡，因为对于行一选择方来说，相较于〈$R1$,$C4$〉、〈$R2$,$C4$〉或者〈$R3$,$C4$〉，他更偏好于该行动组合；对于列一选择方来说，相较于〈$R4$,$C1$〉、〈$R4$,$C2$〉或者〈$R4$,$C3$〉，他更偏好于该行动组合。这不是一个协调均衡，因为行一选择方和列一选择方的偏好并不完全相同——事实上，他们的偏好完全不同。可是与其他形式的例子(1)相比，该形式的例子(1)看上去并没有太多的不同。在这种情境下，其仍然具备我通过 11 个例子所阐述的显著特征，因此我们容许协调问题中存在非协调均衡。

我的协调问题的例子全部都具有两个或两个以上不同的协调均衡。这种 16
多样性对于各类协调问题的显著特征来说至关重要，并且应该被包含在它们的定义之中。如果不存在较大的利益冲突，求得唯一的协调均衡这种工作或

	C1	C2	C3	C4
R1	1 会面 1	0 0	0 0	0.5 0
R2	0 0	1 会面 1	0 0	0.5 0
R3	0 0	0 0	1 会面 1	0.5 0
R4	0 0.5	0 0.5	0 0.5	0.2 会面 0.2

图 8

多或少就显得微不足道了。如果这类情境的性质足够清楚明白，那么每个人只要这样做就能达成均衡：他根据他的预期做出最优选择，每个人预期其他人也会根据他们各自的预期做出最优选择，依此类推。如果存在多个协调均衡，正如我们即将看到的，上述条件并不能保证达成协调。

许多情境下只存在唯一的协调均衡，这类情境仍然是微不足道的（而且更
17 应当被排除在我们的分析之外）。例如，当所有参与人都（**严格地**）具有**占优**选择——无论他人怎么做他们都偏好于该行动——时，无论是什么样的情境都只能存在一种均衡（而且**更有理由**只存在一个协调均衡），也就是占优选择的行动组合。占优选择的行动组合必定是一个均衡，但有可能不是一个协调均衡，比如图 9 所示的著名的囚徒困境，其中 $R1$ 和 $C1$（在通常的囚徒困境故事中指的是背叛招供）是占优选择，它们的组合〈$R1$，$C1$〉是一个非协调均衡。

	C1	C2
R1	−8 −8	−10 −1
R2	−1 −10	−2 −2

图 9

我们也许会猜测，**任何**纯协调博弈如果只具有唯一的均衡，其是否都是占优均衡，亦即所有参与人，或者至少有一些参与人，具有占优选择，或者至少是被占优的选择。[一项(**严格的**)**被占优**选择是这样一类选择，无论其他人如何选择，你都能做出其他选择以获得更好的结果。如果一项选择是占优的，另一项选择就必定是被占优的；但是反过来则不是这样，因为其他选择中**哪一项**对你来说是更好的，取决于他人如何选择。]如此的猜测中至少以下部分是正确的：在任何具有唯一均衡的、有限次两人纯协调博弈中，至少其中一名参与人的一项行动是被占优选择。证明如下：

令 $P(\langle Rj, Ck\rangle)$ 表示行动组合 $\langle Rj, Ck\rangle$ 的收益，对行一选择方和列一选择方来说都是如此。

给出一个具有 m 行 n 列的合适的博弈。在无损一般性的前提下假设行和列以如下方式排列，对角线上任一行动组合 $\langle Ri, Ci\rangle$，以及任一行动组合 $\langle Rj, Ck\rangle$，使得 $j \geqslant i$ 且 $k \geqslant i$，$P(\langle Rj, Ck\rangle) \leqslant P(\langle Ri, Ci\rangle)$。具体来说，$\langle R1, C1\rangle$ 必定是唯一的均衡，$P(\langle R1, C1\rangle)$ 必定比博弈中的所有其他收益都要高。

如果 $\langle R1, C1\rangle$ 是对角线上唯一的行动组合，其要么是行一最大化收益的行动组合(a row-maximum)，要么是列一最大化收益的行动组合(a column-maximum)，那么 Rm(如果 $m \geqslant n$)或者 Cn(如果 $n \geqslant m$)必定是被占优选择。

否则，令 $\langle Ra, Ca\rangle$，$a \neq 1$，成为对角线最右端的行动组合，其要么是行一最 18
大化收益的行动组合，要么是列一最大化收益的行动组合，但它不可能同时让行和列都得到最大化收益，因为它不是一个均衡。在无损一般性的前提下，假设它是行一最大化收益的行动组合。

除非 Ra 是严格被占优选择，否则 Ra 选择下就会存在一个列一最大化收益的行动组合，令 $\langle Ra, Cb\rangle$ 成为最右端的行动组合。$\langle Ra, Cb\rangle$ 不是行一最大化收益的行动组合，因为它不是均衡，所以 $P(\langle Ra, Ca\rangle) > P(\langle Ra, Cb\rangle)$。

除非 Cb 是严格被占优选择，否则 Cb 选择下就会存在一个行一最大化收益的行动组合，令 $\langle Ra', Cb\rangle$ 成为最下端的行动组合。由于 $\langle Ra, Cb\rangle$ 是列一最大化收益的行动组合，$P(\langle Ra, Cb\rangle) \geqslant P(\langle Ra', Cb\rangle)$，所以 $P(\langle Ra, Ca\rangle) > P(\langle Ra', Cb\rangle)$。

除非 Ra' 是严格被占优选择，否则 Ra' 选择下就会存在一个列一最大化收益的行动组合；令 $\langle Ra', Cb'\rangle$ 成为最右端的行动组合，$P(\langle Ra, Ca\rangle) > P(\langle Ra', Cb'\rangle)$。

除非 Cb' 是严格被占优选择，否则 Cb' 选择下就会存在一个行一最大化收益的行动组合；令 $\langle Ra'', Cb'\rangle$ 成为最下端的行动组合，$P(\langle Ra, Ca\rangle) > P(\langle Ra'', Cb'\rangle)$。

除非 Ra'' 是严格被占优选择，否则 Ra'' 选择下就会存在一个列一最大化收益的行动组合；令 $\langle Ra'', Cb''\rangle$ 成为最右端的行动组合，$P(\langle Ra, Ca\rangle) > P(\langle Ra'', Cb''\rangle)$。依此类推。

如果 $\langle Rj, Ci\rangle$ 是列一最大化收益的行动组合，且 $P(\langle Ra, Ca\rangle) > P(\langle Rj, Ci\rangle)$，那么 $\langle Rj, Ci\rangle$ 就在对角线的上方；否则 $j \geqslant i$，因此，$P(\langle Rj, Ci\rangle) \leqslant P(\langle Ri, Ci\rangle)$。同时因为 $\langle Rj, Ci\rangle$ 是列一最大化收益的行动组合，$P(\langle Rj, Ci\rangle) = P(\langle Ri, Ci\rangle)$。那么 $P(\langle Ri, Ci\rangle)$ 也是列一最大化收益的行动组合，且由于 $P(\langle Ra, Ca\rangle) > P(\langle Ri, Ci\rangle)$，该行动组合位于 $P(\langle Ra, Ca\rangle)$ 的右边。但是这与我们做出 $\langle Ra, Ca\rangle$ 的选择相反。

具体而言：$\langle Ra, Cb\rangle$、$\langle Ra', Cb'\rangle$、$\langle Ra'', Cb''\rangle$ 等都位于对角线的上方。

根据同样的论证可得，如果 $\langle Rj, Ci\rangle$ 是行一最大化收益的行动组合，并且 $P(\langle Ra, Ca\rangle) > P(\langle Rj, Ci\rangle)$，那么 $\langle Rj, Ci\rangle$ 位于对角线的下方。具体而言，$\langle Ra', Cb\rangle$、$\langle Ra'', Cb'\rangle$ 等都位于对角线的下方。

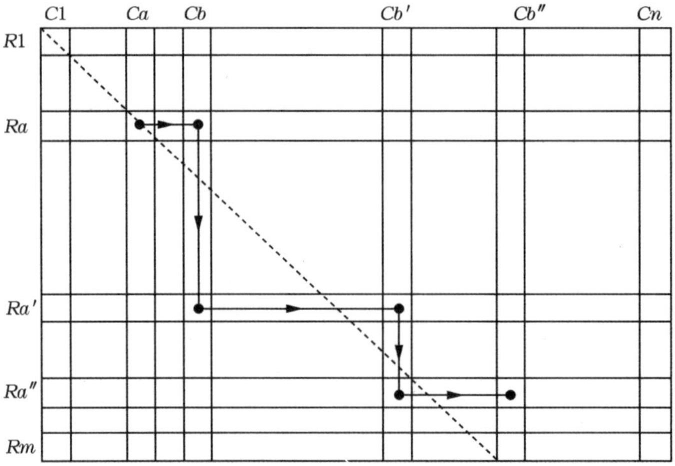

图 10

如图 10 所示，这样我们所构建起来的行动组合序列围绕着对角线前后移 19
动，使得 $a<a'<a''\cdots$ 且 $b<b'<b''\cdots$。因为该博弈是有限次的，这些序列最终会在参与人做出某个选择时结束，而且只有当该选择是 Ra、Cb、Ra'、Cb'、Ra''、Cb''等选择中的某项严格被占优选择时，序列才会结束。

当我们把一个具有唯一均衡的、有限次两人纯协调博弈中被占优的行动剔除后，又会形成新的博弈，新博弈自身又成为一个具有唯一均衡的、有限次两人纯协调博弈，所以可以重复剔除被占优行动。通过连续剔除被占优行动，该博弈就会转变为明显微不足道的一类情形，因为此时行－选择方和列－选择方各自只有一项行动可选。该结果取决于如下事实：每个参与人都不考虑被占优行动，每个参与人都预期其他参与人也都不考虑被占优行动，依此类推。

可惜，以上证明无法像我们所希望的那样以任何方式进行扩展。在无限 20
次的两人博弈中就不适用该证明，图 11 所示的就是这样一个反例。

	$C1$	$C2$	$C3$	$C4$	$C5$	...
$R1$	64 64	0 0	0 0	0 0	0 0	
$R2$	32 32	16 16	0 0	0 0	0 0	
$R3$	0 0	8 8	4 4	0 0	0 0	
$R4$	0 0	0 0	2 2	1 1	0 0	
$R5$	0 0	0 0	0 0	0.5 0.5	0.25 0.25	
⋮						

图 11

而在有限次的三人博弈中也不适用该证明，图 12 所示的就是这样一个反例。（将第三名参与人的选择称作 $L1$ 和 $L2$ **层**；将他的收益写在格子的中间。)

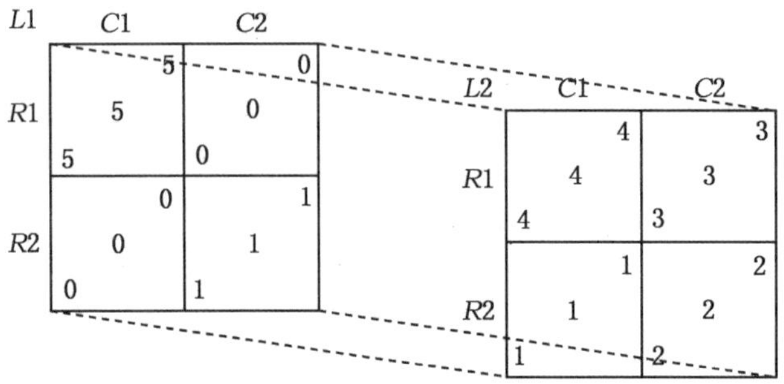

图 12

图 13 所示的有限次两人博弈情形同样不能适用该证明,此博弈中没有占优行动且只有唯一一个被占优行动(而且这一被占优状态是由所有其他选择
21 共同促成的),因而在纯协调博弈中我们不能说在一切情形下占优选择都是唯一的均衡。

	C1	C2	C3
R1	16, 16	0, 0	0, 0
R2	8, 8	4, 4	0, 0
R3	0, 0	2, 2	1, 1

图 13

除去这些微不足道的情形,一个协调问题必定具有一个以上的协调均衡。但这也并非是必要条件。如图 14 所示的两个收益矩阵,毫无疑问都有多重协调均衡(左边矩阵有两个均衡,右边矩阵有四个均衡)。然而对任何一方参与人来说,仍然不要求他基于对其他参与人的选择的预期来做出自己的选择,不需要他们尝试达成共同的均衡——不需要进行协调,因为如果他们各自尝试
22 不同的均衡,有些均衡是不会达成的。这是另一类微不足道的情形,与只具有

唯一协调均衡的那类情形相似。

	$C1$	$C2$
$R1$	1 / 1	1 / 1
$R2$	0 / 0	0 / 0

	$C1$	$C2$	$C3$
$R1$	1 / 1	1 / 1	0.2 / 0
$R2$	1 / 1	1 / 1	0.5 / 0.2
$R3$	0 / 0.5	0 / 0	0 / 0

图 14

给定他人的选择，当每一名参与人对某一行动组合的喜爱程度**至少等同于**他能达成的其他行动组合时，该行动组合就是一个均衡。给定他人的选择，如果每一名参与人对某一行动组合的喜爱程度**大于**他能达成的其他行动组合，我们将该行动组合称为**真正的**(proper)均衡。例如，在一个两人收益矩阵中，对于行一选择方来说，一个真正的均衡就是在其列行动组合中，他最偏好的行动组合；对列一选择方来说，一个真正的均衡就是在其行动组合中，他最偏好的行动组合。图 14 所示的收益矩阵中，有多个协调均衡，但是它们都不是真正的均衡。

无需规定协调问题中所有的均衡都必须是真正的均衡。如图 15 所示的收益矩阵，应该认为这个博弈同我们那些明白无误的协调问题的例子在本质上是相似的，然而它的一个均衡却不是真正的均衡〈$R3$,$C3$〉。该博弈中存在两个真正的协调均衡——〈$R1$,$C1$〉和〈$R2$,$C2$〉，这足以体现出其重要性。因此我坚持认为一个协调问题中必须包含至少两个真正的协调均衡。

这只是数个可证明的限制条件之一——最强的限制条件。我们也许更偏好一个较弱的限制条件，使得如图 16 所示的收益矩阵不会被排除在外。但是令人满意的约束条件将会很复杂，而且之后还会牵涉更多的限制性条件。即便是在我们所使用的强限制条件下，图 16 所示的这类情境也能得以存在。左 23
边的收益矩阵中，令 $R2'$ 为 $R2$ 和 $R3$ 的析取行动(disjunction)，$C2'$ 为 $C2$ 和

	C1	C2	C3
R1	2, 2	0, 0	0, 0
R2	0, 0	2, 2	0, 0
R3	0, 0	1, 1	1, 1

图 15

$C3$ 的析取行动。[①] 这样，同样的情境就可以使用如图 17 所示的新的收益矩阵来表示，而该矩阵中确实存在两个真正的协调均衡。右边的收益矩阵也可以用类似的方式进行强化。但是图 18 这类被强限制条件排除在外的收益矩阵，则应该排除在外，任何上述的强化方法都不能允许其存在。

	C1	C2	C3
R1	1, 1	0, 0	0, 0
R2	0, 0	1, 1	1, 1
R3	0, 0	1, 1	1, 1

	C1	C2	C3	C4
R1	1, 1	1, 1	0, 0	0, 0
R2	1, 1	1, 1	0, 0	0, 0
R3	0, 0	0, 0	1, 1	1, 1
R4	0, 0	0, 0	1, 1	1, 1

图 16

① 即 $R2'$要么表示 $R2$，要么表示 $R3$，在此刘易斯使用了数理逻辑中的析取式。——译者注

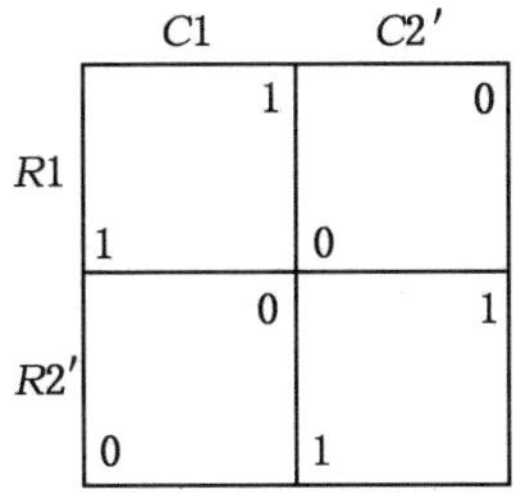

图 17

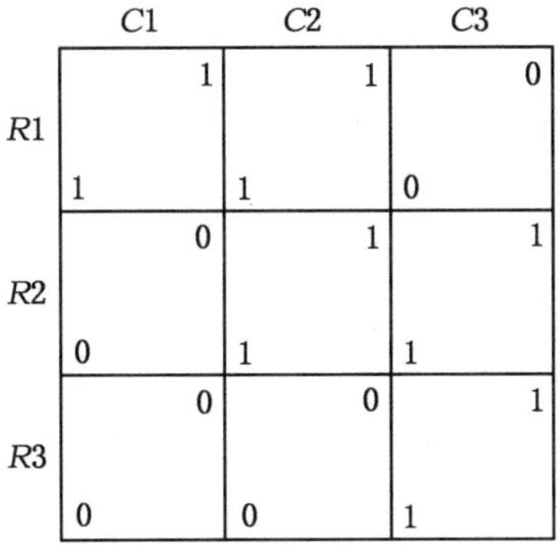

图 18

总结：协调问题——在重要方面与我所举的 11 个例子相似的情境，且这 24
些重要特征彼此相似[①]——就是如下的情境，两个或两个以上的参与人，他们的决策相互依赖，利益相符占主导地位，且博弈具有两个或两个以上的协调均衡。我们也可以说——尽管有人会认为这样的解释缺乏信息量——协调问题是如此的情境，它们与**某种**行动类型有关，参与人在一系列备选行动中选择相同的行动符合他们共同的利益。

---

① 参见迈克尔 · 斯洛特，"The Theory of Important Criteria"，*Journal of Philosophy*，63 (1966)，pp. 211－224。斯洛特证明我们通常以举例的方式说明一类对象，然后再把这类对象的确定特征作为我们那些例子的显著特征，而这些特征对于我们理解那类对象的属性非常重要。这就是我自己在此以及本书的其他各处所采用的方法。

第三节　解决协调问题

面对协调问题的参与人，做出选择想要达成可能的协调均衡中的某一个时，可能成功，也可能失败。虽然他们中的某些人做出选择时没有想过他人预期的行动是什么（他们如此做或许是因为他们无法猜测别人会怎么做，或许是因为协调一致的概率实在太小以至于可以忽略不计），仅仅由于运气好也有可
25 能让他们成功。但是通过一套合适的一致性共同预期机制，他们更有可能成功——如果他们真的这样做的话。因此，例子（1）中我会前往特定地点是因为我预期你会到那儿去，而你前往那儿是因为你预期我会去；例子（2）中我会回拨电话是因为我预期你不会，而你不回拨电话是因为你预期我会；例子（4）中我们每个人都会靠右侧车道行驶，因为他预期其他人都这么做；依此类推。一般而言，每个人在达成可能的协调均衡的某一均衡过程中做他该做的事，是因为他预期其他人也会做出与之相应的行动，由此达成均衡。

如果一名参与人对自己的预期完全有信心，认为其他人会做出某种特定的、真正的协调均衡中的行动，那么他就有坚定的理由做出与之相应的属于他自己的行动。但是如果他不是那么有信心——就像现实中的情形，那么他必须对自己的偏好进行衡量，如果其他人做出他们的行动，他也这么做，如果他们不那样做，他也不做。如果他对自己的预期有**充分**自信，认为其他人会做出他们的行动，他就有坚定的理由做出他的行动。信心程度的充分与否取决于他所有的收益，有时候当其他人并不都做出预期的行动时，他们会采取不同的**方式**，那么信心程度的充分性则取决于参与人赋予这些不同方式的比较概率值。例如，图 19 所示的协调问题，根据协调均衡〈$R1$，$C1$〉，行一选择方应当做出他相应的选择 $R1$，如果他的信心程度——认为列一选择方会做出选择 $C1$——高于 0.5。但是图 20 所示的协调问题，行一选择方只有当他的信心程度——认为列一选择方会做出选择 $C1$——高于 0.9 的时候，他才会选择 $R1$。
26 比方说，如果他的信心程度——认为列一选择方会做出选择 $C1$——只有 0.8，那么他最好选择 $R2$，为了避免他的预期是错的而可能招致的损失，他放弃了在〈$R1$，$C1$〉达成协调一致的机会。而如图 21 所示的协调问题，行一选择方能够确信如果列一选择方没有做出与〈$R1$，$C1$〉相应的选择，那么至少他会选择

C2 而不是 C3；要是这样的话，行一选择方应当选择 R1，如果他的信心程度——认为列一选择方会做出选择 C1——高于 0.5。或者，行一选择方也许认为如果列一选择方没有选择 C1，[1]他既可能选择 C3，也可能选择 C2；要是这样的话，行一选择方只有当他的信心程度——认为列一选择方会做出选择 C1——高于 0.9 的情况下才会选择 R1。又或者，行一选择方能够确信如果列一选择方没有选择 C1，他则会选择 C3；要是这样的话，行一选择方最小的充分信心程度是 0.95。形成特定均衡的协调所需的一致预期的强度，可以用于衡量达成协调的困难程度，因为无论一致预期是如何产生的，弱预期总归比强预期更易形成。（我们可以想象这样的情形，为了达成某个均衡的协调，需要
太多的共同信心，以至于根本不可能成功达成这样的协调一致。想象某个百 27
万富翁，他会将自己的财产平均分配给 1 000 个人，只要每个人都给他 10 美元；如果即便是一个人没有这样做，百万富翁不仅不分钱，还把别人给他的钱留给自己。我认为无论这 1 000 个人怎样增进他们的共同信心，实践中可以相当确定这个百万富翁不用付钱，所以如果我是那 1 000 个人中的一个，我会留着自己的那 10 美元。）

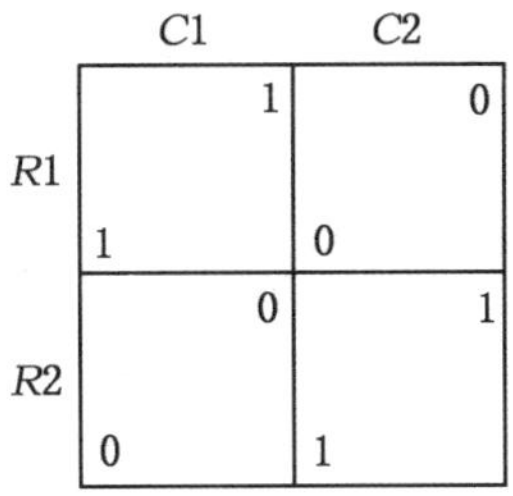

图 19

根据我们自己对其他每一个人的行动所具有的一致预期，我们也可以达成协调。并且通过尽己所能换位思考，我们可以获得所需的预期，或者纠正、

① 原文为 R1，疑误。——译者注

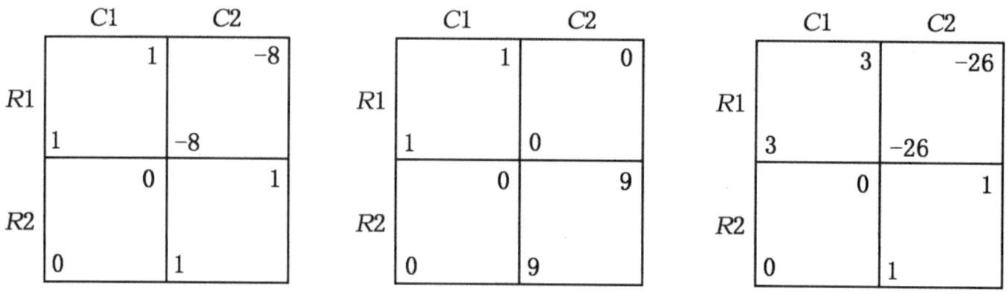

图 20

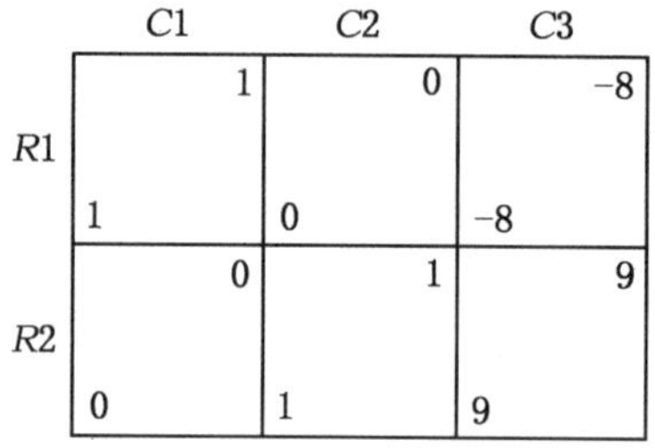

图 21

确证我们已有的预期。如果我知道你所相信的实际的事情(the matters of fact)①是什么——这些事情极有可能对你的选择行为产生决定性影响;如果我知道你偏好什么样的可能结果;并且我知道你具有一点实践理性,那么我就能够复制你的实践推理过程,从而猜想出你大概会如何做,这样的话我能够做出适当的选择。

在协调问题的情形下,或者在任何涉及相互依赖之决策问题的其他情形下,极有可能对你的选择行为产生决定性影响的实际的事情中,有一件事情是我自身的行动。通过复制你的实践推理过程来猜测你会做什么,要做到这一点,我需要猜测**你**会预期**我**做什么。

---

① 这里刘易斯使用的是"休谟之叉"(Hume's fork),即把人类理性处理的对象分为两类:"观念的关系"(Relations of Ideas)和"实际的事情"(参见休谟:《人类理解研究》,商务印书馆 1957 年版,第 26 页;以及吕大吉译本的《人类理智研究》,商务印书馆 1999 年版,第 19 页)。将"Matters of Fact"译作"实际的事情"是关文运和吕大吉先生的译法,是否存在更合适的译名还可商榷。例如,在"牛津通识读本"的《休谟》一书中(参见艾耶尔:《休谟》,译林出版社 2016 年版,第 41 页),译者就将该术语译为"事实"。本书中暂且遵循关译和吕译,但不表示译者赞同这一译法。——译者注

我知道，正如我试图通过复制你的推理过程来猜测你会做什么，你会试图通过复制我的推理过程来猜测我会做什么。就像你为了猜测我会做什么而可能做的其他任何事情一样，这些事情本身构成了你的推理的一部分。因此，为了复制你的推理过程，我也许不得不复制你试图复制我的推理过程。

这还没有结束。我有理由预期**你**会意识到这一点，我会试图复制你试图复制我的推理过程，除非我已经知道你预期我会做什么。所以我预期你会试图复制我试图复制你试图复制我的推理过程。因此我自己的推理过程不得不 28
包含如下内容：试图复制你试图复制我试图复制你试图复制我的推理过程，依此类推。

在我们的讨论失控之前，引入**高阶预期**（higher-order expectations）会被证明是一种有用的办法，根据递归的方式对这一概念做如下定义：

对于某一对象的一阶预期是有关该对象的一般预期。

对于某一对象的（$n+1$）阶预期是在他人有关该对象的 n 阶预期之上的一般预期。

举例而言，如果我预期你会预期天要打雷，那么我有关天要打雷的预期就是二阶预期。

无论何时我复制了你的某一部分实践推理过程，我的有关实际的事情的二阶预期和我有关你的偏好和理性的一阶预期，共同为我形成有关你的行动的一阶预期正名。在相互依赖之决策问题的情形下——比如协调问题，有些必需的二阶预期必定是有关我自身的行动。

考虑我们协调问题中的第一个例子：你和我都想要到同一个地点会面的情境。假设思虑再三我决定前往某个特定地点。引导我做出如此选择的基本实践推理过程如图 22 所示。（所有此类示意图中，带箭头的粗实线表示具体的含义；带箭头的细实线表示理性参与人的心理状态或者行动之间的因果关系。）如果我做出这一推理过程——我预期你将会去那儿——的前提是通过复制你的推理过程得到的，我的复制过程则如图 23 所示。而如果我做出这一复制过程——我预期你会预期我将会去那儿——的前提是通过复制你复制我的推理过程得到的，我复制你的复制过程如图 24 所示。依此类推。我的整个推

30 理过程(通过忽视理性前提而进行了简化)如图 25 所示,依据我们的行动和条件偏好,我能够使用可以获得的任意高阶预期,做出任意有限数目的推导步骤。复制过程相互嵌套至某种有限的程度:我的推理过程(外层思考范围)包
31 含对你的推理过程(下一层思考范围)的复制,而你的推理过程包含着你对我的推理过程的复制(下一层思考范围),依此类推。

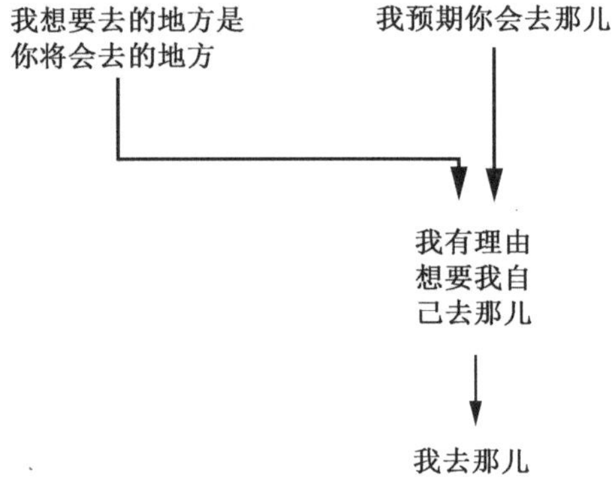

图 22

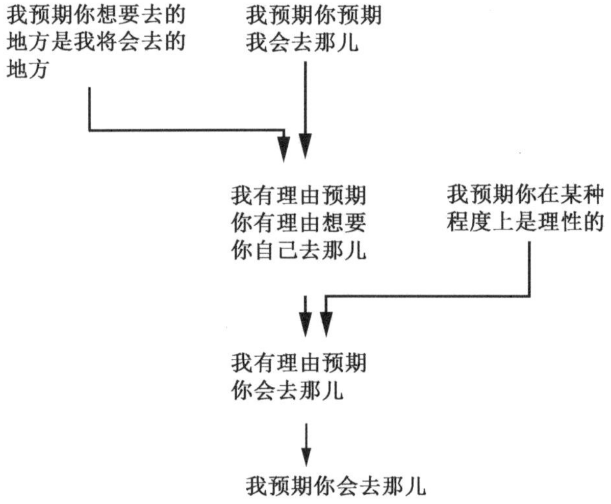

图 23

因此,如果在这样一个两人协调问题中我不知何故碰巧有个 n 阶的行动预期,我会一层层推理相互嵌套的复制过程,逐级降至低阶的行动预期。给定

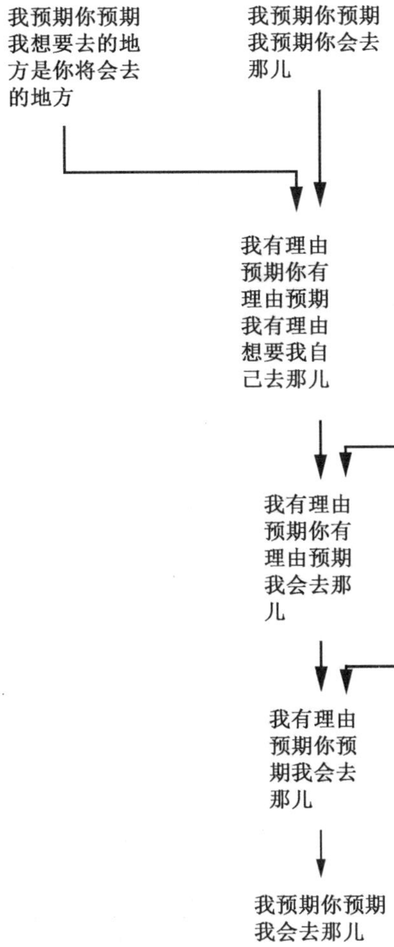

图 24

我推理得足够深入，给定所有必需的、有关偏好和理性的高阶预期都具备，我最终会得到有关你的行动的一阶预期——这就是我为了知道如何采取行动所需要的预期。

很明显，两人以上的协调问题中类似的复制过程亦是可行的。一般而言，有关某个对象，我的高阶预期是我预期 x_1、预期 x_2、预期……该对象。（x_1，x_2 32
……，该序列中参与人可以重复出现，但是 x_1 不能表示我自身，且没有人能够紧接着相继重复出现两次。）所以当包含 m 名参与人时，与 $(m-1)^n$ 种不同的、n 次复制过程的序列相对应，对于某个对象我能具有 $(m-1)^n$ 个不同的 n

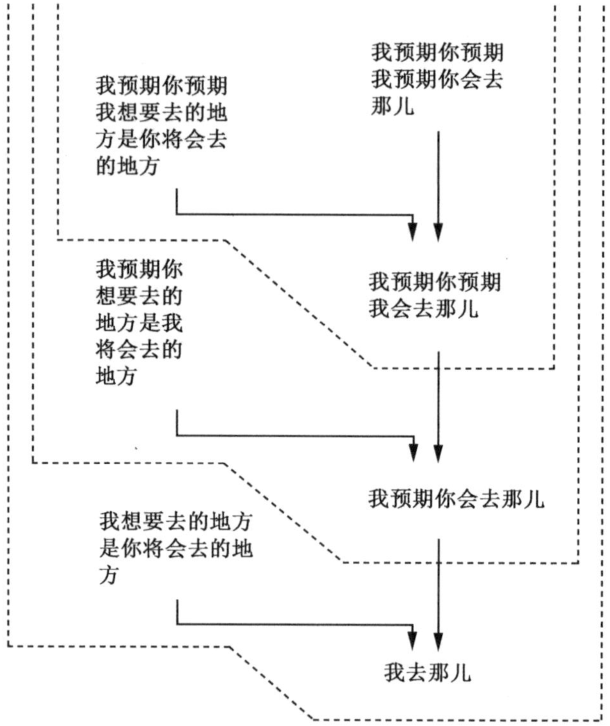

图 25

阶预期。总体来说,复制过程是交错复杂的树状推理过程:其从 $m-1$ 个我所拥有的、各式各样的$(n+1)$阶行动预期开始推导,再加上补充的前提,产生其中一个我的 n 阶行动预期。通过设定 $m=2$,我限制了树状分支结构,但原则上一般情形也是如此。

注意,这类复制过程**不是**人与人之间反复交往互动的过程。这是**一个**人计算出他自己对于这个世界的信念之结果的过程,他所相信的这个世界包含着其他人也在计算着他们的信念之结果,其中亦包含着其他人有关他人的信息……通过我们在世界中的相互交往行为,我们获得了各类高阶预期,可以用作上述复制过程的前提条件。在我们接下来的推导中我们都是无窗的单子

(windowless monads),[①]相互之间尽己所能将自己设想为就是对方,相互之间将自己设想为将自己设想为就是对方,依此类推。

我当然不能想象有谁会以如此的方式来解决协调问题,首先从某处获得一个十七阶预期,然后坐下来开始计算他的复制过程。原因之一是由于我们很少具有较高阶的预期,比方说,四阶预期。其次是由于任何能够赋予高阶预期的情境,也同样能直接赋予低阶预期,无需诉诸层层嵌套的复制过程。

尽管如此,给定所需的补充性前提条件,一个任意的高阶行动预期确实给予参与人**一个**做出行动选择的好理由。这个理由(通常)会与其他许多理由结合在一起,足以证明一个人的选择的合理性。假设参与人最初不知何故具有数个位阶的预期来证明他自己和他的同伴之行动的合理性,假设具备补充性的前提条件,那么他的每一个原初预期都各自独立地给予他理由以这样或那样的方式去行动。如果他运气好,所有这些相互独立的理由将会成为同一个 33
行动的理由。[②] 那样的话,就有强烈的倾向去选择该行动,因为它被再三证明是合理的;参与人就有理由去做出这一选择,这要比众多原初预期中的某一个所给予的理由更加充分。

我之前说过,在对于行动的一致性共同预期的协助下,可以理性地达成协调。我们业已看到,这是从有关行动、偏好和理性的一阶和高阶预期中推导出来的。所以我们概括如下:在一套一致性共同预期机制——有关参与人行动、偏好和理性的一阶和高阶预期——的协助下,可以理性地达成协调。

---

① “单子”是德国哲学家莱布尼茨(Gottfried Wilhelm Leibniz,1646—1716)的概念,在他的“单子论”中,“无窗性”,即单子是分离独立的世界,相互不发生影响,这是单子的本质属性之一(参见莱布尼茨:《新系统及其说明》,商务印书馆 1999 年版,第 14 节和 16 节)。后来法兰克福学派的阿多诺(Theodor W. Adorno,1903—1969)借用莱布尼茨的理论,经常性使用“无窗的单子”这一用语。——译者注

② Michael Scriven,“An Essential Unpredictability in Human Behavior”,*Scientific Psychology: Principles and Approaches*,ed. B. B. Wolman (New York: Basic Books,1965)。在这篇文章里斯克里文(Michael Scriven)讨论了在一个冲突博弈中参与人**不**想做出与他人的预期相符的选择,此时参与人之间共同的复制实践推理过程是怎样的。存在一个周期性的改变选择过程:从我会去明斯克的我的($n+4$)阶预期开始,到你会去明斯克的我的($n+3$)阶预期,到我会去明斯克的我的($n+2$)阶预期,到你会去明斯克的我的($n+1$)阶预期,到我会去明斯克的我的 n 阶预期……斯克里文注意到我们不能都完整地、准确地复制其他人的推理过程。他以此来证明人类是无法预测的。但或许这仅仅是证明了不是所有参与人都有足够的时间来完成他们的复制过程,因为任何一方所使用的时间都会增加另一方所需要的时间。参见 David Lewis and Jane Richardson,“Scriven on Human Unpredictability”,*Philosophical Studies*,17(1966),pp. 69—74。

有助于参与人做出决定的行动预期的位阶越多，他就能获得更多相互独立的证明其选择合理性的理由；只要他意识到那些理由，他做出选择的决心就更加坚定。因此，周遭的境况有助于解决协调问题，在这类境况下，参与人能够为形成一种属于一致性机制的共同预期给出合理性的解释。位阶越多，合理性的理由就越多。

为了思考如何解决协调问题，我推迟解释了我们头脑中首先会出现的答案：通过协定解决协调问题。如果参与人之间可以相互交流（不增加额外的成本），他们能够通过商议来确保对他们的问题产生共同的理解。他们能够挑选一个协调均衡：任意的某个均衡，或者特别有利于某些人或是所有人的均衡，
34 或者是不需要太多共同信心就能达成的均衡。并且每个人都能保证其他人会各自做出均衡选择。当然，通过协定来达成的协调，与通过一致的共同预期来达成的协调，二者不是相互替代的关系。更确切地说，协定是产生那类预期的方式之一。这是一种特别有效的方式，因为它能制造出数个位阶的强一致性预期。

假设你与我明天想会面；今天我们碰巧见了面，而且做了一个约定。这样我们每个人就有了依据：他有兴趣前往另一个人也会去的地方，他有意向前往特定的地点。通过观察这些依据，我们形成了一致的有关其他人偏好和行动的一阶预期。通过观察他人的观察，我们也可以形成一致的二阶预期。通过观察他人观察他人的观察，我们甚至还可以形成一致的三阶预期。依此类推，当然不能永远推演下去，我们推理的程度是有限的，我们对他人的认识程度也是有限的——大概能推演到第一或第二层。其结果是一套具有数个位阶的、一致的共同预期机制，有助于通过复制推理的方式达成协调。

参与人的协定可能被视为是相互交换正式的或默会的保证，但其实不需要。如果没有其他的限制，即便是一个信守诺言的人，也可以通过明确的否认来取消承诺的约束力。将其视为相互交换当前意向的声明就已经足够，即便每个人都明确保留他此后改变计划的权利。没有人需要约束自己，做出违背自身利益的行动。相反，对于每个人而言，做出他让别人预期他做的行动才是符合其自身利益的，因为如果其他人也是按照他们的预期行动的话，这样的行动对他而言才是最好的。

如果有人确实认为自己受到承诺的约束，他就有了第二个独立的激励。

他的收益被改变了，因为他担负了承诺的责任，只做出唯一的选择。的确，通过做出承诺，他的收益被改变得太厉害，以至于这类情境根本不再是一个协调问题。比方说，参与人承诺的行动可能会变成他的占优选择：他或许希望信守承诺，无论对方是否配合。如果这类坚定的承诺是公开做出的，其他人会知道 35
他们必须按照承诺人的行动来做出行动，因为他们知道他将会做什么。这种强有力的许诺是摆脱协调问题的一种办法，但不是解决协调问题的办法。

应对协调问题，明确的协定是一种特别有效和常见的手段——以至于我们倾向于将协调说成是另一种**默会的**协定。但是协定（就是字面意思上理解的协定）不是形成一致性预期，帮助我们解决协调问题的唯一方式。如果我们发现自己已经对我们的共同预期之内容和强度感到满意，那么我们也能在没有协定的情况下做出选择解决协调问题。如果我们没有办法交流沟通，或者如果为了增加我们相互之间达成协调的概率，所需的沟通成本极高（比方说，我们是潜藏着的秘密活动分子），我们也会在没有协定的情况下根据必要性解决协调问题。

谢林做过参与人无法交流情形下的协调问题实验。他的实验对象仅仅知道，对于他们所面对的问题大家有着共同的理解：例如，他们会得到一份说明书，上面描述了他们的问题，并且告诉大家每个人都得到了同样的说明书。实验结果表明，老练、精明的实验对象在实验环境中解决那些别出心裁的协调问题时常常无需交流就能够做得很好——绝非瞎猫撞到死老鼠。他们尝试解决协调问题的方式或多或少是**显著的**（salient）：由于其在某些引人注意的方面与众不同而凸显出来的特征。它不必是特殊的**好的性质**，其实它也可以是特殊的坏的性质。仅仅是由于它在某些方面的特殊性使得实验对象能够注意到它，预期其他每个人也会注意到它，依此类推。如果不同的协调均衡在其引人注目的方式上都是与众不同的，实验对象在对不同方面进行比较时，他们就需要对其中的相对重要性具有相似的看法，但通常是他们的看法足够相似，从而解决协调问题。

我们怎么解释通过显著性（salience）达成的协调？当实验对象不具备强有力的理由做出选择时，他们或许都倾向于挑选某个显著特征作为最后的解决手段。或者他们预期别人具有这样的倾向性，然后自己据此而采取行动；或者他们预期别人具有这样的倾向性并据此而采取行动，然后自己据此而采取行

36 动，依此类推；或者更有可能的是存在这类预期的混同。他们有关倾向于挑选某个显著特征作为最后解决手段的一阶预期和高阶预期，组成了一个一致性预期的机制，能够在显著均衡下达成协调。

如果他们的预期确实达成了协调，人们实际上有没有挑选某个显著特征作为最后解决手段，这一点无关紧要。因为每个人对于自己的选择都有一个足够好的理由，所以他的选择就不必当作是最后的解决手段。

这样，即便面对一个别出心裁的协调问题——这是一种极端情形，参与人有时候也能无需交流就获得一致性预期。一种更简单且更为常见的情形是那类因为**熟悉**而无需交流的协调问题。在这类情形中，参与人达成一致性预期的手段是因循先例：由于过去已解决的例子而对他们当前面临的协调问题产生了一种似曾相识的感觉。

第四节 惯 例

让我们先从简单的例子——因循先例达成的协调——开始，然后以各种方式得到一般性的结论。通过这种方式我们将会见到我称之为**惯例**的现象，即本书的研究主题。

假设我们面临一个协调问题，并且我们已经得到某种相当不错的协调均衡。再次面对完全一样的问题时，我们每个人或许会重复他之前的行动。如果这样，我们会得到同样的结果。如果你和我——可能是运气好，可能是有协定，也可能是根据显著性，也可能是无论什么原因——昨天见过面，并且今天我们发现必须再次会面，我们有可能都会回到昨天见面的地方，各自希望在那里能找见对方。如果我们曾经通话被掐断过，而你恰好选择回拨电话，我则选择等待，那么如果我们之间的这次通话再次被掐断，我会再次选择等待。

就像我们解释显著性的力量一样，我们也能解释先例的力量。实际上先例只不过是某种重要的显著性的来源之一：因为前一次我们达成过该均衡，从
37 而使得这一均衡具有引人注目的独特性。如果我们不具备强有力的理由改弦易辙，我们倾向于重复之前继承下来的行为，那么无论我们中的任何人是否真的具有这样的倾向性，我们多多少少也会预期他人具有如此的倾向性，或者预期他人预期他人具有如此的倾向性，依此类推。亦即，我们每个人会具有第一

阶和高阶预期，其他人会做出他们在旧有的协调均衡中做出过的选择，除非他们有理由改弦易辙。其他人会做出他们的选择，每个人的这一预期或许会通过运用他的高阶预期进行复制推理而得以加强，让他具有某种理由做出他相应的选择。并且如果他最初的某阶预期足够强，他就有了决定性的理由去做出他相应的选择。因此他就会这样做。

我一直在假设我们面对一个协调问题，然后又再次面对同一个协调问题。但是，我们自然不会两次都面对一模一样的问题。至少存在如下的不同之处：在第二次，我们能够利用第一次面对该问题时的经验。更一般地来说，两个问题在一些各自独立的方面会有所不同。我们无法完全像之前那样行动。这次我们所做的不可能与之前做的完全一样——在任何一方面都不一样，因为二者的情境不完全一样。

因此，假设我们再次面对的不是原来的问题，而是与原初问题有些类似的一个新的协调问题。受到无论何种我们所注意到的相似性的引导，我们倾向于遵循先例，在新的问题中达成均衡，而该均衡在各方面都与之前我们达成的均衡一一对应。

也许还存在几种可替换的相似性。倘若如此，遵循什么样的先例，做出我们之前做的哪些行动，就留下了模棱两可的余地。假设昨天我打电话给你，当我们的通话被掐断时我回拨电话。今天你打电话给我，我们的通话被掐断。我们有一个我回拨电话的先例，相同地还有一个最初打电话的人回拨电话的先例。但是这次你是最初打电话的人。不论这次我怎么行动，我所做的都是和之前那次相似的行动。模糊的先例帮不上我们的忙。

事实上，总是存在不可胜数的可替换的相似性。如果不是我们一直注意
到某些相似性而无视其他的相似性——我们分别称之为“自然的”或“人为 38
的”，[①]先例就会始终是全然模糊且毫无意义。我们遇到的新问题（包括每一个不同的问题组合）中的**每一个**协调均衡，在**某种**相似性之下都会与我们之前所做的行动一一对应，并因此而分享着**某种**独特的类型。幸运的是，大多数的相似性是人为的。我们不考虑这些相似性；我们不倾向于让它们来引导我们的

---

① 刘易斯此处有关“自然”和“人为”的区别实际上来自休谟，具体含义参见休谟《人性论》第三卷第二章第一节的最后一段。——译者注

选择,我们不会预期他人会具有任何这种倾向,也不会预期他人会预期他人会这样做;等等。同样幸运的是,我们可以得知所有人大多都会注意到同一个相似性。这就是为何在实践中先例不会模糊不清,而且常常如此。如果在我们所面对的问题和先例之间我们只注意到一个相似性,或者我们所注意到的相似性中有一个看起来要比其他的相似性更引人注目,或者甚至是如果有数个相似性都引人注目,但是它们碰巧都指向同一个选择,那么其他的相似性就无关紧要了。我们做出行动不会遭遇什么困难,除非相互冲突的相似性迫使其引起我们的注意。

新的问题和先例之间相似的方面越多,不同的相似性之间越有可能达成一致;模棱两可的余地越小,就越容易遵循先例。当新的问题是你作为最初打电话的人——而非我再次作为最初打电话的人这样一个新问题——时,我作为最初打电话的人回拨电话这个先例就是模糊不清的。这就是为何我开始假想新的问题在所有方面都和先例类似。

一般意义上的显著性指的是一个协调均衡中在引人注目方面特别突出的独特性。因为先例而产生的显著性毫无例外就是这样一种情形:由于和之前成功的做法相似,使得其成为一个协调均衡中在引人注目方面特别突出的独特性。

到目前为止我都是在假设参与人将人们所遵循的做法作为先例。这就确保参与人根据最初问题发生时的境况及其结果来认识之后发生的问题,并且预期其他人都如此做,预期其他人都预期其他人都如此做,依此类推。但这不
39 是绝对可靠的方法,也不是唯一的方法。例如,如果昨天我告诉你一个故事,有人乘地铁时走散了,后来碰巧在查尔斯站又遇到了;今天我们同样也走散了,我们或许各自都会独立做出决定前往查尔斯站,在那里等待。无论我告诉你的故事是不是真的,或者你是不是相信这个故事是真的,或者我是不是相信这个故事是真的,甚至是否只不过是我这样说说而已,这些都无关紧要。在为我们的行动方式提供建议时,虚构的先例和真实的先例一样有效,因此能够作为共同一致预期的有效来源,促使我们得以会面。所以让我们就这样规定,参与人总归都是通过先例来认识新问题的,并预期其他每个人都是如此来认识问题的,依此类推。

到目前为止我都是在假设我们只遵循一个先例,但是我们也许有数个先

例。我们或许对一类先前存在的协调问题都熟悉，且自然而然地与我们现在面临的问题一一作比较，使得相似的协调均衡得以达成。这就是说，参与人的行动遵从某种显而易见的常规性。由于我们现在面临的问题都可以适当地与那些先例作对比，我们就能够通过遵从相同的常规性而达成协调均衡。如果其他人遵从，我们每个人都想要遵从；他对于此类遵从具有一种**条件偏好**(conditional preference)。如果我们的确遵从某种常规性，那么就有令人熟悉的模式对此进行解释：假定没有特别的理由采取别的行动，我们倾向于遵循先例；我们相互预期他人也具有这样的倾向；我们相互预期他人会预期他人具有这样的倾向；依此类推。我们具有了一致的一阶预期和高阶预期，这使得我们能够达成均衡。

在前述例子中，**为什么**以相似的均衡形式达成协调一致，这个问题无关紧要。即便是碰运气，我们仍旧在遵循先例模式。事情发生的经过可能会是这样的：最初的事件，或者最初少数几个事件，成为下次发生的事件的先例，而它们又成为再下一次发生的事件的先例，依此类推。同样地，无论我们的先例是如何出现的，只要这次我们遵循了，我们就将此经验加入先例储备库，以便以后使用。

数个先例要比一个先例更好，不仅因为我们通过不断地重复习得经验，而 40
且因为先例之间的差异能够帮助我们解决模糊性问题。即便我们现在所处的情境其自身具备的相似性与任何一个先例都存在冲突，或许这些相似性中只有一个相似性在不同先例之间皆可成立，因此，我们只会注意到该相似性。假设我们知道许多有关被掐断的电话如何恢复通话的情形，在每次情形中都是最初打电话的人回拨电话。在有些情形中我是最初打电话的人，在有些情形中你是最初打电话的人，在有些情形中我们两个都不是最初打电话的人。现在我们的通话被掐断，而我是最初打电话的人。对你而言，回拨电话就是做出了某种——在某一相似性下——与之前某些情形中取得成功的选择相似的行动。但是我们会不考虑这样的相似性，因为它与先例不一致。

一旦有许多可以借鉴的先例，在不存在严重的不一致或模糊性的情况下，就不再必须要求我们都熟悉完全相同的那些先例。如果我们每个人都熟悉在某种程度上一致的先例，那就足够了，每个人都预期其他人熟悉的先例在某种程度上与自己熟悉的先例相一致，每个人都预期其他人预期其他人熟悉的先例在此种程度上与自己熟悉的先例相一致,等等。很容易看出这是如何发生的:如果一个人经常遇到这样的情形,通过遵从某种特定的常规性,对于某特定问题能够达成协调一致,并且很少或者从未遇到与之相反的情形,那么他就被赋予了一种预期,预期他周围人也具有相同的经验。如果我驾车走遍美国,看到许多人都是靠右侧行驶,没有人靠左侧行驶,我就有理由推断在美国几乎每个人都是靠右侧行驶,所以朝我行驶而来的这个人,一般也会看到人们是靠右侧行驶——即便他和我都从来没有见到过**同一个人**是靠右侧行驶的。

我们对于一个先例的熟悉程度不需要非常详尽。知道一个人已经了解了许多这样的情形,通过遵从特定的常规性,对于特定问题能够达成协调一致,就足够了,不需要能够具体说明时间、地点、参与人或者任何其他细节;不需要能够将这些情形一一回忆起来。我无法一一列举在美国人们靠右侧行驶的先
41 例;尽管如此,在美国我经常看见汽车是如何行驶的,几乎都是靠右侧行驶,对于这一点我非常清楚。并且既然我没有理由认为我会遭遇到反常的例子,那么我就推断在美国司机确实总是靠右侧行驶。因此,任何一个我所遇到的、在美国驾车的人都会像我一样如此认为,会预期我会如此认为,依此类推。

简单而言,通过先例达成协调一致就是:过去有一个情形与我们现在面临的协调问题完全一样,我们知道在该情形下是如何达成协调一致的,现在通过这样的共识我们达成协调一致。去除掉不重要的限制条件后,我们得出如下结论:通过对于**常规性**的共识所达成的协调一致,决定着过往某一类情形中那些协调一致的达成,这类情形相互间以及与我们当前所面临的协调问题都存在着某种引人注目的相似性。我们对于该常规性的熟知源自我们从这类情形的某些事例中获得的经验,不一定每个人都经历过相同的情形。

给定过往情形中的常规性,我们有理由用它来推测(临近的)未来的情况。因为我们被赋予这样的预期,当熟悉过往事例常规性的参与人面对一个相似的、新的协调问题时,通过遵循先例,继续遵从相同的常规性,他们会成功地达成协调一致。进一步我们预期这样的遵从行为不仅在过往情形中存在,在未来的情形中也会存在。我们获得了一种不受时间约束的普遍信念,为了达成协调一致,特定群体中的成员会在特定一类重复出现的协调问题中遵从特定的常规性。

遵从常规性的行为中,每一项新的行动都会添加到我们有关普遍遵从行

为的经验中去。通过先例，我们在过往情形中得到的那种普遍遵从的经验，使得我们预期在未来也会有相似的遵从行为。而我们对于未来遵从行为的预期则构成了我们做出遵从行为的理由，因为如果他人遵从，我也遵从，是达成协调均衡的方式且满足个人自身的偏好。所以就是这样——我们做到了因为我 42
们做到了因为我们做到了因为我们做到了。一旦这个过程启动，我们就拥有了一个亚稳定的、自我持存的偏好、预期机制，行动能够一直持续下去。只要一致遵从的行为构成了一个协调均衡，那么基于他人会做出遵从行为，每个人都想要做出遵从行为。遵从行为产生对于遵从行为的预期，遵从行为的预期产生遵从行为。

我将这种现象称为惯例。我们第一个概略的定义如下：

当群体 P 的成员作为某一重复出现的情境 S 中的参与人时，他们的行为的常规性 R 是一项**惯例**，当且仅当群体 P 的成员在属于 S 的任何事例中：

(1)每个人都遵从 R；
(2)每个人都预期其他每个人都遵从 R；
(3)在其他人都遵从 R 的条件下，每个人都偏好遵从 R，因为 S 是一个协调问题，而对于 R 的一致遵从是 S 的一个真正的协调均衡。

第五节　惯例示例

在第二章中我们将专注于改进该定义。但是在我们还未将这一概念掩藏于其精致的细节问题之下时，让我们先来看看如何将它应用于实际情况。想一想解决我们协调问题例子的一些惯例。

(1)如果你和我必须每个星期都见面，也许最初我们会每次都事先预约一下，但是经过一连几周我们都在相同的时间和地点碰面之后，每次会面结束时，我们中的一个人就会说：“下周这里见。”之后我们更是什么都不用说了(除非我们通常的安排在下周不太令人满意)。我们只是常规性地每周都在特定时间到特定地点去，每个人都到那儿去见对方，并且确信他会出现。这种在我们的行为中逐渐发展形成的常规性就是一项惯例。

43 在该案例中，决定我们会面地点的惯例是在最小的可能群体中确立的：只有两个人。在其他情形下，更大的群体——或许成员也会发生变化——拥有惯常的会面地点。是什么使得冷饮摊、咖啡屋或者酒吧那么“流行”，就是因为在一些社交圈子里存在这样的惯例，当一个人想要进行社交活动时，这些地点是他会去的地方。那首歌中的男人——“落魄街角余一刀/红尘觅女女寻君”，[1]站在**那个**街角就是遵从当地失足妇女和她们的客人之间的惯例。

(2)在我的家乡俄亥俄州的欧柏林(Oberlin)，直到不久以前，当地所有的电话在通话三分钟之后都会毫无预警地被掐断。这种操作发生后不久，欧柏林居民中就渐渐形成一项惯例，当电话被掐断时，最初打电话的人会回拨电话，而与此同时接电话的人则选择等待。在预期到另一方会遵从这样的方式打电话的情况下，居民们通常会遵从该常规性。用这样的方式，很容易恢复通话，对各方都有利。新来的居民被告知，或者通过经验习得了这项惯例。这项惯例持续了大约十年之久，直到掐断电话，这个操作被废除为止。

其他的常规性也差不多会同样奏效。可以是接电话一方总是回拨电话，或者姓氏首字母在先的人回拨电话，甚或是年长者回拨电话。这些常规性中的任何一个都能成为惯例，只要我们当中有足够多的人开始遵从它。跟我们现实的惯例相比，上述这些有那么一点不方便；如果是最初打电话的人回拨电话，他可能还记得电话号码，至少他必定知道哪儿能找到电话号码。但是一项惯例的不方便并不比它能达成如下协调均衡时所带来的好处更为重要，那就是当且仅当另一方不回拨电话时回拨电话。

这个例子说出了这样一种可能性，(以任意的自然方式描述行为时)一种具有惯例性质的常规性会在不同条件下具体规定不同的行为。在该案例中，它具体规定了对于情境 S 中扮演不同**角色**的参与人，我们会以什么样的不同
44 行为来做区分。除非有**专门的**描述，像是“遵从如此这般常规性的行为”，遵从惯例性质的常规性的行为并不具有共同的自然描述。因此，当我们说在情境 S 中做出行为 A 这样一项惯例时，必须要理解 A 也许代表的是一种非自然的、复杂的行为描述。

---

① 此处的歌词出自美国民谣歌手 Dave Van Ronk(1936—2002)的歌曲 *Hesitation Blues*，原文为“(And I'm) standing on the corner with a dollar in my hand/Looking for a woman who's looking for a man”。原书缺少了括号中的单词。——译者注

(3)如果休谟的小船中两位桨手要设法在一段时间内持续地以平稳的节奏划船，那么他们是“依据某种协定或惯例而行事的，虽然他们彼此间从未相互做出任何承诺”。他们行为的常规性——以特定的节奏划桨——之所以能够持存，是因为他们预期其能够继续下去，并且他们想要配合对方的划桨节奏。“这种共同的利益感觉……为双方所了解时……就产生了一种适当的决心和行为”，即“……双方各自的行为都参照对方的行为，而且在做那些行为时，也假定对方要做某种行为”。[①]

这一惯例有些特殊。在一个非常小的群体中它能够在非常短的时间内成立——在两个人之间持续几分钟，而且这是一种我们发现很难去描述它的常规性，尽管很容易懂。但是这些怪异之处并不会影响其作为惯例的性质。

(4)在美国我们靠右侧车道行驶(或者在英国、澳大利亚、1967 年前的瑞典、某个时期前的奥地利部分地区以及其他地方靠左侧车道行驶)是因为我们不想同朝我们迎面驶来的司机行驶在同一条车道上，并且我们预期他们会靠右侧行驶。

这个例子中存在一个让情况复杂化的因素：如果我们不靠右侧行驶，高速公路巡警就会逮捕我们，而我们也会遭受惩罚。因此，我们具有一个独立的激励促使我们靠右侧行驶，且这一次要的激励无关乎其他人如何行驶，但是它不会造成任何重要的影响。如果我预期其他人会靠左侧行驶，那么不管有没有高速公路巡警，我都会靠左侧行驶。和其他人行驶在同一侧车道上，我的这一偏好胜过任何高速公路巡警所能给予我的激励，让我靠右侧行驶。并且我可以肯定，这对几乎任何人来说都是如此。高速公路巡警改变了支持靠右侧行驶所能得到的收益，但是依旧存在两种不同的协调均衡。惩罚如果与我们的 45
惯例相一致，那么它们就是多此一举；如果不一致，那么惯例优于惩罚。无论怎样，惩罚都不是决定性因素，因而它们不能削弱靠右侧行驶这一行为中蕴含的惯例属性。其他的考量因素，支持某一协调均衡胜过另外的协调均衡，也是同样的道理：我的车驾驶座在左侧；我们大多数人是右撇子；等等。

(5)如果一起露营的四个人发现他们在同一个区域找寻木柴常常是白费

① 本段落中的引文出自休谟的《人性论》第三卷第二章第二节，但是原书中没有注明出处。译文引自中译本《人性论》(下册)，关文运译，商务印书馆 1980 年版，第 530 页，部分用语有所改动。——译者注

力气，他们就会对此感到厌烦，并且自此以后一致同意：让摩根去北边找；琼斯去东边找；欧文去南边找；格里菲斯去西边找。从那天起，每个人无需再次商量就前往他应去的地方找寻木柴。由明确的协定所规定的常规性开始形成。或许在最初的时候，该常规性能够持存下去是因为每个人都感受到他自身承诺的约束，并没有考虑遵守或者是违背它所能获得的好处。但是经年累月，他们忘记了当初的一致同意。摩根换作了托马斯，他从未听说过这样的协定，也从来没有承诺过任何事。可是无论何时，当他们需要木柴时，每个人仍然前往他应去的地方，因为他知道只有这样做才有一块属于他的、捡拾木材的区域。随着他们原先所做出的承诺的效力渐渐消逝，他们行为的常规性开始成为一项惯例。

(6)想要参加聚会时和他人一样穿着体面，我们就得穿着传统上适合那种场合的服装；在挑选我们的衣服时，我们的行为遵从我们社交圈的惯例。一项视情况而定的、具有惯例性质的常规性具体规定了不同场合中的穿衣风格，通过这一常规性，我们的穿着打扮相似，符合我们的共同利益。

但是我们必须区分两种情形。如果我们每个人都想要像大多数人那样穿着，并且想要其他人也像大多数人那样穿着，那么当我们穿衣打扮都差不多时就达成了一个协调均衡：我们的常规性是真正的惯例。然而，假设我们当中有许多人的人品不好，他们既想要像大多数人那样穿着，又想要嘲讽讥笑那些穿
46 衣打扮与别人不同的少数人。当我们穿着都相似时我们仍然能达成均衡，但这不是一个协调均衡：没有人希望自己着装与众不同，但是那些人品不好的人却希望其他人中有少数人——比方说他们最讨厌的敌人——着装与众不同。根据我的定义，我们借以达成这种均衡的常规性并非是真正的惯例，因为其中存在利益冲突的因素，这妨碍了该常规性成为达成**协调**均衡的手段。

如果有许多人乐于见到我们有关穿衣打扮的常规性遭受违反的话，那么这些常规性就不能被称作惯例，这种情形可能不会那么容易被理解。但是当我们的分析向我们揭示，严重冲突的存在如何使得这类情形与那些很明显是惯例的情形区别开来，同时与那些很明显不是惯例的情形——就像我将在第三章第五节考察的那个案例——极为相似，我想我们就会最终同意我们的分析，即便这样的分析与我们的第一印象相悖。如果有读者不同意，那么我只能提醒他说我所分析的只是我提出的惯例概念，而非其他人的惯例概念。

(7)如果我们都是志得意满的寡头垄断厂商,想要我们的商品维持一个统一且上下浮动的价格,我们绝不敢达成任何明确的价格协定,这构成了合谋进行贸易限制。但是我们能够通过以我们自己的方式回应对方的价格而达成一种默契——这就是惯例。例如,我们也许会开始追随一位价格领导者:首先着手更改价格的那家企业,谨慎地将价格设定在那个令我们所有人都满意的区间内。

在这个例子中,将我们持续进行的行动分割为一连串离散的、相似的协调问题,仅仅因为先例而强行联系在一起,这显得极其不自然。[这一困难在例子(9)(10)和(11)中会再度出现;在例子(3)和(4)中也或多或少有所体现。]实际上,我们可以在任何时候确定或是重新决定价格。一个协调问题会存续多久?假想——这已经是理想化的状态了——我们每天早晨确定我们的价格,并且在当天不能更改价格。那么每个工作日都是一个协调问题存续的时间。但是一天时间太短了。我们的客户会花一天以上的时间去货比三家;他们会在我今天的价格、你昨天的价格以及其他人明天的价格之间进行比较。我们 47
忽略了大部分的协调过程:一个人在某天中做出的行动与另一个人在邻近的另一天中做出的行动进行协调。另一方面,如果我们将协调问题存在的时间延长很久,那么——与定义相反——每个人都有时间对单一协调问题做出数个不同的选择。我们可以假想每个人在每周的第一天就选好了应变方案,该方案详细说明在这周中每一种可能发生的情况下需要做出的行动(用博弈论的意思来说就是**策略**),然后在整个一周内他都遵循自己的方案,不再做出任何进一步的选择。那么一个工作周就是一个协调问题存续的时间,每个人只做出与最初那个应变方案相关的选择。但是这样的处理方式是对我们所作所为非常糟糕的错误描述,而且它仍然有遗漏,比方说,我在这周五确定价格和你在下周一确定价格之间的协调问题。一个更好的改进方式将在第二章第三节进行探讨,其会更加精致化。我们能够不去理会个别的协调问题;与其说对常规性 R 的一致遵从在属于情境 S 的每一个事例中都构成了一个协调均衡,我们不如说根据条件偏好,对于 R 的遵从大致都是同一个协调均衡。

(8)如果卢梭的猎鹿人每次都通力合作打猎,他们是依照惯例而行动。每个人选择合作是因为他相信其他人也会合作,就像他们之前所做的那样;并且因为选择合作,抓到鹿以后他获得了他的那份鹿肉,他会吃得更好。

但不太容易理解的是，如果他们总是各行其是，独自去抓兔子，这也是一项惯例。如果没有所有人的共同参与就抓不到鹿，那么就没有理由去参与猎鹿，除非其他人都这么做。其他人中即便只有一个人偏好抓兔子，那么每个人都会偏好抓兔子；如果其他人都偏好抓兔子，那么就**更有理由**去抓兔子了。对每个人而言，抓兔子不是一个好的协调均衡。但尽管如此它还是一个协调均衡，只要与单枪匹马地一个人猎鹿相比，抓兔子是更好的选择就行，前者注定会失败，所以根据定义，抓兔子是一项惯例。

48 (9)我们每个人都想要获得某块土地的专属使用权，没有人想过从别人那里抢占土地的使用权是一件值得耗费力气去做的事，根据上述假设，任何**事实上的**土地分配都是惯例。每个人都会使用特定的那块份地，不去侵占其他的土地，因为他知道，由于其他的土地皆为其他人所用，这是他既能满足自己的需要，又能避免麻烦的唯一方法。而更好的惯例则会提供一种惯常的方式来处理土地使用者的人数发生变动。例如，如下规定可能成为惯例的一部分，当任何人去世，还没有土地的长子开始使用那块空置土地。

我没有将这些份地称为**地产**(property)。最简单而言——比方说像那些无政府主义者理解的那样，产权制度不过就是一项惯例，明确规定了谁对哪些物品拥有专属使用权。这看起来像是休谟的产权理论。对我们来说，产权制度要较为复杂一些；我们将其建构于一套精心设计的法律体系和制度之中。我们不会说一名占据者拥有他所耕种的土地——虽然根据惯例他享有专属使用权，因为另一名权利申索人根据法律有权叫警察来将占据者赶走。[①] 因此我不将产权**定义为**依据惯例把物品留作某人专属使用的权利。

(10)一种交换的媒介——比方说本地流通的硬币——依据惯例具有其特殊的法律地位，贸易商们接受它们作为物品和服务的报酬，丝毫没有异议。一些传统的媒介优于其他媒介：体积笨重或者易于腐败变质的媒介就不是好的媒介；如果惯例崩溃，仍能多少保留其使用价值的就是好媒介(但是，当他人使用一种糟糕的交换媒介时自己拒绝使用它，或者接受一种人们既没有用又不

① 占据者(squatter)，指的是那些未经允许非法居住在他人土地上或房屋中的人。但是刘易斯在此处的论述已经与目前英美国家的司法现状不符。近些年来，英美司法实践中，占据者在某些条件下可以获得土地或者房屋的合法产权。此外，像英国的法律规定，占据行为如果没有使用破坏手段，那么就是民事纠纷而非刑事案件，因此即便是警察也无权赶走占据者。——译者注

能换取东西的媒介，与上述这些情况所造成的不便相比，接受一种糟糕的交换媒介本身所造成的不便要轻微得多）。和例子（4）一样，这个例子中也存在法律处罚这个让情况复杂化的因素。拒绝接受法币，会使得一笔债务在法律上无法执行。但是同样，这样的处罚如果与惯例一致，它们就是多此一举；如果不一致，那么惯例优于处罚。无论怎样，处罚都不是决定性因素，因而它们不能削减我们的常规性中蕴含的惯例属性。

我认为我们可以稳妥地将一种**交换媒介**定义为：在某一群体中，传统上被 49
接受作为物品和服务的报酬的任何物品。这一定义引发了一个让人头疼的问题：我们有一项惯例是接受我们作为物品和服务的报酬的交换媒介，这样的说法对吗？说我们的惯例是我们接受作为物品和服务的报酬的交换媒介，这是错误的。“是”之后的语句没有陈述任何惯例，因为根据定义，这对任何群体来说都是成立的。另一方面，**作为**我们惯例的交换媒介，是我们接受**它们**作为物品和服务的报酬，这是正确的。我的问题有些模棱两可。它既可以用含混不清的方式去解读，也可以用清晰、透彻的方式去解读。[①] 这就像是这样一个问题，黑格尔（Hegel）知不知道超过七个数目的行星？他不知道除七大行星之外的其他行星。但是他的确知道，有关行星的数目——也就是我们所知的九大行星，[②]**这个**是大于七的。[③]

（11）一个群体共同使用的某一门语言——比方说威尔士语——是一项惯例。威尔士部分地区的威尔士人使用威尔士语；每个人使用威尔士语是因为他预期他的邻人会使用威尔士语。为了交流沟通的缘故，他希望使用他的邻人也会使用的任何语言。

难道他不会更希望使用任何一门语言，只要他的邻人**听得懂**就可以了吗？他希望如此。但是用他们都使用的语言，他和他的邻人才最易相互理解，这事实上也是人之常情。所以正确的说法是，他希望使用他们都使用的语言，是**因为**这是他们能够相互理解的语言。经过一段时间后，这就伴随而来另一种协

---

① W. V. Quine，“Quantifiers and Propositional Attitudes”，*Journal of Philosophy*，53（1956），pp. 177－187.

② 2006年，国际天文联合会重新定义行星，现在太阳系是八大行星。——译者注

③ 此处是一个文字游戏，原文为：It is like the question whether Hegel knew that the number of planets is greater than seven。这句话可以有两种不同的理解方式。——译者注

调情形：他希望使用他们在过去一段时期内最常使用的语言，这段时期要足够长，使得他们都能熟练掌握这种语言的使用。

说他希望使用他的邻人使用的任何语言，不等于说如果邻人们不知何故突然换了一门语言，他就会希望也立即转换语言。他不会希望如此，因为他没法这样做，他必须练习他们的新语言。再说，他还指望他们在停止使用威尔士
50 语之后的一段时间里还能听得懂这种语言。但是有可能他会希望尽快改用新语言，只要他能够轻易掌握它。如果转眼间他的邻人们都已经使用他们的新语言二十年了（而他呢，比方说像瑞普·凡·温克那样沉睡不醒）[1]，那么他就会竭力以最快的速度试着去适应新语言。

当然，我不否认相对于其他语言一个人会更偏好某一门语言——比方说他的父辈们使用的语言而非征服他们的人使用的语言。但是这无关紧要。不同的协调均衡不需要都一样好，只要好到足以让每个人都做好准备，在其他人都如此做的时候他也如此做，这就够了。要是真的这样，也很少有人会由于忠于母语而放弃与他人交流沟通。

当然并非语言的每一项特征都具有惯例属性。人类可能使用的语言中没有哪一种会基于超声波的啸叫声，所以威尔士人不是因为惯例而不使用这样的语言。我们仍未确切知晓语言中的哪些特征具有惯例属性，哪些特征是所有人类可能使用的语言所共有的；诺姆·乔姆斯基（Noam Chomsky）和他的学派主张，语言中存在的惯例属性比我们所设想的要少得多。[2] 但是即便只存在两门人类可能使用的语言，一个群体使用这种或那种语言所依据的肯定是惯例。

说威尔士人依据惯例使用威尔士语，我不是想说威尔士人使用威尔士语是一项惯例。根据“威尔士语”的定义，这样说——或者其他类似但更为复杂的说法——或许是对的。相反，我说的是，**就**威尔士语这一惯例**而言**，在威尔士人中，**他们**使用**威尔士语**。这里的区别，就是例子（10）中产生的那种模棱两

---

① 瑞普·凡·温克（Rip Van Winkle）是美国小说家欧文（Washington Irving，1783—1859）的短篇小说《李伯大梦》（*Rip Van Winkle*）中的主人公，小说讲述温克在山中打猎睡着，等醒来时已过去二十年，一切早已物是人非。

② Norm Chomsky，“Recent Contributions to the Theory of Innate Ideas”，*Synthese*，17 (1967)，pp. 2—11.

可、可以用含混不清和清晰透彻的方式去解读。

如果使用威尔士语是一项惯例，那么这必须是一个行为的常规性。它当然不是那样一种全然决定一名威尔士人行为的常规性。他能够侃侃而谈，或者保持沉默。他能够以各种方式与他人对谈，且仍然遵从具有惯例性质的常规性。但这没有什么特别的。没有一项惯例能够决定行动中的每一个细节。 51
（例如，会面地点的惯例并没有明确规定是走到会面地点还是坐车去会面地点。）和其他的惯例一样，该惯例对行为进行约束，但是没有去除所有的选择项。和其他一些例子相比，这个例子中存在更多的选择，且是更多更为重要的选择，但是从类型上来说并没有什么不同。

一项惯例是行为的一个常规性。我并不想说当且仅当威尔士语的使用者确确实实"正在使用威尔士语"时，他们是在遵从他们的惯例。一个人胡乱说着威尔士语的时候正是在使用威尔士语，但是他却在违反这一惯例；一个人在交谈过程中沉默不语，却有可能遵从着该惯例，尽管他没有正在使用威尔士语。在适当的时候我们将会观察如何才能描述语言惯例，在此我仅仅想说这是一个约束个人产生以及回应言辞、言说和记录（verbal utterances and inscriptions）[①]的常规性。语言能力部分存在于易于遵从如此约束的倾向之中。部分存在于这样的预期之中，预期他的邻人也具有同样的倾向，并且认可他们的遵从行为，作为自己遵从约束的理由。毫无疑问，一个小孩或者一个智力障碍者会毫无理由地去遵从语言惯例。如果这样的话，他并没有参与到惯例之中，而且他的语言能力是有欠缺的。

---

① 此处出现的三个术语——言辞、言说和记录，具体含义参见本书第四章第三节。——译者注

52 # 第二章　惯例概念的精致化

第一节　共同知识

我们已经看到，协定、显著性或是先例能够通过产生出一套一致的一阶和高阶共同预期机制，从而解决协调问题。我们只需想象一下如下的情形就能说服我们自己，那就是高阶预期**总是会**产生。但是如何产生呢？我们有什么样的前提假定能够为我们给出证明，得到结论认为其他人具有特定的预期，其他人预期其他人具有特定的预期，依此类推呢？并且这样的过程如何中断——它肯定会中断，使得其只是产生出最初那几个位阶的预期呢？

举一个通过协定达成协调的简单例子。假设如下的事态——称作 A——成立：你和我会面，我们一直在进行交谈，你不得不在我们生意谈成前离开；因此，你说你明天会再回来同一个地点。想象一下这样的情形。很明显，我会预期你会回来。你会预期我预期你会回来。我会预期你预期我预期你会回来。可能存在一阶或者二阶左右的预期。

事态 A 包含了什么样的因素能够解释这些高阶预期的产生过程呢？我认为其原因在于事态 A 符合如下三个条件：

(1)你和我有理由相信事态 A 成立。

(2)事态 A 向我们两人表明，你和我有理由相信事态 A 成立。

(3)事态 A 向我们两人表明，你会回来。

需要表明的内容是什么？譬如说事态 A 向某人 x **表明**________，当且仅当如
53 果 x 有理由相信事态 A 成立，x 因此有理由相信________。因此，事态 A 向 x

表明的是什么，取决于 x 的归纳水平和背景信息。

这三个主要的前提条件(1)、(2)、(3)，再加上有关于我们的理性、归纳水平以及背景信息等适当的辅助条件，结合在一起，就足以证明我的高阶预期会产生。让我们看看我的推理过程是怎样的。

考虑如下情况，如果事态 A 向 x 表明了什么，且如果 y 具有和 x 一样的归纳水平和背景信息，那么事态 A 一定也向 y 表明了相同的内容。因此，如果事态 A 向 x 表明 y 有理由相信事态 A 成立，如果事态 A 向 x 表明________，且如果 x 有理由相信 y 具有与 x 一样的归纳水平和背景信息，那么事态 A 向 x 表明 y 有理由相信________(该理由就是 y 相信事态 A 成立的理由)。假设你和我确实有理由相信我们具有一样的归纳水平和背景信息，至少差不多足以保证事态 A 向我们两人表明相同的内容，那么将条件(2)应用于条件(3)，得到：

(4)事态 A 向我们两人表明，我们每个人都有理由相信你会回来。

接着再将条件(2)应用于条件(4)，得到：

(5)事态 A 向我们两人表明，我们每个人都有理由相信另一个人有理由相信你会回来。

依此类推，***以至无穷***，因为每一个新结论的开头都是“事态 A 向我们两人表明……”。注意，这是一连串的推论链，而非任何人实际推理过程中的步骤。因此，它可以无穷无尽地推导下去，没有什么不恰当的。图 26 是一个更为详尽的展示，展示以“我的立场”所做出的那些推论；以“你的立场”所做的推论也可以用相似的方式展示出来。

接下来考虑，我们有关“表明”的定义产生出一条离断原则：[1]如果事态 A 55
向 x 表明________，而 x 有理由相信事态 A 成立，那么 x 有理由相信

① “离断原则”(principle of detachment)，也可译作“分离原则”，原文写作 principle of detatchment，疑误。——译者注

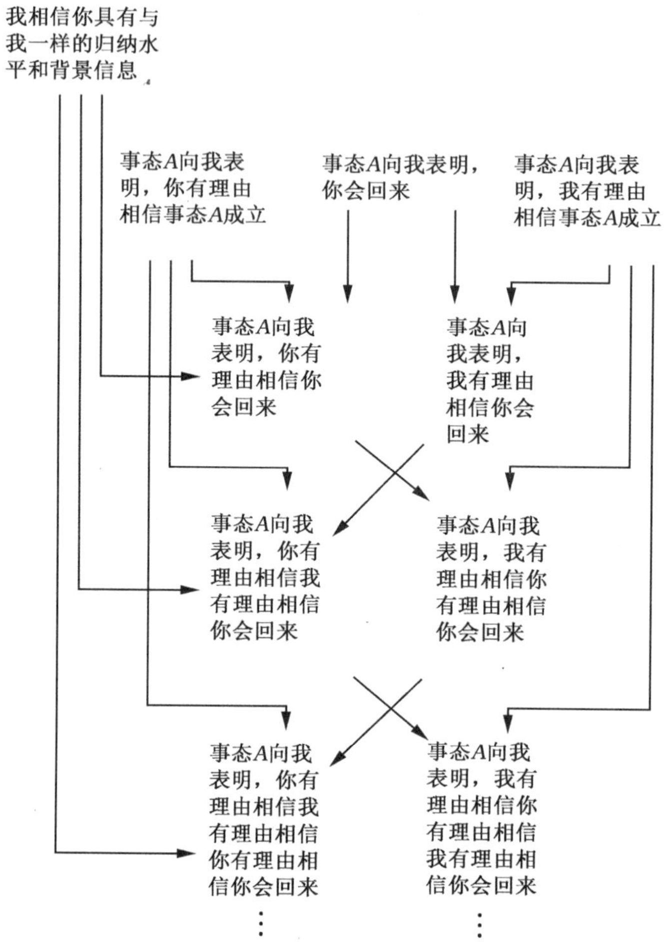

图 26

________。将前提条件(1)以这种方式应用于条件(3)，得到：

(3′)我们每个人都有理由相信你会回来。

将前提条件(1)应用于条件(4)，得到：

(4′)我们每个人都有理由相信其他人有理由相信你会回来。

将前提条件(1)应用于条件(5)，得到：

(5′)我们每个人都有理由相信其他人有理由相信第一个人有理由相信你会回来。

依此类推，也可以推出像我们之前考虑过的、完整的无穷尽序列。我仍然没有讨论任何人实际的推理过程，或者任何人实际相信的是什么。但是现在所需要的、唯一的实际推理过程，就是能够推论出将这些重复出现的"有理由相信"用语，转变为对应的、重复出现的"的确相信"用语。要做到这一点，我们需要有关理性的辅助前提条件。

给定个人有足够程度的理性，那么任何有理由相信某事的人，渐渐地会真的相信它。所以根据条件(3′)，如果我们都具备足够程度的理性，那么该条件会逐步转变为

(3″)我们每个人都预期你会回来。

根据条件(4″)，如果我们每个人都有理由认为其他人具备足够程度的理性，那么每个人都有理由预期其他人预期你会回来。此外，如果我们都具备足够程度的理性，那么该条件会逐步转变为

(4″)我们每个人都预期其他人预期你会回来。

根据条件(5′)，如果我们每个人有理由预期其他人有理由认为他具备足够程度的理性，那么每个人都有理由预期其他人有理由预期他预期你会回来。 56
此外，如果我们每个人都有理由认为其他人具备足够程度的理性，那么每个人都有理由预期其他人预期他预期你会回来。此外还有，如果我们都具备足够程度的理性，那么该条件会逐步转变为

(5″)我们每个人都预期其他人预期他预期你会回来。

依此类推，序列（3′）、（4′）、（5′）……的每一个逻辑环节，加上充分的理性条件，推导出认为具备足够理性等条件，所有这些确保了相应的一阶或者高阶预期的形成。但是很明显，我们所要求具备的理性程度，有理由认为具备的理性程度等条件，会增加得极快。这就是为什么实际上形成的预期只有最初的几个位阶而已。当辅助条件被消耗殆尽时，预期生产过程就会终止。

我们的例子——高阶预期产生过程的事态——到此就结束了。我将此作为一个典型例子。所有包含可持续惯例的高阶预期，以及多多少少我们曾经有过的所有预期，似乎都是以这样的方式产生的。

比方说，在一个群体 P 中，________是**共同知识**，当且仅当某一事态 A 成立，使得：

（1）群体 P 中的每一个人有理由相信事态 A 成立。

（2）事态 A 向群体 P 中的每一个人表明，群体 P 中的每一个人有理由相信事态 A 成立。

（3）事态 A 向群体 P 中的每一个人表明________。

群体 P 中________是共同知识，我们能够将任何这类事态 A 称为是该共同知识的**基础**。对于群体 P 中的成员所构成的序列________而言，事态 A 为群体 P 的成员提供了他们形成任何高阶预期所需要的部分要素。提供给他们的这部分要素，正是具体针对内容________的部分。他们所需要的剩余部分要素，就是以我们所考虑的方式形成任意高阶预期时他们所需要的要素：彼此认为
57 大家都具备的、某种共同的归纳水平和背景信息，彼此认为大家都具备的理性，等等。

让我们回到我们的例子，更加彻底地来考虑事态 A。假设作为构成事态 A 的一部分要素，我们清楚地显示出自己的条件偏好，即偏好于回到会面地点，那么事态 A 也可以向我们表明我们都具有这样的偏好。如果是这样，事态 A 不仅可以作为“你会回来”的共同知识之基础，也可以作为“我们每个人都偏好回来，如果其他人也是这样的话”的共同知识之基础。同时假设作为构成事态 A 的一部分要素，我们多多少少都清楚地显示出少许的理性，那么事态 A 可以向我们表明，我们都拥有这样的少许理性；并且事态 A 也可以作为该共同

知识的基础。到目前为止，事态 A——我们一致同意会回来的例子——产生出全部有助于我们通过复制推理过程的方式来成功解决我们的协调问题所需的高阶预期。

借助于之前业已存在的高阶理性预期，共同知识的基础产生出高阶预期。那么通过某种共同知识的基础，这些高阶理性预期能否自己创造自己呢？能够，因为产生一个 n 阶预期所需要的全部高阶理性预期就是它们自身，只要位阶低于 n 阶。能够中断高阶预期产生过程的，只是通过任何基础所表明的理性限度，而非产生高阶理性预期过程中所需的、通过任何基础所表明的理性自身存在什么困难。

在一个协调均衡中，做一个人分内之事的协定，就是"每个人都会做自己分内之事"这一共同知识的基础。显著性则是一个协调均衡中，"每个人都会做自己分内之事"这一共同知识的另一个基础，但一般而言这是一个较弱的基础。之所以产生较弱的高阶预期，是因为一个均衡的显著性并不是非常强烈的表明方式，使得参与人会倾向于选择它。先例同样是一个协调均衡中，"每个人都会做自己分内之事"这一共同知识的基础；特别是过去对于某一惯例的遵从，是"倾向于继续遵从"这一共同知识的基础。考虑群体 P 中一个惯例性质的常规性 R。群体 P 中的每一个人都有理由相信群体 P 的成员在过去遵 58
从过常规性 R。"群体 P 的成员在过去遵从过常规性 R"，这一事实向群体 P 中的每一个人表明，群体 P 中的每一个人都有理由相信群体 P 的成员在过去遵从过常规性 R。"群体 P 的成员在过去遵从过常规性 R"，这一事实向群体 P 中的每一个人表明，他们在未来同样也会倾向于这样做。

举例而言，美国的司机到目前为止都是靠右侧行驶。我们所有人都有理由相信就是这样的。"就是这样"这个事实向我们所有人表明，我们所有人都有理由相信美国司机到目前为止都是靠右侧行驶，也有理由相信美国司机在以后同样会倾向于靠右侧行驶。

我们界定一项惯例存在的条件包括：行为的常规性、一套共同预期机制以及一套偏好系统。我建议对之前的惯例定义进行修正，不但必须满足这些条件，而且在群体中这些条件必须成为共同知识。我们修正后的定义如下：

当群体 P 的成员作为某一重复出现的情境 S 中的参与人时，他们的行为

的常规性 R 是一项惯例，当且仅当群体 P 的成员在属于 S 的任何事例中，如下条件为真，且如下条件构成群体 P 的共同知识：

(1)每个人都遵从 R；
(2)每个人都预期其他每个人都遵从 R；
(3)在其他人都遵从 R 的条件下，每个人都偏好遵从 R，因为 S 是一个协调问题，而对于 R 的一致遵从是 S 的一个协调均衡。

这样一来就会存在某个事态 A（事态 A 成立；群体 P 中的每一个人都有理由相信事态 A 成立；事态 A 向群体 P 中的每一个人表明，群体 P 中的每一个人都有理由相信事态 A 成立）向群体 P 中的每一个人表明：群体 P 的成员遵从
59 R；他们预期其他每个人都遵从 R；他们具有相应的偏好，使得对于 R 的一致遵从构成了一个协调均衡。

修正惯例定义的一个理由，仅仅是因为我们想将案例中共同具备的那些重要特征全部都写入定义中去，而相关事实之共同知识，看起来就是这样一个特征。另一个理由是：这样的修正能够帮助我们去处理某些古怪的案例，其中存在的常规性从直觉上而言似乎不像是清楚明白的惯例情形，但是在未经修正的惯例定义之下，它们却有资格算作是惯例。

假设每个人都靠右侧行驶是因为他预期其他人也靠右侧行驶，而他想要避免碰撞事故。但是假设没有人相信其他人和自己一样聪明。每个人持有如下的虚假信念（称之为 f）："除了我自己以外，每个人只是依据习惯而靠右侧行驶，没有任何理由，而且不论他预期别人会做什么，他都会继续靠右侧行驶。"这就是在未经修正的定义之下属于惯例的例子，即使这是一种错误信念，而我认为应该将它排除掉。在经过修正的定义之下，它就不是属于惯例的情形（除非我们是极度的不理性）。因为如果它是惯例，那么就应当存在我们有理由相信其成立的某个事态，而该事态向我们表明，信念 f 是错误的。这个例子还只是序列中的第一环。假设接下来的一环是，没有人真的具有虚假信念 f，但是每个人错误地认为其他人具有该虚假信念。在经过修正的定义之下，它同样也不是属于惯例的情形（除非我们是极度的不理性）。因为如果它是惯例，那么就应当存在我们有理由相信其成立的某个事态，而该事态向我们表

明，每个人有理由不相信信念 f。依此类推，这个例子就会变得越来越不太可能发生，仍然需要将其排除在外。经过修正的定义继续排除这类情形（给定足够强的理性假设，随着推理过程的进行，我们需要越来越强的理性假设）。

现在有人可能会猜测共同知识是高阶预期唯一可能的来源，但并非如此。有一种一般化的方式可以创造出任意位阶的独立预期。例如，我能够以如下
方式获得一个独立的四阶预期。假设我是阿布尔顿的居民，我相信刊登在《阿 60
布尔顿卫报》（*Ableton Argus*）上的一切信息。① 今天该报刊登了这样一则消息：

> 《贝克维尔号角报》（*Bakerville Bugle*）完全不可信：它刊登的消息真真假假分不清。然而贝克维尔的居民相信这份报纸上的一切信息。今天该报刊登了这样一则消息：
>
> > 《查利市呐喊报》（*Charlie City Crier*）完全不可信：它刊登的消息真真假假分不清。然而查利市的居民相信这份报纸上的一切信息。今天该报刊登了这样一则消息：
> >
> > 《多帕奇日报》（*Dogpatch Daily*）完全不可信：它刊登的消息真真假假分不清。然而多帕奇的居民相信这份报纸上的一切信息。今天该报刊登了这样一则消息：
> >
> > > 明天将暴雨倾盆。

我不应当预期将会暴雨倾盆。我不应当预期多帕奇的居民预期将会暴雨倾盆。我不应当预期查利市的居民预期多帕奇的居民预期将会暴雨倾盆。但是我应当预期贝克维尔的居民预期查利市的居民预期多帕奇的居民预期将会暴雨倾盆。换言之，我有了一个有关暴雨倾盆的四阶预期，但是没有任何相应的、有关暴雨倾盆的低阶预期。显而易见，对于任意长的报纸序列，这一方法也适用；如果任何相毗邻的两个环节皆不相同，那么这个序列还可以不断重复。我没有主张说这种创造独立的高阶预期的方式具有非常重要的实践意

---

① *Ableton Argus* 也可译为《阿布尔顿阿尔戈斯报》，Argus 是古希腊神话中的百眼巨人，使用该词作为媒体名字的有不少。有些中译将其译作《卫报》，比如《南威尔士卫报》（*South Wales Argus*），所以此处采用了该译法。——译者注

义，它仅仅是证实这样一种可能性而已。

第二节　惯例知识

假设在群体 P 中某个事态 B 成立是共同知识，那么群体 P 中的每一个人
61 都有理由预期事态的 B 成立在群体 P 中是共同知识。因为根据共同知识的
定义，存在某个事态 A，使得：

(1)群体 P 中的每一个人都有理由相信事态 A 成立；

(2)事态 A 在群体 P 中表明，群体 P 中的每一个人都有理由相信事态 A 成立；

(3)事态 A 在群体 P 中表明，事态 B 成立。

从条件(1)和条件(2)我们可以推出：

(4)群体 P 中的每一个人都有理由相信群体 P 中的每一个人都有理由相信事态 A 成立。

从条件(2)我们可以推出：

(5)群体 P 中的每一个人都有理由相信事态 A 在群体 P 中表明，群体 P 中的每一个人都有理由相信事态 A 成立。

相似地，从条件(3)我们可以推出：

(6)群体 P 中的每一个人都有理由相信事态 A 在群体 P 中表明事态 B 成立。

从条件(4)、(5)和(6)我们可以推出，群体 P 中的每一个人都有理由相信存在一个满足条件(1)、(2)和(3)的事态 A。

所以如果一项惯例,特别是当其作为一种共同知识而存在的话,那么要归属于持有该惯例的群体——参与其中,就要在某种程度上知道该惯例是成立的。如果某一常规性 R 是群体 P 的一项惯例,那么在群体 P 中"R 满足惯例定义的条件"必须为真,且是共同知识。如果"R 满足这些条件"是共同知识,那么群体 P 中的每一个人都有理由相信,在群体 P 中"R 满足这些条件"为真,且是共同知识;也就是说,群体 P 中的每一个人都有理由相信 R 是惯例。

这并非说遵循惯例的人具有任何特殊的、绝对可靠的方式,获取自己有关惯例认知的知识。但是为了成为施行该惯例的群体中的一员,他必须以平常的方式,或多或少**已经获取了**这样的知识。发现惯例是一个人开始参与其中 62
时最重要的步骤。

想一想语言惯例,无论是什么样的语言,任何一名属于群体 P 的成员,且参与到群体的语言惯例之中,必定知道这些惯例是什么。如果任一常规性 R 在事实上是群体 P 的一项语言惯例,任何一名属于群体 P 的普通成员[①]必定有理由相信 R 满足惯例定义的条件。

在此存在一个辩护,有点儿像是斯坦利·卡维尔(Stanley Cavell)的学说,即说母语的人毋需有证据证明他所说的话就是他想要说的。想想一名哲学家这样声称,如果一种行为不是非正常的,我们就不会称其是自愿行为。他不需要一一列举人们有多少次没有将正常的行为称为是自愿行为,因为他向我们讲述上述观点时所使用的语言,正是他的母语。为何他有理由做这样的辩解?不是因为他作为一名说母语的人,具有某种特殊且绝对可靠的方式获取自己有关母语认知的知识;也不是因为对于"我们会说什么",他所拥有的知识不是真正的知识。卡维尔似乎正是这样想的,他说,"说母语的人所凭借的是他自身的直觉,如果不是这样的话,那就没有任何东西是可靠的"。因为说出"我们会说什么"的那个人,他说的话**不是**仅仅代表自己而言的。[②]

其实真正的原因在于,卡维尔头脑里所拥有的知识正是说话者有关惯例认知的知识,而说话者自身又是该惯例的参与者。当卡维尔谈及有关"我们会

---

① 儿童和低能者不算,这些人在没有预期到自己遵从 R 时,没有因为其他人遵从 R 所以自己偏好也遵从 R 时,也可能会遵从 R。

② "Must We Mean What We Say?" *Ordinary Language: Essays in Philosophical Method*, ed. Vere Chappell (Englewood Cliffs, New Jersey: Prentice-Hall, 1964), pp. 75—112.

说什么”我们所具有的知识时，我认为他的意思是指，有关“我们能够说什么”我们所具有的知识——即在没有违反我们的语言惯例的情况下**能够**说的话。他的意思，不是指为了向我们的听众提供他们所需的信息“我们会说什么”；不是指为了避免粗鲁无礼或是令人无趣“我们会说什么”；不是指为了避免泄露商业秘密“我们会说什么”；不是指为了避免饶舌“我们会说什么”；等等这些我们所具有的知识。

63 一旦我们承认某人所说的母语是我们自己的语言，我们就已经认为他在遵循我们的惯例。因此他知道那些惯例所规定的内容是什么，他知道我们所言的“我们会说什么”是什么意思。如果我们转而要求他提供证据，证明他所说的“我们会说什么”究竟是什么意思，那么我们就是在质疑他作为一名母语使用者的身份，质疑他在遵循我们的语言惯例。我们没有质疑他具有更多样的身份，他可能声称自己是了解我们语言惯例的权威人士，**同时**在此基础上遵循着这些惯例。他有证据——再普通不过的证据——证明这一点。但是如果我们要求他把证据拿出来，我们就是在质疑他的成员资格，他是否属于使用该语言的社群，而他自己则声称是属于该群体的，**既**要求有证据证明他说的话是在遵循惯例而说，**又**想当然地认为他在遵循那些语言惯例，这是毫无道理的。

然而，这种卡维尔学说式的辩护不是一种强有力的辩护，因为对于我们的惯例，我们所具有的知识——每个人由于他自身参与其中而具有的最低程度的知识——很可能本就是一种弱知识：

(1)它可能仅仅是一种潜在的知识。我们必须有证据，从中我们能够得出结论认为我们的任何惯例都符合惯例定义的条件，但是我们可能未经推理就得出了结论。如果要问某个现象是不是惯例，我们很可能会非常草率地做出判断，而不是细细考量我们的证据，因此我们可能得到的是错误的答案。

(2)它可能是难以用语言描述的知识。我们回忆一下休谟小船中的桨手，第一章第五节的例子(3)。如果我是其中一名桨手，根据默会和临时的惯例，按照特定的节奏划桨，那么我有证据证明，我们具有按照此种节奏划桨的惯例。我们之前划出的几桨都是成功地以该节奏进行的，这就是证据，让我有预期你会继续以这样的节奏划桨；预期你偏好以该节奏划桨，如果我也是这样做的话；预期你预期我会继续以这样的节奏划桨。而上述证据也证明你观察得到了同样的证据。我会使用该证据，我预期你会使用该证据，依此类推；但是我无法描述它。我无法说出我们是如何划桨的——比方说每隔 2.3 秒划一次，但是我能够以这样的方式一直划下去；我能够判别出你有没有一直按照那样的节奏划桨；再后来，我或许能够向某人示范这是什么样的节奏；如果你开 64
始以不同的节奏划桨，我会很惊讶；等等。现在**的确有**这样一种说明能够详尽描述我们划桨的方式。我们用 1.4±0.05 秒划出船桨，然后用 0.9±0.1 秒收回船桨，每次划出船桨时最初使用的峰值力量是 70±10 磅，船桨摆动幅度为向前 32°±6°、向后 29°±4°，等等。你想要有多么详细就有多么详细。但是，当我们划桨的时候，这种形式的说明对我们来说一点儿用都没有。我们既不能把这种说明展现出来，即使以某种方式展现出来，也不能判断这到底是不是真的，我们需要使用设备进行测量。但即便我们有了设备，我们也不能一边进行测量一边像平常那样继续划桨。

不管喜欢与否，我们拥有大量无法用言语描述的知识。还有大量我们所具有的知识，无论是否能用言语来描述，我们都不指望能够将它们所依赖的证据说出来。我们的信念，是基于大量过去的经验所留下的印象之影响而形成的。但是，仅仅偶尔那么几回，这些印象允许我们将产生信念的经验说出来。你可能相信勘察加半岛存在。你的信念之所以被证明，是由于它基于证据：主要是你接触到的各类书籍，以及能够确认这些书籍具有可靠性的事情。那么，试着说出你的部分经验，令人信服地证明勘察加半岛的存在。对于我们的惯例，我们所具有的知识为什么应当受到特别优待？这是没有理由的。就像我们所具有的任何其他知识一样，它可以是默会知识，或者是基于默会所知的证据，或者二者兼备。

(3)它可能是一种局限于特殊情形下的知识，每次情况都不同。某一常规性具有惯例性质，是依赖于特定的、一般化的预期和偏好，它们与遵从该常规性有关。但是这些预期和偏好的一般性不必是**在综合的意义上**(in sensu composito)，在**分离的意义上**(in sensu diviso)其具有的一般性质便足够了。

这种阿伯拉尔(Abelard)式的区分如下所述。① 如果我预期每一位司机**在综合的意义上**都保持靠右侧行驶,那么我就拥有一个预期,其一般化形式的内容为:我**如此**预期,每一位司机都保持靠右侧行驶。这样的预期不能随之而推出,如果琼斯是一名司机,我预期**他**会保持靠右侧行驶,因为我或许不会意识到他是一名司机。确实,即便我或许意识到琼斯是一名司机,但仍旧没有预期
65 **他**会保持靠右侧行驶,因为我或许会无法从我一般化的预期中得到正确的结论。另一方面,如果我预期每一位司机**在分离的意义上**都保持靠右侧行驶,那么我会拥有许多预期,每一个预期都具有**非**一般化形式的内容。我**对**琼斯——一名司机——抱有预期,**他**会保持靠右侧行驶。对摩根,也是如此。依此类推,及至所有的司机。我不需要知道琼斯、摩根以及所有其他人是不是都是司机。我或许错误地相信另有一些司机不会保持靠右侧行驶;又或者我完全不知道,从一般性概念上来讲,"司机"是什么意思。**综合意义上的**一般性和**分离意义上的**一般性可以相互兼容和并存,但是只具备其中一种,缺少另一种,也是可能的。

分离意义上的一般性会造成困难,因为从根本上来讲,预期以及与之相似的概念要应用于事态。如果我预期每位司机都保持靠右侧行驶,我预期的就是如下事态:每位司机都保持靠右侧行驶。但是如果我预期,**对于**每位司机而言,**他**会保持靠右侧行驶,那么我预期的事态是什么呢?"**他**会保持靠右侧行驶"并没有明确**任何**事态,直到该人称代词被有关此人的某种——言辞形式的、图画形式的或者任何其他形式的——描述所替代为止。假设如下的描述,"在我前面驾驶着深褐色凯迪拉克的那个司机",称作 x,那么,根据通过对 x 所做出的描述而形成的、与之相关联的预期——我预期在我前面驾驶着深褐色凯迪拉克的那个司机会保持靠右侧行驶。我能够预期,**对于**x 而言,**他**会保持靠右侧行驶。在那样的情形下,存在着我能做出预期的事态。但不是说任何有关 x 的描述都行,假设 x 碰巧既是警察局长,又是镇上的醉汉,而我不知

① 皮埃尔·阿伯拉尔(Pierre Abelard,1079—1142,他的名字英文形式写作 Peter Abelard),是中世纪法国经院哲学家,那个时代最著名的伦理学家和逻辑学家之一。他与另一位当时最杰出的女性思想家——爱洛伊斯(Héloïse d'Argenteuil,1100—1163)——之间的爱情是哲学史上最具传奇色彩的故事之一,梁实秋先生曾翻译《阿伯拉与哀绿绮思的情书》一书。近似概念的区分是阿伯拉尔的哲学方法之一,比如他将道德缺陷和心灵缺陷、道德缺陷与罪恶等概念做出区分,以便澄清"道德"究竟是什么。——译者注

道。我不会只是因为预期警察局长会保持靠右侧行驶，所以预期**对于**x 而言，**他**会保持靠右侧行驶。我不会只是因为不期望镇上的醉汉会保持靠右侧行驶，所以预期**对于**x 而言，**他**不会保持靠右侧行驶。我的预期需要通过某种特殊类型的描述而与 x 相关联；很难说什么样的描述才能做到这一点，以及为何能做到这一点。[①]

考虑一种一般化的情形：在属于情境 S 的某一事例中，我预期与我有关的、群体 P 中的每一位成员都遵从常规性 R。我们有两种全称量化（universal 66
quantification）形式：一种是针对属于 S 的事例而言，另一种则是针对任一事例中的群体 P 的成员而言。对于属于 S 的事例而言，我的预期在**分离意义上**是一般性的，但是对于任一事例中的成员而言，我的预期**在综合意义上**是一般性的，这当然是可能的。也就是说，我预期在与我有关的属于 S 的任何事例中的每个人都会遵从 R，这是有可能的。（当然，对于事例而言我的预期**在综合意义上**是一般性的，对于参与人而言我的预期**在分离意义上**是一般性的，这是不可能的。）

不同类型的一般性之间同样的区分也可应用于其他心态。想一想遵从惯例时我们所具有的条件偏好——比方说我身处群体 P 的成员之间、在属于 S 的事例中遵从常规性 R 时所具有的偏好。如果对于属于 S 的事例而言我的偏好**在综合意义上**是一般性的，那么我会偏好这样的事态，当我涉身于某一属于 S 的事例中（身处群体 P 的成员之间，其成员都会遵从 R），无论何时我都会遵从 R；而不会偏好如下事态，当我涉身于某一属于 S 的事例中（身处群体 P 的成员之间，其成员都会遵从 R），有时候我不会遵从 R。但是如果我的偏好**在分离意义上**是一般性的，那么对于我涉身其间的属于 S 的任何事例（身处群体 P 的成员之间）而言，我更偏好在那样的事例中我和其他人都遵从 R 的事态；不偏好在那样的事例中别人遵从 R，而我不遵从 R 的事态。再次，这两类一般性能够且常常共存，但它们是相互独立的。

在有关惯例的定义中，对于属于 S 的事例而言需要何种一般性？我会说：

---

① 参见 Quine,“Quantifiers and Propositional Attitudes”; Richard Montague and Donald Kalish, “‘That’”, *Philosophical Studies*, 10 (1959), pp. 54—61; David Lewis, “Counterpart Theory and Quantified Modal Logic”, *Journal of Philosophy*, 65 (1968), pp. 113—126; David Kaplan, “Quantifying In”, *Synthese*, in press.

无论何种一般性，只要它能确保参与人有能力将自己的一般心态应用于他正在面对的事例之中，就可以了。而这是一种**在分离意义上**有限的一般性。无论何时，当参与人发现自己涉身于某一属于 S 的事例中，身处群体 P 的成员之间，为了让他自己可以有理由去遵从 R，他必须预期**在那样的事例中**，其他人会遵从 R；如果**在那样的事例中**，其他人都遵从 R，则偏好于遵从 R；等等。**综合意义上的**一般心态很有可能且允许得到增加，它能够作为**分离意义上的**
67 一般心态的来源。但是仅仅依赖于它们自身是不够的，参与人能够理解属于 S 的事例，并从中获得适当的特定心态。如果他做到这一点，他的心态——或者至少他所具有的、获得心态的倾向——就具备**分离意义上的**一般性。

我们能够想象，有关在属于 S 的事例中做出何种行动之惯例 R，在一群没有能力具有任何**综合意义上的**心态的生物所组成的群体 P 中，如何可能成立。他们不是通过相信一般性的归纳概括，而是通过经验习得；但是通过获取习得的倾向，面对任何提供了充分细节信息的新状况，他们逐步形成了与之相适应的特定信念。他们遇到先例：我们称之为属于 S 的事例（他们不会这样称呼），在其中通过我们所称的遵从 R（他们不会这样称呼），他们获得了令所有相关者都感到满意的结果。之后，他们中的一员无论何时遇到某一新的属于 S 的事例，即便是与任何先例都不那么相似，对于该事例他都具备了一切适当的心态。他预期每一名与之相关的参与人都做出我们称之为遵从 R 的行为（他不会这样称呼）。在考虑任意两种结果时，他具有偏好性，而且他所具有的、在不同结果之间进行选择的偏好系统，使得某一协调均衡——所有相关者都遵从 R——得以存在。最终，这成为群体 P 的成员之间的共同知识，即涉身于**这一特定的**属于 S 的事例中的每一个人所具有的那些心态。存在某一事态 A 使得对于这一或者任何其他属于 S 的事例而言，对于涉身其间的每一名参与人而言，事态 A 表明他具有与该事例相适应的心态。

这样的生物具有某一项惯例，并且对它的了解达到如此的程度：给定属于 S 的任何事例，他知道他和他的同伴们在其中会如何行动（亦即在某种意义上我们会称作遵从 R）。并且他知道他们这样做是依据惯例，即一名给定的参与人，处于给定的情境下，将给定的任何属于惯例定义的条件应用于其中，他知道该条件会得到满足。但是他不能同时思考多于一个以上的事例——给定的事例。对于某一属于 S 的事例，群体 P 中的某一成员，或者是遵从 R 时所做的某一行动，他不具有任何一般性的概念。

假设我们想要深入了解该生物对于他的惯例所具有的知识，**进行**一般化的概括，以便为该惯例给出一个一般化的描述。我们不得不以试错的方式进行，构想一些假设，然后在一个接一个的事例中对他进行尝试，直到我们认为能够预测他对未来任何事例会做出反应为止。 68

即使是我们这些人，能够知道我们自己的惯例**在综合意义上的**一般性，有时候也会只是知道它们**在分离意义上的**一般性。如果我们同时想要知道这些惯例**在综合意义上的**一般性，我们不得不求诸相同的试错手段，把我们自己当作研究对象。有关我们自身惯例的事例所提供的数据是可靠的。但是我们所具有的、系统处理这些数据的一般化假设，仍是普通的、尝试性质的假设，没有任何特殊性。

第三节 备选惯例

有关参与人在情境 S 中所选择的行动，我给出的常规性 R 的惯例定义条件之一是：

群体 P 的成员在属于 S 的任何事例中，在其他人都遵从 R 的条件下，每个人都偏好遵从 R，因为 S 是一个协调问题，而对于 R 的一致遵从是 S 的一个协调均衡。

在第一章第五节，讨论例子(7)的时候，我们发现，每当我们所面对的是在一连串相互毗邻的属于 S 的事例中，某种具有连续性的行动之间的协调，而不只是在任何一个属于 S 的事例中的行动之间的协调时，上述条件令人不满意。并且我们发现补救措施是不要将持续时间很长的行动作为我们的协调问题来处理，因为长时间段中发生的现象不是协调问题。在此，只需不再要求将我们的行动割裂为一个个独立的协调问题，我会给出一个不同于既有条件的新条件。我们的新条件不会意味着情境 S 是一个相互依赖决策下的独立问题，涉身其间的每位参与人做出一个选择行为，而个人行动的结果取决于全体做出的行动；而是会指出，**如果** S 是那样的话，**那么** S 是一个协调问题，而对 R 的一 69

致遵从是 S 中的协调均衡。像之前那样，协调问题序列这种特殊情形能够被包含，但我们发现同时我们还会考虑到其他情形。

首先，我们要求与某一属于 S 的事例相关的每位参与人都会偏好遵从 R，而他这样做的条件是基于同他一起涉身于 S 的其他人都会遵从 R。他偏好对 R 的一致遵从，不偏好其他人遵从而他不遵从这样一种行动组合。如果情境 S 是一个相互依赖决策下的独立问题，该第一要件使得对 R 的一致遵从成为一个均衡；否则，一致遵从不是一个均衡，而是某种极其相似的情况。

其次，我们要求所有相关参与人对于他们行动的组合具有差不多相同的偏好，以使得 S 成为这样一种情境，利益相符占主导地位。特别是，我们要求每个人遵从 R 的条件偏好是全体所共有的。也就是说，如果你和其他人都遵从 R，我就偏好遵从 R，与此相同，如果你和其他人都遵从 R，你也会偏好我遵从 R。将该要件和第一要件结合在一起进行考虑：每个人都偏好每一个人遵从 R，条件是除一人——无论这个人是自己还是其他某个人——外至少所有人都遵从 R。如果情境 S 是一个相互依赖决策下的独立问题，该第二要件使得对 R 的一致遵从成为一个真正的协调均衡。

最后，我们要求（有关参与人在情境 S 中所选择的行动），存在第二个可能的常规性 R'，其满足我们加诸 R 的相同条件。我们将 R' 称作 R 的**备选项**。要求 R' 符合加诸 R 的第一和第二要件就足够了。第三要件会自动成立：如果 R' 是 R 的一个备选常规性，那么 R 就是 R' 的一个备选常规性。如果情境 S 是一个相互依赖决策下的独立问题，这一最后要件使得对 R' 的一致遵从成为
70 第二个真正的协调均衡。因此它确保情境 S 符合最后一个协调问题定义的条件：拥有两个或两个以上真正的协调均衡。

回忆第一章第二节讨论的那个微不足道的情形，[1]具有唯一的协调均衡，且利益相符占主导地位的任何情境。我们现在具有一种更好的方式来描述这种微不足道的情形：对于一名参与人而言，在唯一的协调均衡中有理由做好自己的分内之事，其需要的只是理性所要求的共同知识。他不需要诉诸先例，或者涉及更多共同预期的任何其他依据。

到目前为止，要求情境 S 成为一个协调问题，并因此根据定义，其具有一

---

① 参见原书第 16—17 页。——译者注

个以上的真正的协调均衡，我们通过这种方式使得惯例概念避免被上述微不足道的情形所干扰。现在我们不再要求 S 成为一个协调问题，我们有关备选常规性的要求继续着同样的方式，保证惯例概念不受干扰。事实上无论何时，当情境 S 是一个相互依赖决策下的独立问题时，我们完全没有做出任何改变。

我们的新条件确实使得惯例的一个性质——之前未曾强调过——变得更加明显：不存在唯一可能的惯例。如果 R 是我们实际的惯例，R 必须具有备选项 R'，而 R' 必须满足如下条件，其能够成为我们替代 R 的惯例，只要人们开始遵从 R' 并预期其他每个人都遵从 R'。这就是为何谈论一项任意选择的惯例完全是没有必要的。任何惯例都可以是任意选择的，因为还存在着一个备选的常规性，它也能取而代之成为我们的惯例。可以说，**不是**任意选择的一项惯例，只是一个常规性，我们凭此达成唯一的协调均衡。因为它不是被任意选择的，它也不必具有惯例属性。我们遵从它仅仅是因为这样做是最好的。不管我们过去做过什么，有一回未能遵从“非任意惯例”不过只是一次策略性失误（或者是对某个其他人预料中的策略性失误的补偿，或者是对某个其他人预料中的补偿措施的补偿，等等）。

当我们试图更加细致地陈述一个备选常规性的要件的时候，会出现一个问题。R 和 R' 被认为是不同的，也就是说，（情境 S 中的参与人）遵从 R 的行 71
为，不同于遵从 R' 的行为，反之则反是。然而是始终不同还是有时候不同呢？毕竟，属于 S 的那些事例不必完全一模一样。它们只需有些相似，符合某种共同的描述，足以自然而然地允许一种有倾向性的共同知识从属于 S 的某些事例中推断出其他情形。所以对于身处属于 S 的某些事例中的某些参与人而言，遵从 R 的行为可能也就是遵从 R' 的行为，尽管对所有人而言并非如此。

R' 与 R 对于身处某些可能事例中的一部分甚至全部参与人来说互不兼容，要求一个常规性 R' 仅仅在如此的程度上与 R 不相同是不够的。假设情境 S 以一种常见的形式出现，如图 27 所示，又以一种罕见的形式出现，如图 28 所示。（我们不考虑同一形式下的事例之间任何更多的不同之处。）情境 S 在一种形式下是微不足道的，但在另一种形式下则不是。令 R 是选择 $R1$ 或 $C1$ 的常规性（在常见形式下），抑或是选择 $R3$ 或 $C3$ 的常规性（在罕见形式下）。我认为 R 不应该具备成为一项惯例的资格，因为在属于 S 的大多数事例中，它都是微不足道的。[①] 但是如果我们把 R' 当作它的备选项，R' 是选择 $R1$ 或 $C1$ 的常规性，抑或是选择 $R4$ 或 $C4$ 的常规性，那么 R 就具备了成为一项惯例的资格。R' 是在属于 S 的某些事例中与 R 互不兼容的一项合格惯例。

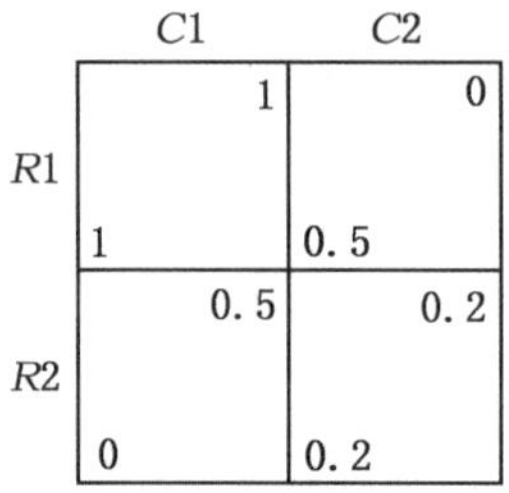

图 27

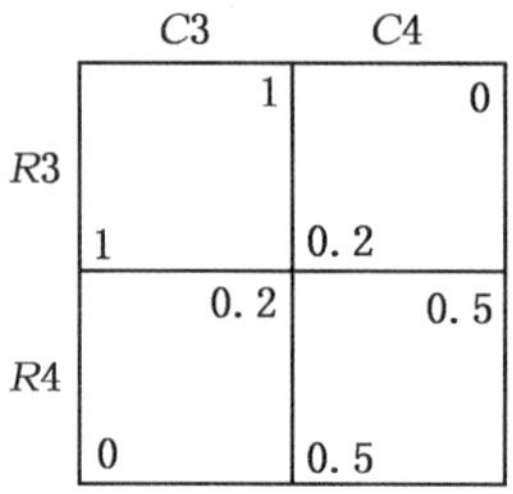

图 28

要求一个备选常规性 R' 对属于 S 的每一个事例中的每一名参与人来说，一律与 R 互不兼容，这是更好的做法。这样的话，前述例子中的 R 就不再有资格成为一项惯例。和它一律不兼容的备选项只有 R''，选择 $R2$ 或 $C2$ 的常规
72 性，抑或是选择 $R4$ 或 $C4$ 的常规性。但是 R'' 不是 R 的备选常规性，因为对于做出遵从行为的条件偏好这一要求，R'' 通常不符合。在常见形式下，属于 S 的事例中，没有人想要去遵从 R''，即便他的同伴会那样做。

如果属于 S 的每一个事例都是一个协调问题，且如果对于 R 的一致遵从始终是一个真正的协调均衡，那么我们能够在属于 S 的每一个事例中发现另一个真正的协调均衡。所以，在属于 S 的每一个事例中，作为可选择的、第二个真正的协调均衡之常规性 R'——参与人凭此做好自己的分内之事——就是常规性 R 的备选项，并且 R 和 R' 二者一律互不兼容。

然而，如果我们更偏好不必要求常规性 R 与其备选项一律互不兼容。作为一种（看似）较弱的形式，我们可以仅仅要求在属于 S 的每一个事例中存在一个合适的常规性 R'（对于涉身其间的每个人而言），在**那个**事例中它与 R 互不兼容。只要备选的常规性足够多，那么与 R 部分不兼容就非常好了。这两个版本其实并没有什么不一样。强版本可以直接推出弱版本；弱版本可以间接地推出强版本，因为将那些部分不兼容的备选常规性一点点拼接起来，我们

① 指具有唯一的均衡，均衡〈$R1$，$C1$〉和〈$R3$，$C3$〉是相同的。——译者注

总是能够得到一个一律不兼容的备选常规性。

因此，我们可以用两个新条件替换掉我们的原初条件。其一是：

群体 P 的成员在属于 S 的任何事例中，对于所有可能的行动组合，每个人都有近乎相同的偏好。

上述条件要么与如下条件（强版本）相结合：

在情境 S 中，群体 P 的成员具有某种可能的行为的常规性 R'，使得群体 P 的成员在属于 S 的任何事例中，没有人能够同时既遵从 R 又遵从 R'，且使得群体 P 的成员在属于 S 的任何事例中，在除一人外至少所有人都遵从 R' 的条件下，每个人都愿意偏好每一个人遵从 R'。

要么与如下条件（弱版本）相结合：

群体 P 的成员在属于 S 的任何事例中，涉身于情境 S 之群体 P 的成员具有某种可能的行为的常规性 R'，使得没有人在这一个属于 S 的事例中能够同时既遵从 R 又遵从 R'，且使得在除一人外至少所有人都遵从 R' 的条件下，每个人都愿意偏好每一个人遵从 R'。 73

我看不出在这两个版本之间有什么好选择的，而我选择强版本，没有合适的理由。

当情境 S 是一个相互依赖决策下的独立问题时，我们的新条件与原初条件相一致，但是它们并不要求 S 是独立的。如果不是那样——如我的价格设定的例子所示，情境 S 中商务活动持续时间很长，足以囊括数个定价决策过程——的话，新条件是原初条件自然而然的拓展。

对于在协调问题 S 中的行为，令 R 为一项惯例，R' 为另一个可能的、得以解决协调问题 S 的常规性，部分或者一律同 R 不兼容。但是假设我们通过遵从 R' 所达成的协调均衡，要比我们通过遵从 R 所达成的均衡糟糕得多（事实上相当糟糕，以至于只比有些非协调均衡的结果好了那么一丁点儿），那么我们是否真的想要称 R' 是可能的备选惯例？我们是否想要说 R' 使得 R 具备了任意属性和惯例属性？或许不想。幸运的是，我们的定义所持的立场有可能让这样的 R' 丧失资格，成为 R 的备选项。如下条件可以为真：

群体 P 的成员在属于 S 的任何事例中，在除一人外至少所有人都遵从 R' 的条件下，每个人都愿意偏好每一个人遵从 R'。

但是作为一种共同知识，它也可以不为真。任何事态 A——我们都相信它成立，且它向我们表明其成立——都非常有可能无法表明我们遵从 R' 的弱条件偏好。但使得这些条件成为群体 P 的共同知识，这一点我们当然依旧是要求得到满足的。且有理由要求：如果我们遵从 R' 的条件偏好存在，但是不作为
74 一种共同知识，R' 将无法作为一项惯例而自我持存，所以如下结论不为真：R' 能够替代 R 成为我们的惯例。

考虑一项确定了某个会面地点的惯例。其备选惯例是可能的常规性——我们凭此可以在其他地点会面。有些地点比其他地点要好。有些地点是如此糟糕，我们宁愿放弃会面也不要去那里。考虑会面地点变得越来越糟糕的情形，我们最终会达到一个极限点，失去了遵从常规性的条件偏好：我们中的一些人不愿到那个地方去，即便其他人都在那儿。条件偏好的共同知识丧失得更为迅速：有些地点不错，如果其他人都在那儿的话，每个人也会想要去那儿；但是还没有好到如此的程度，使得如果其他人都去那儿的话，我们能够指望其余的每个人也会想要去那儿，指望其他人会指望如果其他人都去那儿的话，其余的每个人也会想要去那儿，依此类推。这些地点没有为我们的惯例提供备选项，所以它们没有使得我们的会面地点具备惯例属性。

或者考虑一下我们语言的惯例。它们的备选项是其他可能的语言惯例。但是这样一种假想的语言——或者我们是不是该称其为密码——又是什么样呢？特别复杂冗长，以至于即使是经过大量的练习，我们仍然要花费数分钟用纸笔进行计算，才能写出或者理解一句最简单的句子。我们所有人**可能**都会发现即便是这样的语言也比没有语言强，身处别人都是使用这种语言的群体中，还是值得去学习如何使用它的。但如果它不是我们的共同知识，这一语言就不会成为使得我们实际使用的语言具备惯例属性的备选语言之一。

如果常规性 R 唯一的备选项是这类有缺陷的常规性，R 就不会成为一项

惯例。在要求 S 作为一个协调问题的原初条件下，它既不会成为一项惯例——因为同样没有共同知识，也不应被称作是惯例。如果常规性 R 的备选项在特定情境中其特征是如此难以引起人们的注意，那么 R 看起来就是微不足道的，好像它们根本不存在一样。

如果群体 P 中没有人曾有过念头做出遵从 R' 的行为，那么 R' 能否成为 R 的备选项？原则上和之前的情形相同：对于 R' 的不熟悉使得其不再具有资格 75
成为备选项，当且仅当它无法让遵从 R' 的条件偏好成为共同知识。实际上可能是这样，也可能不是这样。因为惯例定义中提及的预期和偏好只需**在分离的意义上**具有一般性即可，如果我们对于遵从 R' 的行为不具有一般化的概念，也没有什么关系。事实上，在上一节我就主张，即便是对于遵从我们现实中的惯例的行为，我们不具有一般化的概念，也是可以的。然而，当参与人面对某一特定的属于 S 的事例——其他人的确都在遵从 R'——时，如果因为对于 R' 的不熟悉让他无法懂得遵从 R' 的某种行为所能带来的好处；或者他**会**知道有好处，但是如果因为不熟悉而不能成为共同知识的话，那么这就有关系了。

再次，在应用的时候这里也不存在与原初条件不一致的地方。如果常规性 R 仅有的备选项由于不为人们所知而失去了成为备选项的资格，那么 S 作为一个协调问题也不会成为共同知识。所以无论在哪一个条件下 R 都不会成为惯例，不过只有当群体 P 的成员有机会做出遵从 R' 的行为，从而开始渐渐熟悉它以后，它还是有可能逐步转变为惯例。

当其他人开始做出不同的行动时，思维狭隘且墨守成规的人会不知所措，因而对于他们来说不属于惯例的常规性，在适应能力更强的人那里可能就是惯例。当有消息传来出现了一群与我们行为不一样的陌生人时，[1]或者当某人发明了一种新的行为模式，即使是从未有人采用过的新模式时，原本不属于惯例的常规性有可能就成为惯例。当儿童和低能者遵从我们的惯例时，他们可能不是将它们**作为**惯例而参与其中的，因为他们缺乏任何遵从某个备选常规性的条件偏好；或者他们可能具有真正的偏好，但是并没有当作一种共同知

① 原书中使用的是“alien”，由于科幻影视剧的流行，现在多译为“外星人”，但是考虑到本书上下文的内容，作者应当是指陌生的外来人（不属于群体 P）。不过真的是外星人的话，也不违背作者的意思。——译者注

识。我们发现分析惯例所得到的这些推论对人们而言无所谓欢迎还是不欢迎。我们的分析只是要解答那些迄今为止悬而未决的问题。

如果排除掉那些太不令人满意或者人们不熟悉的备选项——正如它们无
76 助于使得某项惯例具备任意属性——是合理的话，我们对共同知识的需求就有了新的理由。因为正是通过对共同知识的要求，我们才无需采取**专门的**方式排除上述备选项。

第四节 惯例等级

我们将注意力集中于完美的惯例情形，这时应用我们的定义不存在例外情况。但是在现实中我们不能期望发现许多完美的样本。是时候放宽严格的条件了，允许惯例中只有绝大多数符合现有的定义，或者惯例只是有极大的可能性符合现有的定义。让我们将到目前为止修正过的定义做如下整理：

当群体 P 的成员作为某一重复出现的情境 S 中的参与人时，他们行为的常规性 R 是一项**惯例**，当且仅当群体 P 的成员在属于 S 的任何事例中，如下条件为真，且如下条件构成群体 P 的共同知识，

(1)每个人都遵从 R；
(2)每个人都预期其他每个人都遵从 R；
(3)对于所有可能的行动组合，每个人都有近乎相同的偏好；
(4)在除一人外至少所有人都遵从 R 的条件下，每个人都偏好每一个人遵从 R；
(5)在除一人外至少所有人都遵从 R' 的条件下，每个人都愿意偏好每一个人遵从 R'。

其中 R' 是群体 P 的成员所具有的、某种可能的行为的常规性，使得群体 P 的成员在属于 S 的任何事例中没有人能够同时既遵从 R 又遵从 R'。

我们能够使用许多明确的或是隐含的全称量化形式来进行分析；而我们

想要做的是找到一种合理的方式，放宽上述条件中的某些或者全部条件，使其成为近乎全称量化(almost-universal quantification)的形式。

共同知识的要求包含针对群体 P 的全称量化(参见共同知识的定义)。我们对此不允许有任何例外；任何人如果被称为是例外的话，那么最好将他排除 77
在群体 P 之外。然而，由此可以推出，大多数的有关群体——在该群体中惯例成立——的规定只能是近乎正确。

允许属于 S 的一些非正常事例——违反了条件(1)～(5)中某几条，或者是全部都违反——存在，不会有什么害处，所以我们将"群体 P 的成员在属于 S 的任何事例中"替换为"群体 P 的成员在属于 S 的几乎任何事例中"。如果我们尽量想要更加精确，我们将其替换为"群体 P 的成员在属于 S 之所有事例的至少 d_0 部分中"，将集合 d_0 设定为稍微小于 1 即可。

允许一部分甚至是大多数属于 S 的正常事例包含少数非正常的参与人——在条件(1)～(5)的某些或者全部条件中，对于最初的全称量化而言他们是例外——也不会有什么害处。所以我们将每个条件中最初的"每个人"替换为"几乎每个人"，或者是"在所有相关人士中，至少占 d_i 部分的人群中的每个人"，将集合 d_i 设定为稍微小于 1 即可。[我们令 d_1 代表条件(1)，d_2 代表条件(2)，d_3 代表条件(3)，d_4 代表条件(4)和(5)——这两个是一样的，因为我们本就有意向将它们作为平行条件。]

如果我们允许有少数参与人不遵从常规性，那么我们应当允许其余的参与人都知道这一情况，所以条件(2)中的"其他每个人"应当替换为"几乎其他每个人"，或者是"在所有相关人士中，至少占 d_1 部分的人群中的其他每个人"。并且如果我们允许参与人预期不存在完美的遵从行为，那么我们必须不能将他们遵从常规性的偏好建立在其他人都做出完美遵从行为的条件上；否则，我们就不能保证在大多数情形下他们确实偏好做出遵从行为。他们的偏好应当满足，如果有足够多的人做出遵从行为，那么越多的人遵从则越好。(所以有一件事是我们**无法**容许的，对于一项惯例，大多数人都想要它出现例外情形——无论他们想要出现的例外情形有多么罕见。)因此条件(4)应当再次进行修正，解读为"在几乎所有人都遵从 R 的条件下，(几乎每个人都)偏好任何人越来越多地遵从 R''"，或者是"所有相关人士中，在至少占 d_1 部分的人都遵从 R 的条件下，(在所有相关人士中，至少占 d_4 部分的人群中的每个人

都)偏好任何人越来越多地遵从 R''"。[①] 虽然这一修正使得条件(4)变得更为
78 严格而不是更为宽松,但是考虑到我们对条件(1)和(2)的放宽,这是不可避免的。条件(5)应当以同样的方式做出修正,使其继续成为条件(4)的平行条件。

对于常规性 R 和它的备选项 R' 之间的不兼容程度,我们也应当容许一些例外情形。这些例外情形适用于属于 S 的少数事例中的大多数参与人,或者是属于 S 的大多数事例中的少数参与人,或者是两者兼有。我们用如下新条件来替换不兼容条件,"使得群体 P 的成员在属于 S 的几乎任何事例中,几乎没有人能够同时既遵从 R 又遵从 R'",或者是"使得群体 P 的成员在属于 S 之所有事例组的至少 d_5 部分中,其中某一名参与人,他不能同时既遵从 R 又遵从 R'",将集合 d_5 设定为稍微小于 1 即可。

因而我们最终的定义如下:

当群体 P 的成员作为某一重复出现的情境 S 中的参与人时,他们行为的常规性 R 是一项**惯例**,当且仅当群体 P 的成员在属于 S 的几乎任何事例中,如下条件为真,且如下条件构成群体 P 的共同知识,

(1)几乎每个人都遵从 R;
(2)几乎每个人都预期几乎其他每个人都遵从 R;
(3)对于所有可能的行动组合,几乎每个人都有近乎相同的偏好;
(4)在几乎每个人都遵从 R 的条件下,几乎每个人都偏好任何人越来越多地遵从 R;
(5)在几乎每个人都遵从 R' 的条件下,几乎每个人都愿意偏好任何人越来越多地遵从 R'。

其中,R' 是群体 P 的成员所具有的、某种可能的行为的常规性,使得群体 P 的成员在属于 S 的几乎任何事例中,几乎没有人能够同时既遵从 R 又遵从

① 括号中的字在原文中是没有的,因为中英文从句结构的差异,英语中省略该主语没有任何影响,但是译为中文则难以理解,故补上主语。——译者注

R'。

如果有任何人抱怨我们所做出的有关惯例的最终定义是不精确的，我们欢迎他使用如下量化定义。

当群体 P 的成员作为某一重复出现的情境 S 中的参与人时，他们行为的
常规性 R **至少是** d_0、d_1、d_2、d_3、d_4、d_5 **等级的惯例**，当且仅当群体 P 的成员在 79
属于 S 之所有事例的至少 d_0 部分中，如下条件为真，且如下条件构成群体 P 的共同知识：

(1)在所有相关人士中，至少占 d_1 部分的人群中的每个人都遵从 R；

(2)在所有相关人士中，至少占 d_2 部分的人群中的每个人都预期，在所有相关人士中，至少占 d_1 部分的人群中的其他每个人都遵从 R；

(3)对于所有可能的行动组合，在所有相关人士中，至少占 d_3 部分的人群中的每个人都有近乎相同的偏好；

(4)所有相关人士中，在至少占 d_1 部分的人都遵从 R 的条件下，在所有相关人士中，至少占 d_4 部分的人群中的每个人都偏好任何人越来越多地遵从 R；

(5)所有相关人士中，在至少占 d_1 部分的人都遵从 R' 的条件下，在所有相关人士中，至少占 d_4 部分的人群中的每个人都愿意偏好任何人越来越多地遵从 R'。

其中 R' 是群体 P 的成员所具有的、某种可能的行为的常规性，使得群体 P 的成员在属于 S 之所有事例组的至少 d_5 部分中，其中某一名参与人，他不能同时既遵从 R 又遵从 R'。

他还可以继续将一项惯例定义为任何的常规性，该惯例至少具有特定的等级集合，他可以随意挑选自己喜欢的等级。

让我们定义某一常规性 R 的**惯例等级**为一个六元素集合 $\langle d_i \rangle$，使得 R 成为一项至少具有等级 d_0、d_1、d_2、d_3、d_4、d_5 的惯例。我们能够根据它们的惯

例等级进行常规性的比较：当且仅当 R_2 的惯例等级是 R_1 惯例等级的子集，R_1 相较于 R_2 而言**更具备惯例属性**。找出唯一的一个数字来衡量一个常规性所具有的惯例等级，会是一项有趣的研究；但是我所知道的进行这项工作的所
80 有方法看起来都极其不自然。如果根据这一节最开始的时候所给出的严格定义，R 是一项惯例，那么 R 至少是等级 1、1、1、1、1、1 的一项惯例，而且没有其他的常规性比它更具备惯例属性。

第五节 惯例后承

假设 R 是一个具有惯例性质的常规性，假设 R^* 是 R 的某个逻辑后承(logical consequence)，[①]那么 R^* 本身是不是因而也成为惯例？

存在一些微不足道的惯例后承，我们无需去关心。令 R 为我们的靠右侧行驶的惯例；R 的一个逻辑后承就是我们在路面上行驶，而不是在 10 米高的空中，或者地下 10 米行驶。还有比这更微不足道的情形，一个套套逻辑：任何事情的一个后承就是任何惯例的一个后承。我们需要考量的是**依赖于**惯例之惯例的后承。只有当存在着作为常规性 R 之备选项的常规性 R'(根据第三节的含义)的时候，我们的后承 R^* 才依赖于 R，而**非**—R^* 是 R' 的逻辑后承。

如果这样的话，R^* 可能是一项惯例。假设你和我想要每周都会面，假设我们周周轮流待在不同的小镇 $T1$ 和 $T2$，小镇 $T1$ 有三个令人满意的会面地点：$P11$、$P12$ 和 $P13$。小镇 $T2$ 也有三个令人满意的会面地点，每一个都与 $T1$ 中同类编号的地点相似：$P21$、$P22$ 和 $P23$。我们的惯例 R 如下：我们待在 $T1$ 的那几个星期，我们前往 $P11$；我们待在 $T2$ 的那几个星期，我们前往 $P21$。R 的后承 R^* 如下：我们待在 $T1$ 的那几个星期，我们前往 $P11$。这是一个非独立的后承，因为**非**—R^* 会成为 R 的大多数备选项的后承。R^* 当然是一项惯例。在 R^* 得以应用的情境——我们待在 $T1$ 的那几个星期——中，我们都遵从 R^*，在我们之间是共同知识。我们彼此预期对方会遵从 R^*，对于 R^* 的一致遵从是一个协调问题的协调均衡。总之，一项惯例的特殊情形还是

---

① logical consequence——又称为 entailment(蕴涵)，是逻辑学中的核心概念，也有译作“逻辑后果”，甚至直接译为“逻辑蕴涵”。——译者注

一项惯例。或许，只有当其作为原初惯例的一种特殊情形时，一项惯例的后承 81
才是属于原初惯例自身内的一项惯例。

现在让我们考察一项非独立的惯例后承，其本身不是一项惯例。假设只有一个小镇，有三个令人满意的会面地点：$P1$、$P2$ 和 $P3$。假设我们想要会面，但是万一我们没有见到面的话，我们中的一人最好前往 $P3$。假设我们的收益矩阵如图 29 所示，且假设我们的惯例是前往 $P1$。令 R^* 为要么前往 $P1$，要么前往 $P2$ 的常规性。R^* 是 R 的后承，且它是非独立后承，因为**非**—R^* 会产生自常规性“前往 $P3$”，而该常规性是 R 的备选项。我们遵从 R^*，并且彼此预期对方会遵从，所有这些事实在我们之间是共同知识。但是 R^* 不是一项惯例，因为我认为它不是这样的情形：在其他人都遵从 R^* 的条件下，我们每个人都偏好遵从 R^*。给定如下条件，你仅仅是愿意遵从 R^*，但是没有迹象表明，你愿意这样做的时候，究竟是去 $P1$ 还是去 $P2$，那么我会偏好违反 R^*，前往 $P3$。当你考虑我会如何做的时候，同样也是这样想的。

	C1	C2	C3
R1	1, 1	0, 0	0.6, 0.6
R2	0, 0	1, 1	0.6, 0.6
R3	0.6, 0.6	0.6, 0.6	1, 1

图 29

然而情况并不完全清楚。想一想，我们所谓的以某个事态 A 为条件产生
的偏好，几乎总是在某个作为背景的事态 B——我们认为它属于行为环境中 82
的某个固定部分——下产生。如果其他人都靠右侧行驶，我会偏好靠右侧行驶，这样说的时候其实我真正想说的是，如果其他人都靠右侧行驶，**并且**如果有关造成碰撞事故之因果关系的各种常见事实仍然成立的话，那么我会偏好靠右侧行驶。现在在我们之间，它遵从 R 是事实，也是共同知识：如果我们两人中的任何一人遵从 R^*，他也会这样做——遵从 R^*；换言之，我们不会前往

$P2$既是事实又是共同知识。如果这一事实中包含了固定的背景环境，在其他人都遵从R^*的条件下，以及基于该背景环境，那么我们每个人都**愿意**偏好遵从R^*。我确信在固定的背景环境中包括如下事实是错误的，即如果我们中的任何一个人遵从R^*，那么这是通过遵从R而实现的。但是我没有理论来解释为何这是错误的，大致而言，其理由如下：在考虑基于其他行为而产生的行为之偏好的时候，对于考量中的一般类型的行为无论是做了还是没有做，背景环境都应该保持中立。

第三章　惯例概念的比较

第一节　协　定

在第一章第三节中我们看到，涉身于一个单一的、非重复的协调问题中的参与人，如何有可能通过明确的协定——每个人做好他在特定协调均衡中应做的分内之事，也能做得很好，从而达成协调。[①] 但是我再次申明：明确的协定不是达成协调的唯一方式。

类似地，我们遵从某个合适的常规性 R 的明确协定也是一种安排方式（一种好的方式，但不是唯一的方式），无论何时，当某个特定的、重复出现的协调问题 S 在我们中间发生时，都可以凭借此方式一劳永逸地达成协调。当我们面对面达成协定遵从 R 的时候，我们每个人都是在清楚地表露出他（之前就已有的，或是刚刚才有的）遵从 R 的倾向；并且他这样做就处于我们所有人都在监视他的境况之下，而且这还是我们之间的共同知识。作为结果，就逐渐形成了这样的共同知识：我们所有人都很有可能会遵从 R。在涉身于情境 S 中、与其相关的其他人都遵从 R 的条件下，每个人都偏好遵从 R，既然这一情形也是共同知识，[②]那么每个人就更加有理由和倾向性去遵从 R——而这也是共同知识。在接下来的某个时候，当情境 S 出现的时候，有关做出遵从行为之倾向性的共同知识就促成了实际遵从行为的产生；而实际的遵从行为又更新了有关做出遵从行为之倾向性的共同知识。一项惯例正处于生成的过程中。

我们的惯例是我们协定的产物，因而——在某种程度上来说——我们所

---

① 参见原书第 33—34 页。——译者注

② 如果之前这一情形还不是共同知识，那么在我们达成协定之前，在进行商讨的过程中，它就逐步成为共同知识，因为这时我们每个人就清楚地表露出他的遵从行为之条件偏好。

84 有的遵从行为永远都是协定的产物。但是说我们之所以如此行动，是因为我们曾经有过协定，这是一种极其糟糕的误导。它暗示我们的协定持续地在直接影响我们的行动，就如同协定在最初成立时发挥的影响一样。实际上，它的主要影响是通过逐渐成长起来的因果链条所传递的，即“预期—行动—预期—行动……”这样一个因果关系链。一天天、一年年或者是一代又一代，随着时间的流逝，协定的直接影响逐渐消失。我们忘记了我们的协定。我们不再感觉受到旧日承诺的约束（如果我们的协定**曾是**一种交换承诺的形式的话，如我们在单一的协调问题案例中所见到的那样，双方只要交换了对当前意向的明确表示，就足够好了）。我们都已不在，而取代我们的后人都不是当初协定的参与人。但是协定的间接影响不断地在更新，并且迟早它会占支配地位。那时由协定所创立的惯例与以其他方式创立的惯例相比不再有什么差别：在它身上看不到任何原初形式的痕迹。

事实上，根据我的定义，由协定开始创立的惯例可能不会成为一项惯例，直到协定的直接影响开始逐渐消失为止。这取决于协定的性质。假设我们都庄严且公开地发誓，无论如何都要遵从 R。然后在一段时间内我们可能都偏好无条件地遵从 R，每个人都下定决心，即便其他人违背他们的誓言去遵从某个备选的常规性 R'，他仍然宁愿遵守自己的誓言。即便我们遵从 R 的偏好在事实上是基于其他人都遵从 R，它可能也不是他们的共同知识。因为违背誓言所产生的责任可能会造成不确定性，人们预期它会造成不确定性，依此类推。只有当我们承诺的力量消失到那样一个程度，即如果其他人都遵从某个备选的常规性 R' 而不是 R 的话，每个人也会遵从 R'，当该情形既是真的，又是共同知识的时候，我们才拥有了一项惯例。

另一方面，如果我们是通过相互交换有条件的承诺约束我们自身——只有当其他人遵从 R 的时候才遵从 R，从而达成协定；或者是通过相互交换不承担任何义务的、表达意向的声明，从而达成协定。那么作为结果的常规性会立刻成为一项完美的有效惯例。

为了观察一项惯例如何通过协定或者其他方式开始形成，我们使用一项尚未存在的惯例作为示例：有关逻辑学家确立一套标准符号的惯例。由于正在使用中的符号有许多，每个人都觉得可以自由地根据自己的喜好来使用符号。目前不存在这样的惯例，但是这样的惯例是能够存在的。如果当前任何的符号都清一色的像标准算术符号一样，每个人都会使用它。没有人会坚持使用他最喜爱的符号，如果另一种符号成为标准的话。（和习惯使用我们现在杂乱无章的符号系统的读者相比，对于习惯使用一套标准符号的读者而言，与众不同的符号会给他们造成更多的困扰。）

想象一下符号系统的多样化造成了比现有符号还要多得多的麻烦。每一个作者都发明他自己的符号系统，有些人采用了它，有些人学会了它，但是只要有选择的话就不使用它，而其他人甚至都不会读这些符号。然后符号逻辑学会（the Association for Symbolic Logic）①可能会召开会议讨论这个难题，在场的每一个人都发表意见，希望确立一套标准符号系统。会议通过投票选出了“基础符号系统”（Principia notation）。② 如果这样的话，那些出席会议的人都会认为他们自己以及彼此之间皆表达了意向：从此以后想要使用“基础符号系统”，如果其他大多数逻辑学家也这样做的话。他们在面对面的会议上互相交换表达意向的声明，就构成了一项协定，足以促使一项惯例开始形成。

但是同样的惯例反过来也有可能以其他的方式出现。想象一下某些可能性。

少数著名的逻辑学家——比方说《符号逻辑杂志》（*Journal of Symbolic Logic*）的编辑——可能在《符号逻辑杂志》上发表了一篇联合声明，说符号系统的多样化所造成的困扰应该被纠正，而根据他们的观点，从此以后应该排他性地只使用“基础符号系统”。由于在逻辑学家之间，“他们都阅读《符号逻辑杂志》”属于共同知识，那么大多数逻辑学家都读过这篇声明，也会在逻辑学家之间成为共同知识。“大多数逻辑学家会倾向于遵循这一建议，如果其他人也这样做的话”，倘若这也在逻辑学家之间成为共同知识，那么“大多数逻辑学家会越来越具有倾向性地去使用‘基础符号系统’”就会成为共同知识。给定人

① 如作者所述，这个例子是虚构的，但这个学会真实存在。符号逻辑学会成立于1936年，第一任主席是美国数学家邱奇（Alonzo Church，1903—1995），现任主席是美国女数学家、美国数学学会成员奈特（Julia F. Knight）。该学会是一个由数理逻辑专家和哲学逻辑专家所组成的国际组织。同样，后文中的《符号逻辑杂志》也不是虚构的。——译者注

② 这个符号系统是作者虚构的，但是他使用的这个词汇很可能暗指怀特海（Alfred North Whitehead，1861—1947）和罗素（Bertrand Russell，1872—1970）合著的、探讨数学基础理论的经典之作《数学原理》（*Principia Mathematica*）。该书共有三卷，第一版分别出版于1910年、1912年和1913年，第二版分别出版于1925年和1927年。——译者注

86 们有足够的兴趣去遵从任何一套标准，结果就有可能出现使用“基础符号系统”这样一项惯例。在这一情形下，只有少数人在发起一项新惯例的过程中发挥了积极作用，其他人只是扮演了积极响应的观众角色。

或者就没有任何人企图去创立一项新惯例。一些逻辑学家，被数量激增的符号搅扰不堪，并且担忧他们的著作人们能否让人读得懂，就可能会各自独立地决定将他们最喜爱的符号系统转换成任何一套似乎是最广为人知的符号系统，亦即**基础符号**。结果是越来越多的人使用“基础符号系统”，这看起来有可能启动一种趋势，从而其他人会倾向于更改自己使用的符号系统，并预期其他每个人都会更改符号系统。再一次，结果就是出现一项惯例。

或者，存在大量有关“基础符号系统”的著作，而且根本没有什么特别的理由。仅仅是因为机缘巧合，偏好“基础符号系统”的许多逻辑学家碰巧同时出版了他们的著作。不管怎样，一股公开的潮流业已形成，其他人就有可能会去遵循。

简言之，一些特定条件——有关使用任何十分流行的符号系统的一般化偏好之共同知识，加上有关逻辑学家能够辨别人们正在使用多少种符号系统的共同知识——对于逻辑学家有关他们符号系统选择的预期和倾向性之变化不定，多少都有点增强的趋势。当这种变化不定的态度变得足够激烈，再加上强大的力量增强了这种趋势，这时就会产生一项惯例。考虑到其影响范围，这种变化不定态度的来源就无足轻重了。它是不是由发起一项惯例的意向所造成的，还是出现于部分成员或是全体成员之中，都是无关紧要的。

达成明确的协定只是惯例的数种可能起源之一，我们可能对此还是有疑问：它是否享有某种特殊地位？或许所有惯例都**能够**起源于协定，这是正确的吗？我提供三种反驳观点。

首先，回想一下休谟的桨手的例子，一种我们无法描述的惯例性质的常规性。在实践中我们无法描述它。如果我们在理论上能够描述它，这比桨手们随自己意愿划桨要耗费更多的时间、使用更多的测量设备。但是这一观点只能表明他们的惯例无法起源于纯粹通过言辞交流达成的协定。他们完全能够
87 以**如此的形式**达成划桨协定：通过示范方式明确一种划桨节奏。

接下来，假设一项惯例产生了协调行动，但是为此所要实现的目的不知何故恰恰由于遵守协定的举动而无法达成。那么该惯例无法起源于协定，因为

一项协定反而会毁掉遵从该惯例的意义。想一想有两个人发现保持一种表面上的敌意是有利的(比方说相互竞争的政党领袖们)。他们可以利用一项惯例来明确规定,在任何议题上他们所信奉的是什么类型的主张,以免让他们发现自己在公开场合达成了一致协定——双方都会很尴尬。但是他们不能通过协定来创造一项惯例。因为那样做等于向公众坦白保持敌意是为了他们的共同利益,这就破坏了他们表面上的不和,使得他们没有什么事需要去协调了。(确实他们可能私下里达成协定,但是秘密协定对他们毫无助益,如果——修改一下例子——我们假设他们表面上的不和主要是展现给**他们自己**看的。然而如果这样的话,这个反例就让人怀疑了,因为参与人在自欺欺人。他们相信他们表面上存在敌意,同时又采取预防措施避免看到让他们的表象破灭的证据,所以他们不能被当作具备逻辑上一致信念的理性参与人来处理。)

最后,考虑这个由蒯因和其他人给出的观点。[①] 第一个确立起来的语言惯例不可能起源于使用由惯例支配的语言所做出的协定。所以就算有**任何一个**语言惯例能够起源于这样的协定,也不是**所有的**语言惯例都能如此。(因此这个观点与前面两个不同,它的意思是表明个别的惯例不是起源于协定。)我的回答是:足以创制惯例的协定无需是一种包含语言或者其他任何惯例性行为的交易。其要承担的全部内容就是相互交换一种明确表示——具有遵从某一常规性的倾向。这些明确表示可能仅仅是通过在各式各样的适当情境下的遵 88
从行为而展现出来的,在为了创立惯例的面对面会议中完成的。这样一种展示的交换就可以被称作"协定",无需将该用语的意思做过多的衍生。

我认为上述三种观点都不是定论。将"协定"做一种宽泛理解的话,原则上所有惯例或许都起源于协定。可以明确的是,它们无需都起源于协定。并且它们常常不是起源于协定:第一章第五节就列举了我们所熟悉的例子,惯例起源于其他方式。惯例就像是星星之火:在有利的条件之下,聚热而燎之,绵绵不绝也。火的本质不依赖于热量的最初来源。火柴也许是我们最好的生火工具,但是没有理由认为用其他方式燃起来的火就不那么像火了。

---

① 参见 Quine in "Truth by Convention"; Bertrand Russell in *The Analysis of Mind* (London: Allen and Unwin, 1921), p. 190; William Alston in *Philosophy of Language* (Englewood Cliffs, New Jersey: Prentice-Hall, 1964), p. 57。三者都主张不存在语言惯例,因为他们相信真正所谓的惯例必须根据协定而创立。

第二节　社会契约

看起来（这会遭到少许反对意见）惯例就是一个行为的常规性，它之所以成立，**就好像**是一项协定的结果，我们凭借着对于该常规性的普遍遵从所产生的一般化偏好，依照协定而行为，其结果就是惯例。现在，给定对于最初契约形成的那种精致复杂的阐释——作为对于我们现在遵从契约之理由的一种虚构的戏剧化说明，那么上述说法恰恰就是一位学者可能用来描述社会契约时所做的解释。我的惯例概念是否只不过就是我们所熟悉的社会契约概念——继承自霍布斯、洛克（Locke）和卢梭，去除了宗教神圣性含义，应用于除了政治忠诚和社会团结之外的事务的那个概念——呢？

不是。就我所理解的社会契约概念来说，从根本上不同于惯例概念（尽管有些说明，像前文那一个，非常粗略以至于看不出差别）。这些概念的扩展也与惯例概念不一致，虽然二者有很多地方意思相互重合。

89 我打算将**社会契约**大致地定义为，当群体 P 的成员作为某一情境 S 中的参与人时，他们任一行为的常规性 R 是一个社会契约，使得如下条件为真，且如下条件构成群体 P 的共同知识：

与情境 S 相关的、群体 P 中的任何成员做出遵从 R 的行为。

群体 P 中的每个成员都偏好（情境 S 中的群体 P 的成员）对于 R 的普遍遵从状态，不偏好某一特定的、由周遭环境所决定的对于 R 的普遍不遵从状态，相对于社会契约 R 而言，这被称作**自然状态**。

不是说自然状态就是任何（情境 S 中的群体 P 的成员）普遍不遵从 R 的状态，它多少具有一些突出的性质。[1] 与霍布斯的社会契约论（我们借此通过对主权者的惯常性服从建构起一个利维坦）相关的自然状态被理解为是一种

① 参见 R. P. Wolff，“A Refutation of Rawls’ Theorem on Justice”，*Journal of Philosophy*，63（1966），pp. 179—190。沃尔夫（Wolff）回应罗尔斯（John Rawls）提出的理想化的契约论观点，参见“Justice as Fairness”，*Philosophical Review*，67（1958），pp. 164—194。他的反对观点是，罗尔斯让我们无法确定“底线”——自然状态，而社会契约正是要根据自然状态才能进行比较。

无政府状态、每一个人对每个人的战争状态。它不是和平的无政府状态，也不是在另外某个威权之下存在一个利维坦的状态，尽管这些状态也可以是对我们实际的社会契约普遍不遵从的状态。和平的无政府状态不符合要求，是因为霍布斯相信这是不稳定的状态。在另外某个威权之下存在一个利维坦的状态不符合要求，是因为它与前面提及的社会契约下的状态在性质上过于近似。

与 R 相关的自然状态是对于 R 的普遍不遵从状态，是对于其他同 R 在性质上近似的常规性的普遍不遵从状态，是没有人会非常依赖于他人的行为具有任何可预料的常规性的状态。如果一个人对自己邻人的预期被证明是错误的，也没有人需要承受太多的损失。这是一个特别稳定的状态。并且这是一个我们有可能会身陷其中的状态，如果我们不知为何从头来过，彼此之间不存在强有力的共同预期（因此就有了关于**先验**合理性的神话，原始人都生活在自 90
然状态下）。

考察这一状态是因为与 R 相关的自然状态是可能的，从中可以推出群体 P 的成员不偏好无条件地遵从 R，这一点之前如果没有指出来，也应当在社会契约的定义中陈述清楚。

我的社会契约定义尽可能地与惯例的定义一一对应进行表述，是为了展现其中的不同之处在哪里：在普遍遵从所产生的一般化偏好的性质中，偏好某个对象，是指**相较于**其他对象更偏好它，第二个偏好用语中的“其他对象”是不一样的。对于惯例来说，我们要求每个参与人，相较于所有人都遵从唯独他自己不遵从的状态，更偏好于一种普遍遵从状态，不考虑对于普遍不遵从的状态而言，他的偏好是什么。对于社会契约来说，我们要求每个参与人，相较于某种特定的普遍不遵从状态，更偏好于一种普遍遵从状态，不考虑对于所有人都遵从唯独他自己不遵从的状态而言，他的偏好是什么。

考虑服从某个主权者的常规性 R。让我们看看 R 如何有可能成为一项惯例，或是一个社会契约，或者既是惯例又是社会契约，或者两者皆不是。假设现状如下：我们几乎总是服从主权者的命令：

(1)禁止相互间拿取他人的物品；

(2)交出我们所有的剩余物以支持主权者的奢侈享受；

(3)帮助抓捕和惩罚任何违背这三条命令中任何一条命令的人。

（如果有任何人看到上述这种政治社会的讽刺性描述而感觉受到冒犯的话，可以让他把例子换成荒岛余生的一群人、强盗团伙或是部落族群这类社会组织。）我们中的每个人对如下三种状态都具有某种偏好排序，每一种状态都各有其优、缺点：

（*SQ*）现实状态（the status quo）。通过施行第一条命令，主权者的力量保护我避免遭受我的邻人们的侵害。在主权者的治安权力（police power）下我是安全的，因为我不试图去违背命令。但是我很贫穷，因为我出力供养主权者，而且我不能拿取别人的物品。

（*SN*）自然状态（the state of nature）。没有人下命令要求普遍地服从，所
91 以我不需要害怕有组织的治安权力。我不用出力供养主权者，因为我们没有主权者。但是我必须付出劳力保护我自己的物品，避免遭受我的邻人们的侵害；我生活在恐惧之中，害怕无法保护自己。

（*LD*）独自一人不服从状态（lone disobedience）。我的物品受到保护，避免遭受我的邻人们的侵害。我能够变得很富有，因为有时候我可以拿取我的邻人们的物品，而且我不用将我需要缴纳的那部分财物完全贡献出去供养主权者。但是我生活在恐惧之中，害怕主权者在我的邻人们的协助下会抓到并且惩罚我。

不考虑其中的差别，我们每个人必定具有如下六种可能的偏好排序中的一种，每个人的偏好排序不需要都是相同的：

SN	*SQ*	*SQ*	*LD*	*SN*	*LD*
SQ	*LD*	*SN*	*SQ*	*LD*	*SN*
LD	*SN*	*LD*	*SN*	*SQ*	*SQ*

（将最偏好的状态列在最上面，最不偏好的状态列在最下面）。一个人的偏好取决于他的性情，取决于他对于他的邻人们和主权者的性格的看法，取决于他对其他人是否会模仿他的不服从行为的可能性的估计，取决于他对自己的谋生能力、在自然状态下保卫自身的能力或者是逃避由于不服从而招致惩罚的

能力的估计，以及取决于他赋予安全、财富、摆脱自我防卫的任务、他的邻人们的福利、主权者的福利、正义、和平和信任这些对象的价值。

如果 R 是一项惯例，在我们之间（除了可以忽略不计的少数群体外）会出现的仅有的偏好排序是以下三种，SQ 的排序要比 LD 高，使得在其他人都遵 92
从 R 的条件下，每个人都偏好遵从 R：

SN	*SQ*	*SQ*
SQ	*LD*	*SN*
LD	*SN*	*LD*

任何人的排序中 SN 排在哪个位置都是没有差别的。

如果 R 是一个社会契约，在我们之间（除了可以忽略不计的少数群体外）会出现的仅有的偏好排序是以下三种，SQ 的排序要比 SN 高，使得每个人都能从对 R 的普遍遵从中获得好处：

SQ	*SQ*	*LD*
LD	*SN*	*SQ*
SN	*LD*	*SN*

任何人的排序中 LD 排在哪个位置都是没有差别的。

如果 R 既是社会契约又是惯例，在我们之间（除了可以忽略不计的少数群体外）会出现的仅有的偏好排序是以下两种，其中 SQ 的偏好程度比其他两种备选状态都要高：

SQ	*SQ*
LD	*SN*
SN	*LD*

如果 R 是一项惯例但不是一个社会契约，我们中的有些人或者所有人具有如下的偏好排序：

SN

SQ

LD

这些人陷于两难境地，他们想要废除惯例，但是没有人胆敢尽他的能力去废除它，除非他能够指望许多其他人也会和他一起参与此事。考虑这样一种极端情形：相较于现状而言，如果我们**所有人**都更偏好自然状态，惯例能够继续存在下去完全就是由于大家难以组织起来**同心协力地**不服从主权者的命令。（如果主权者看重他的地位，那么颁布第四条命令，禁止任何试图组织这类活动的行为，他就做得更好了。）所有惯例都是处于亚稳定状态的，但是与大多数惯例相比较，这个惯例倾向于更加不稳定，因为我们有激励团结起来去改变它——如果我们能这样做的话。不承认皇帝没有穿衣服的惯例不是一个社会契约。每个人都想要去破坏它，但是只有那个小男孩胆敢**独自一人**去打破它。
93 当他这样做了以后，惯例会崩溃，重新恢复到自然状态之下。

如果 R 是一个社会契约但不是一项惯例，我们中的有些人或者所有人具有如下的偏好排序：

$$LD$$
$$SQ$$
$$SN$$

我们可以有理由提出疑问，为何这些人继续遵从 R？因为不服从主权者的命令就失去了获利的机会，他们必定是在违背自己的偏好行事。

如果我们将某人的偏好视为是**所有**多多少少参与其决策的持久力量综合作用的结果的话，那么经常性做出违背偏好的行动几乎是不可能的。这肯定应当归因于那些转瞬即逝的力量，而且不同场合有不同类型的力量。既然违背偏好的行为从根本上来讲是例外情形，那就看不出来人们经常性做出违背偏好的行动如何能够成为共同知识。所以就我们最通常的偏好概念来说，几乎不可能存在这种情况，因为有些人偏好不遵从而其他人偏好遵从，一个社会契约就不是一项惯例。

然而，有时候我们从更为狭义的角度来思考偏好，将其视为由选择决定的力量综合作用的结果，**而不是**一种责任感。我们所接受的道德义务能够且确实经常性地凌驾于我们狭义的偏好之上，所以我们可以说一个人的偏好是

$$LD$$
$$SQ$$

SN

但是他违背自己的偏好，服从主权者的命令，是因为他认为自己是出于一种道德义务而这样做的。他有可能相信洛克的理论，当他一开始就选择放弃离开这个国家的机会时，他等于是向他的同胞做出了一个默会承诺，如果他们服从的话他也服从；[1]或者他可能相信约翰·罗尔斯的理论，他服从于一种公平游戏（fair play）的义务，[2]回报他自愿从他人的服从行为中所获得的利益。[3] 无 94
论哪一种观点，因为他偏好现实状态胜于自然状态，所以他具有了一种义务感。因此，对于任何社会契约而言，每个人都被赋予如此的义务条件。如果每个人都愿意认同这些义务，每个人都会尊重社会契约，无论他是不是偏好它。社会契约得以持存，而这又可能会成为共同知识，但它不是一项惯例。只要惯例定义中提及的偏好被认为是从狭义角度来理解的偏好，它就不是惯例。

如果我们回到通常的、宽泛意义上的偏好概念，“通过与之相关的参与人所认同的默会同意或者公平游戏的道德义务，许多社会契约可以维持下去”，这一点仍然是真的。但是这些被认同的义务会算作偏好的一部分，而不是作为一种由选择决定的独立力量。既然我们认同了这些义务，我们的偏好排序会是

SQ		SQ
LD	或者	SN
SN		LD

而不是

① 参见《政府论》下篇第 97 条，中译本《政府论》（下篇），叶启芳、瞿菊农译，商务印书馆 1964 年版，第 60 页。洛克此处所讲的公民在政治社会中的义务实际上从他特有的“自然法”概念中可以直接推导出来，也正是因为如此，是一种“默会的”承诺。洛克的自然法在自然状态下即存在，不需要依赖社会契约；使之成为契约的，取决于“承诺”自身的性质。——译者注

② 此处所说的罗尔斯的观点，参见 John Rawls，“Legal Obligation and the Duty of Fair Play”，in *Law and Philosophy*：*A Symposium*，Sidney Hook ed.，New York：New York University Press，1964，pp. 3－18。中译本参见《罗尔斯论文全集》，陈肖生等译，吉林出版集团有限责任公司，第 134－147 页。——译者注

③ 但是我们阐述的社会契约的内容，头脑中所想的既不是洛克的，也不是罗尔斯的，而是霍布斯的《利维坦》中那个既单纯又绝望的契约。为何人们会出于洛克或者罗尔斯的理由而不坚持霍布斯的契约？我想不出有什么理由来解释。

$$LD$$
$$SQ$$
$$SN$$

正如(对我们中的有些人来说)它们也有可能是其他的排序。所以我们的社会契约终究还是一项惯例。但它之所以是惯例,是因为我们用义务修正了我们的偏好,而这些义务之所以存在,是因为它是一个社会契约。

如此一来,一个社会契约不是一项惯例(以目前所考虑的方式而言)的概
95 率有多大,就成了一个问题;它取决于采用我们两个偏好概念中不太常见的那个概念,根据这个概念,偏好和义务相对立。

关于一个社会契约不是一项惯例,还有一种迥然不同的证明方法,产生的问题会少些。回忆一下,我们要求惯例是数个备选惯例中的一项,而一个社会契约除了自然状态外不需要其他备选项。自然状态不需要是我们通过遵从常规性而达成协调均衡的状态。霍布斯的自然状态当然也是如此:每一个人对每个人的战争不会导致均衡的结果(因为失败的一方会希望自己当初采用的是另一个策略),更不用说协调均衡了。[1] 所以一个社会契约可能因为缺乏备选项而不能成为一项惯例,即便它是某一常规性,我们借此达成协调均衡,并且因此每个人都偏好遵从它——如果其他人也这样做的话。

如果我们发现自己不断地身处某个特定的情境(不是一个协调问题),其收益矩阵如图 30 所示,并且我们所有人都常规性地行动,以达成协调均衡
96 $\langle R1,C1\rangle$。我们的常规性就是一个社会契约,而我们通过这一常规性达成协调均衡,但它不是一项惯例。因为只存在另一个稳定状态——自然状态:这就是我们每次都随机性地在 $R2$ 和 $R3$ 之间进行选择(或者是 $C2$ 和 $C3$)。我们达成自然状态后所得到的结果——$\langle R2,C2\rangle$、$\langle R2,C3\rangle$、$\langle R3,C2\rangle$ 和 $\langle R3,C3\rangle$——不是协调均衡,实际上根本就不是均衡。(我们的确能够获得一个**混合**策略的均衡组合,但这是只有在引申意义上才成立的均衡,并且它仍然不是协调均衡。)所以自然状态不是惯例,而我们选择 $R1$ 和 $C1$ 的常规性也不能成为惯例。

---

① 另一方面,在卢梭的猎鹿例子中,相对于所有人共同协作去猎鹿的社会契约而言的自然状态,是我们各自都去抓兔子的状态;而这一自然状态**的确是**我们达成协调均衡的状态。

	C1	C2	C3
R1	1, 1	−0.5, 0.5	−0.5, 0.5
R2	0.5, −0.5	−1, 1	1, −1
R3	0.5, −0.5	1, −1	−1, 1

图 30

举一个例子，假设每个星期五，我们相同的十个人前往一家中餐馆，在那儿，我们吃的菜肴中，有一盘菜是二十只炸虾。我们每个人都想吃三四只，但是为了保持彼此间良好的关系，每个人都愿意约束自己只吃两只，当且仅当其他每个人也都愿意自我约束。没有人会在意控制自我，除非他确信这样做的话能让每个人都吃到他自己的那一份，所以存在两种稳定状态：社会契约状态，每个人吃两只；或者是自然状态，争先恐后，先来者想吃多少就吃多少，直到一只都不剩。自然状态不是我们达成协调均衡的状态，所以社会契约状态不是惯例，尽管每个人都偏好遵从它——如果其他人也这样做的话。正如它应当就是如此：社会契约的确看起来缺乏惯例那种特征性的任意属性。

最后，还有一种方式，一个社会契约可能不会成为一项惯例，或者反过来，惯例不会成为社会契约：惯例定义中所要求的共同知识，不同于社会契约定义中所要求的共同知识。所以，缺少适宜的共同知识，可能会让一个常规性不具有成为惯例的资格，但未必不能成为社会契约，或者反过来，不具有成为社会契约的资格，但未必不能成为惯例。很难看出这样一种有差异的共同知识的缺失是如何能够发生的。一般而言，使得一种情形下的任何事实具备成为共同知识的条件，也能使得该情形下的所有事实都成为共同知识。

第三节　规　范 97

我所给出的惯例定义不包含规范意义上的术语：“应该”(ought)、“应当”

(should)、“善”(good)以及其他术语。我们也没有理由期待规范术语会出现在任何其他从本质上而言意义相同的定义之中。所以在我的分析中,“惯例”本身不是一个规范意义上的术语。

不过,惯例可能**成为**规范的一个类型:我们相信一个人应该去遵从的常规性。我主张它们是规范。做出遵从惯例的行动(不管是什么样的行动、什么样的惯例)意味着一些特定的、很有可能发生的后果,根据我们的共识,这些后果正是解释为何应该采取那些行动所假定的理由。

假设 R 是群体 P 在情境 S 中如何行为的一项惯例,假设我是情境 S 中群体 P 的成员,那么根据惯例的定义,不考虑 R、P 和 S 可能是什么,该假设有可能产生如下状况:

(1)与我相关的群体 P 的大多数其他成员在情境 S 中都会遵从 R。

(2)我偏好,如果与我相关的群体 P 的大多数其他成员在情境 S 中都做出遵从行为,那么我也做出遵从行为。

(3)与我相关的群体 P 的大多数其他成员在情境 S 中都有理由预期,我会做出遵从行为。

(4)与我相关的群体 P 的大多数其他成员在情境 S 中都偏好,如果其他大多数人都做出遵从行为,我也做出遵从行为。

(5)我有理由相信条件(1)～(4)成立。

让我们假设 R 是一项具有等级 1、1、1、1、1、1 的惯例,那么该假设和假设我是情境 S 中群体 P 的成员结合在一起,就意味着条件(1)～(5),即便把假设条件变得更严格,从头至尾都用“所有”替换掉“大多数”这个词,结果也不变。但是,既然我们选择允许惯例不具有那么完美的属性,我们必须用有点模棱两可的方式陈述条件(1)～(5),以便允许存在例外情况,也允许条件(1)～(5)本身存在例外情况。但是当人们决定是否遵从任何惯例的时候,条件(1)
98 ～(5)必须在**大多数**情形下成立。这样在任何给定的情形下——除非有证据证明该情形是例外情况——条件(1)～(5)中的每一个都有可能成立:所以有可能(尽管可能性要稍微弱些)它们全部都成立。

并且如果它们在任何情形下都成立,那么以下状况也成立:

(6)我有理由相信我的遵从行为符合我自身的偏好。

(7)我有理由相信我的遵从行为符合与我相关的群体 P 的大多数其他成员在情境 S 中的偏好，这样他们有理由预期我会做出遵从行为。

当条件(6)和(7)为真时，它们正是解释为什么我应该做出遵从行为所假定的理由。因为我们的确假设，如果其他条件不变，一个人应该做符合他自身偏好的事。并且我们假设，如果其他条件不变，一个人应该做符合其他人偏好的事，特别是当其他人有理由预期他会这样做的时候。那么，对于遵从任何惯例的任何行为而言，我们会认可这两个(可能的且假定的)理由解释了为何应该这样做。到目前为止我能说，我们不会认可存在任何类似的、一般化的理由解释为何不应该这样做。这就是为什么我将惯例称作是规范的一个类型的意思。

当然，对于任何遵从某一惯例的具体行动来说，会有各种各样的理由解释为何应该或者不应该这样做。[可能还会有理由相信，条件(6)和(7)不成立的情形是一种例外情况。]我们所讨论的惯例可以是通过彼此交换承诺而得到采纳的惯例，所以一个人为了信守承诺应该做出遵从行为。或者，它既是一项惯例，又是一个社会契约，所以一个人为了回报他从别人的遵从行为中所获得的利益，应该做出遵从行为。另一方面，它可能是寡头垄断者们为了固定价格，或者是小偷们为了团伙作案，而达成的一种默契，所以不应该做出遵从行为，因为这不符合公共利益。一如既往，解释为何应该或者不应该做出一项行为所假定的理由有许多，这些形形色色的理由彼此之间相互抵消；其他理由很容易胜过条件(6)和(7)。它们的重要性并非在于它们是特别重要的考虑因素。 99
相反，是因为它们具有特别普遍的性质：对于无论什么样的惯例来说，一旦涉及是否要去遵从它的时候，这两个条件都是必须要仔细斟酌的因素。

根据定义，任何假定一个人应该去遵从的惯例都是规范。现在我主张，根据定义，它同时也是社会强制施行的规范：人们预期一个人会做出遵从行为，如果不遵从的话，会易于招致他人不满的回应。因为如果 R 是群体 P 在情境 S 中如何行为的一项惯例，而我是情境 S 中群体 P 的成员，那么(根据惯例定义，不考虑 R、P 和 S 可能是什么)可能产生如下状况：

(8)与我相关的群体 P 的大多数其他成员在情境 S 中都预期我会做出遵从行为。

(9)与我相关的群体 P 的大多数其他成员在情境 S 中有理由相信条件(1)～(5)成立。

且无论何时，当条件(9)成立时，如下状况也成立：

(10)与我相关的群体 P 的大多数其他成员在情境 S 中有理由相信我的遵从行为符合我自身的偏好。

(11)与我相关的群体 P 的大多数其他成员在情境 S 中有理由相信我同时有理由相信我的遵从行为符合他们的偏好，并且他们有理由预期我会做出遵从行为。

所以如果他们发现我没有做出遵从行为，不只是我违背了他们的预期；他们还有可能会处于一种立场，推断我故意做出与自身偏好相反、与他们的偏好相反、不符合他们合理预期的行动。他们会很惊讶，并且他们会倾向于将我的所作所为解释为不诚信。他们给我打了差评，而他们的责备、惩罚和不信任就是我没有遵从惯例的行为所招致的不满回应。

100 想一想我们那个惯例的例子，当电话被掐断时，最初打电话的人回拨电话，接电话的人选择等待。假设我没有遵从该惯例，当我是最初打电话的人时我选择等待，或者当我是接电话的人时我选择回拨电话。我的同伴知道我做了什么。他知道我应当知道这样做会无法恢复通话。他也许会猜测我是在不假思索地行动；或者我太迟钝，永远也学不会这个惯例；或者我就是厌烦了和他说话，不想恢复通话；或者我预期**他**会犯上述错误中的一种，因此做出违反惯例的行为，以抵消我预期他会做出的违反惯例的行为。不管他怎么想，他对我的看法变差了，因此未来他对我有可能采取的做法也会变差。这些是糟糕的结果，避免这些结果的发生对我而言利益攸关，而这反过来又会加强我做出遵从行为的条件偏好。

第四节　规　则

我们肯定会把许多惯例称作是规则。例如，那些在第一章第五节中列出的、作为十一个协调问题例子的有效解决方案，可以很顺理成章地称作规则——虽然可能要加上限定词："默会"规则、"非正式"规则、"不成文"规则，诸如此类，但肯定不是全部所谓的规则都是惯例。让我们考虑几类反例。

有时候仅仅只是综合概括、自然规律甚至是数学意义上的真(mathematical truth)都被称作规则。这些规则可能与人类参与者的行为无关，除非人类参与者可以通过思考它们而获益。例如，在一本菜谱里我们看到如下一段话：

在此有一条极少有例外情况的基本规则：**所有**肉类如果用**较低**而不是较高的温度进行烹饪，都会变得更加鲜嫩多汁。[1]

还有这条在代数书中被称为"笛卡尔符号规则"(Descartes' Rule of Signs)的 101
定理：[2]

方程 $f(x)=0$ 拥有的正根个数不可能比 $f(x)$ 的符号变化次数更多，拥有的负根个数不可能比 $f(-x)$ 的符号变化次数更多。[3]

其他所谓的规则是策略性准则(strategic maxims)，陈述一名人类参与者为了达到某种目的可能采取什么样的行动的假言命令(hypothetical imperatives)。这些规则陈述出有关达成特定目的所采取的特定行动之倾向性的综合概括。以下就是提供给我们的"关于使用任何杀虫剂的一般规则"：

---

① B. B McLean and T. W. Campbell, *The Meat and Poultry Cookbook* (New York: Pocket Books, 1960), p. 19.

② 一般中文称为"笛卡尔符号法则"，这里为了上下文一致，所以稍做修改，译作"规则"。——译者注

③ H. S. Hall and S. R. Knight, *Higher Algebra* (London: Macmillan, 1960), p. 459.

将任何家用杀虫剂都当作毒药处理——不管它的标签上怎么写。绝对不要在婴儿房间的墙上、婴儿围栏、婴儿床、玩具或者是婴儿爬行的地方使用杀虫剂。只有需要时才购买杀虫剂，储藏在上锁的储物柜中。一旦消灭完虫子，将剩余的杀虫剂都扔到垃圾桶的最底层。[①]

以及如下这条“将十进制循环小数简化为普通分数的规则”（基于一条定理的假言命令）：

分子的求法是，从包含非循环数和循环数的实数中减去包含非循环数的实数；分母的求法是，有多少个循环数，数字中就包含多少个九，有多少个非循环数，后面就加上多少个零。[②]

这条则是培养品味的规则：

品鉴红酒的学员的第一条规则就是相信自己的味觉——相信其生理能力能够记录下和其他人一样多的感受……学员的第二条重要规则是他必须有勇
102 气改变想法。随着经验积累越来越多，感知越来越敏锐，他的品位肯定会发生变化，那些最初让人感觉很满意的红酒现在可能让人感到厌恶或者十分不悦。[③]

另一些规则是由权威机构颁布的典章制度所规定，并准许强制实施，以此种方式经过强化后的假言命令。这种规则可以出现在化工厂的告示牌上：

距离任何丙酮容器100码以内，员工禁止吸烟；违者立即开除。

“丙酮容器附近禁止吸烟”，这本身已经符合任何一名工人的利益——避免火灾，不论他的工友是不是会在丙酮容器附近吸烟，也不论管理部门有没有制定

---

① *Consumer Reports*，30（1965），No. 12，p. 156.

② Hall and Knight，*Higher Algebra*，p. 43.

③ Allen Sichel，*The Penguin Book of Wines*（Baltimore：Penguin Books，1965），p. 22.

规则禁止吸烟。官方规则提醒员工注意这一假言命令。它同时也向员工通告了如下事实：这是管理部门的政策，任何人被发现在丙酮容器附近吸烟，就会被开除。这是一个威胁或警告，[①]旨在阻止他们接下来这样做。

还有一些规则是由某个权威机构或者势力组织颁布的，以便控制某一类群体，让他们做出违背自身偏好之行为的威胁或者警告。一个战俘营可能会有这样的规则，犯人聚集在一起的人数不能超过六人，违者会遭受惩罚，十天中食物只有面包和水。地方上收取保护费的黑社会组织可能会制定这样一条规则，小餐馆每拥有十个座位就要租用一台弹珠游戏机，违者餐馆会被烧掉。既然无论其他人是否会服从这些规则，一个人服从规则的激励都是不变的(除非爆发大规模的不服从，摧毁了规则执行者进行惩罚的意愿或能力)，这类规则不是惯例。

然而，如果在规则制定者中，规则形塑出某项惯例的**内容**，在此意义上规则可能具备了惯例属性。假设战俘营的长官不论是异常严厉还是异常宽容，都会惹上麻烦，那么所有长官就会注意采纳相同的惩罚程序。如果这样的话，“超过六人聚集者，处以十天内只能喝水吃面包之惩罚”，在这些长官中就可能会成为一项惯例。规定这些惩罚措施的规则在数个战俘营施行，这在某种意义上而言具有惯例属性，但是这些规则本身不是惯例。 103

此外，将第二节讨论过的、作为社会契约的那类常规性制定成规章制度的规则不是惯例。如果我们采纳狭义的偏好概念，一个人的偏好不包含他所接受的道德义务——例如，默会同意或者公平游戏的道德义务，那么这类规则所占比重极大。这些规则对每个参与人的行为作出规定，它们会违背参与人自身(狭义上)的偏好，但是会符合所有其他相关参与人的偏好。它们是假言命令，陈述一个人应当做出什么样的行为以遵守默会承诺，一个人应当做出什么样的行为以互惠互利，诸如此类。它们同样也会带有威胁或警告，违反规则会招致具体的(制度化的或非正式的)处罚。刑事法律就是大部分由这样的规则所构成的，至少在一个缺乏法律制度的传统社会中是如此。我们的社会道德中有一部分也是这样，例如，一个人应当信守承诺的规则。有关借出图书归还

① 更多的是像一种警告。这一区分来自谢林，参见《冲突的策略》，第 123－124 页。**警告**是一项陈述，如果你做 A，而我不喜欢 A，那么你很有可能让我有了一个合适的理由去做 B，而你不喜欢 B。**威胁**则是一项声明，如果你做 A 的话，我目前的意向是做 B，不论我有没有任何合适的理由去做 B。

的图书馆规章也是这样的。

最后，有一些规则不是惯例，仅仅是因为执行这些规则伴随着处罚，这些处罚如此之严厉，使得一个人具有决定性的理由去服从这些规则，即便其他人都不服从。想一想逻辑学家有可能建立起来的使用标准符号系统的惯例，假设该惯例存在二十年之后，任何编辑都会立刻拒绝一份使用非标准符号写作的手稿。然后编辑们会订立一条规则，要求使用标准符号，一条通过禁止出版的处罚而执行下去的规则。但这就不再是一项惯例，因为每个逻辑学家都有决定性的理由去使用标准符号，不管他的同事们是不是也这样做。他仍然想
104 要使用他的同事们使用的任何种类的符号，并且如果他们全部都改用另一种符号，他愿意跟着他们这样做；但是他不太可能由于在意这一点而放弃出版的机会。（我假定编辑这一方具有某种惰性，使得他们可能在一段时期内试图坚持使用旧的标准符号系统，即便这时大多数逻辑学家都已经改用新的符号系统。如果编辑们也会立即改用新符号系统，他们执行的标准符号规则不会对其惯例属性造成任何损害。）在这些条件下，“每个人都会偏好使用一套非标准符号系统，如果其他人都这样做的话”，这一点不是真的，所以使用标准符号系统不再是一项惯例。

或许还有其他类型的所谓规则不是惯例，但上述这些是我想讲的全部反例。

很难论证某些惯例天生就不能称作是规则。（确实，很难指出存在**任何的**常规性，在**某种**背景下它不能被称作是规则。）想一想惯例和规则——这些规则是最优秀的规则——并存且相互对比的情况，比方说在一个游戏中。乔托游戏（Jotto）就可以用遵从如下规则的行为来进行界定。

有两位玩家。

每个人挑选一个包含五个字母的单词让另一位玩家猜。

每个人轮流选择给出一个包含五个字母的单词，试猜对方选择的单词；而对方则要告诉他，他的单词中有多少个字母和他要猜测的单词是一样的。

当一位玩家给出了对方选择让他猜测的单词，这时他就获得胜利。

这是规则的完美样本。它们定义了乔托游戏。像上述这几个条款，制定得十

分简单，并且还可以用来教人们怎么玩乔托游戏。违背这些规则会被认为是决定性的证据，证明一个人没有能力或不愿意玩乔托游戏。它们具有惯例性质，但是它们不是这个游戏里仅有的惯例。任何玩家群体都会发展出各种对于游戏的理解——默会的、地方性的、临时性的、非正式的惯例——来解决上述所列规则遗留下来的问题。外文单词、俚语、专有名词、首字母缩写或者是生造出来的词汇，这些单词中什么样的单词是可以接受的呢？一位玩家如果认为出现错误，他是否可以把他之前的回答重复一遍呢（不算作他的轮次）？如此等等。如果我们喜欢，我们可以将这些称作是认识性规则——不成文规 105
则、非正式规则；但是我们还会倾向于强调它们和之前所列规则之间的区别：它们不是规则，仅仅是惯例。

我希望我的例子能够给人们留下这样一种印象，所谓的规则是一类混合物，其中包含了许多有争议的内容。我们可能会产生兴趣，想要试图区分"规则"这个词包含的数种意思，希望其中一种含义会与我的惯例定义相符。我怀疑这样的研究是否会获得成功。能够举出的含义有许多种，但结果可能是这些含义之间的差别还不如它们的名字之间的差别更显著。我们似乎在处理一个特别复杂的概念群，其中不同条件的相对重要性会随着研究对象、研究者想要获得的差异程度、研究者在哲学层面先入为主的概念而发生变化。（现在就应当清楚了，为何我不是将惯例与规则相比较，而是与"所谓的规则"相比较。我想要让人们意识到我们称作规则的对象中包含着变数，但不需要说明这种变数是由于其语义模糊、概念边界不清，还是其他什么原因所造成的。）

威廉·奥尔斯顿（Walliam Alston）[①]——我认为他说出了许多哲学家想说的东西——提出如下主张：

和政治科学中的社会契约论一样，如果从字面意义上来理解，"词语通过惯例获得它们的含义"，这个观点就是个神话。但是就像社会契约论，它可能就是使用了神话虚构的形式来具体说明重要的真理，这些真理可以用更严肃的方式进行阐释。我们的立场是这一真理最好使用规则的概念来进行陈述。

---

① 威廉·奥尔斯顿（1921—2009），美国哲学家，在语言哲学、认识论和基督教哲学方面产生过重要影响。国内早年曾引进过他的《语言哲学》一书，他的名字也译作阿尔斯顿。参见阿尔斯顿：《语言哲学》，牟博、刘鸿辉译，三联书店 1988 年版。——译者注

> 亦即真正将符号区别开来的是如下事实，每种符号均由某个社群中有效实施的规则来支配它们的使用。依靠这个事实，符号具有了它们所应有的意义……以后我们可以自由地使用去除了产生错误联想的“惯例性”术语，将它作为“基于规则”这一表述的简称。[①]

106 但是如果我的惯例分析是可靠的，如果这类所谓的规则正如我的例子中所显示的那样掺杂着各种各样的含义，那么完全相反的做法才是更合适的：将我们在语言哲学家的著作中所遇到的“语言规则”理解为默会惯例。我们没有理由再被误导，错误地联想到带有明确协定的惯例。

同样，我们也不应被误导，错误地联想到“规则”一词。当一个人说语言受到规则的支配，我们很可能会想到是由某个权威机构颁布的规章制度所规定的规则，或者还没有规章制度，但很容易就能制定出来；是通过正式或者非正式处罚强制实施的规则；是在教授或批评语言使用时提到的规则。有一个人，保罗·齐夫(Paul Ziff)[②]正是由于这些错误的联想，受到误导而陷入了怀疑主义，正如我们从他对语言规则所做的谴责中见到的：

> 我关注的是常规性：我不关注规则。规则实质上与说出或者理解一门自然语言没有任何关系。
>
> 哲学家倾向于将语言想象为如下一幅画面。说出一门语言就是从事一种特定的活动，根据特定规则而进行的活动。如果违反了(或者没有遵守，或者打破了等)语言规则，语言的目的——即交流沟通——就无法实现，除了一些**偶然情况**外。在教授语言时规则就被制定下来，在批评一个人的语言能力时也会求诸这些规则。
>
> 这幅画面容许语言发生变化，语言变得更加精细、复杂，但是我不应再深究这些神秘莫测的事情。这样一幅语言的图画所能产生的，除了困惑以外什么也没有，同时它自己也是困惑的产物。讨论在自然语言中发现常规性，在这一过程中诉诸规则，就像是讨论运动定律的时候诉诸马萨诸塞州的法律一样，

---

① *Philosophy of Language*, pp. 57—58.

② 保罗·齐夫(1920—2003)，美国艺术家和哲学家，主要从事语义学和美学的研究。——译者注

二者之间毫不相干。[①]

但是如果我们将哲学家的语言规则当作语言的默会惯例来进行思考，我们就 107
能摆脱齐夫的批评。因为我们没有假设这些所谓的规则在教授语言时就被制定下来——我们甚至不需要假设语言是被教授的，我们没有假设在批评语言能力的时候需要求诸这些所谓的规则。然而我们的规则不仅仅是言辞行为(verba behavior)中的常规性。它们在言辞行为中，在有关言辞行为的预期和偏好中，在有关这些预期和偏好的预期中，如此等等，都是常规性。

第五节 遵从行为

大卫·施韦德在《行为分层》一书中[②]致力于分析规则概念。为了这个目的，他引入了一个相关概念：**遵从行为**(conformative behavior)。这一术语无需提及规则就能进行明确定义。然后施韦德的规则概念——他希望是我们日常使用的那个概念——根据遵从行为来进行明确定义。这两个概念是如此联系在一起的：规则是特定的事实，能够成为参与人行动的理由；“遵从行为是这样一类行为，它要求参与人具有特定类型的理由或者错误的理由——我们会扼要地称其为‘这就是规则’——才能做出这类行为”(p. 238)。这包含了故意**不遵从**被认为是规则的行为；具有遵从**性质**的行为不限于**只做出**遵从的行为。

施韦德的规则和遵从行为学说与我的惯例分析非常相似。[施韦德恰巧也使用了“惯例”这个术语，但是指的是非常不同的东西。因为他的“惯例”非常像 H. P. 格赖斯(H. P. Grice)[③]的“非自然意义”，我将在第四章第五节进行讨论，在此我不再做进一步的分析。]在我的定义中符合，遵从惯例的行为就是施韦德定义中符合遵从行为的行为，而且给出的理由也差不多，但还是有些不同。遵从行为包含了遵从某些不属于惯例的常规性之行为，且这些常规性也 108

---

① *Semantic Analysis* (Ithaca, New York: Cornell University Press, 1960), pp. 34—35.

② New York: Humanities Press, 1965.

③ H. P. 格赖斯，即赫伯特·保罗·格赖斯(Herbert Paul Grice, 1913—1988)，英国著名哲学家，他的语言哲学对语义学领域有着深远影响。此处的“非自然意义”，原文作 $meaning_{nn}$，具体含义参见第四章第五节。——译者注

基本上不能称作是规则。

施韦德通过陈述数个有关规则——这些是根据任何令人满意的理论都应该遵循的规则,根据他的理论则是愿意遵循的规则——之命题的方式,引入他的规则和遵从行为定义。

(1)遵从行为不仅仅是碰巧遵从规则的行为。“参与人自己必须要么遵从,要么违反规则。他之所以这样做的条件是他相信有规则存在”。(p. 241)

(2)有些规则必须预先形成,其他的则不必。但是无论在哪种情形下,规则自身都不同于该规则的形式或者陈述。

(3)规则不是,或者不仅仅是行为的常规性。更不是我们可以从行为的常规性的框架结构中概括总结形成的一般性。但是可能由于规则的存在,参与人惯常性地做出遵从规则的行为,而形成了行为的常规性。

(4)规则主要是一个社群中的参与人的规则。遵从行为假定已有社群规则,私人规则是可能的,但是它们多多少少都从属于社群规则,并且它们必须能够转变为社群规则。

(5)规则是行动的特定理由:它们是特定的一类事实,其存在被认为是为特定行为——即遵从行为——提供理由。(即便在非标准的情形下——参与人错误地以为存在一条规则,或是他的行动违反了规则——也是如此。)“一个人应该遵从规则去行动”“一个人应该避免由于未能遵守或违背规则所引致的惩罚或不便”(p. 251),根据诸如此类的原则,规则成为行动的理由。

现在我们得到了施韦德的核心命题,规则的本质是:“社群规则是一套预期机制。一名参与人遵从这样的规则,如果他的行动是出于如下理由——社群中的成员有权预期他如此行动。”(p. 252)他详细阐述道:

让我们自己受到社群规则的约束,其理由如下:一个人如果他所遵从的规则在他看来是来自其他人正当合理的预期,那么他就会遵循规则。此外,规则的存在就赋予他人能够拥有预期的权利,这样使得其呈现出“正当性”。如果社群中的成员根据社群中的其他成员正当合理地预期他们会做出的行为来调规他们的事务,那么就存在社群规则。该规则同时成为一个人会去遵从的预期,并且是使得那些预期具有正当性或者保证其正当性的规则。可以说,规则是社群共同预期的机制。当一个人遵从规则的时候,他认识到或者相信其他

109

人会预期他如此行为，他才去行动。他人被赋予具有那些预期的权利构成了他的理由。当然一个人可能会做出违反这些规则的行为，但即便是在那种情形下，一个人也必须相信其他人拥有正当合理的预期。如果一个人不知道别人对他的预期是什么，那么他既不会遵从，也不会违反规则(p. 253)。

但是施韦德仍未给出一个令他满意的遵从行为的定义，因为他仍旧在提及规则自身。他必须找到一种方式重述他那个麻烦的条件，“规则的存在就赋予他人能够拥有预期的权利，这样使得其呈现出‘正当性’”。应当存在某种规则的**特征**——能够用其他方式描述的特征。

不过，施韦德在做出进一步的分析之前，暂时将自己的论证局限于“肯定是社群规则最为基础且稳固的、最常见的情形，再加上额外的条件：(1)该社群中的一些成员是**在场的**，此时(2)参与人做出**遵从**行为，且(3)参与人和观察者可以被认为**知道**与该情境相关的全部需要知道的内容”(p. 254)。[“观察者”是与参与人没有直接联系的行为的描述者，其概念正处于施韦德的考察之下。所以条件(3)不是共同知识条件，且施韦德容易受到此类观点——让我们确立一种共同知识——的影响。]

实际上，在基础情形下的遵从行为到目前为止被描述为，通过推理过程证明其合理性的行为，推理过程如图 31 所示。(其中施韦德提及的知识，我仍然称之为预期。但是其中的差异无关紧要，因为在任何通常的情形下，预期同时 110
也就是知识。)问题在于用一种不需要提及规则本身的方式来重新描述这一部分推理过程。

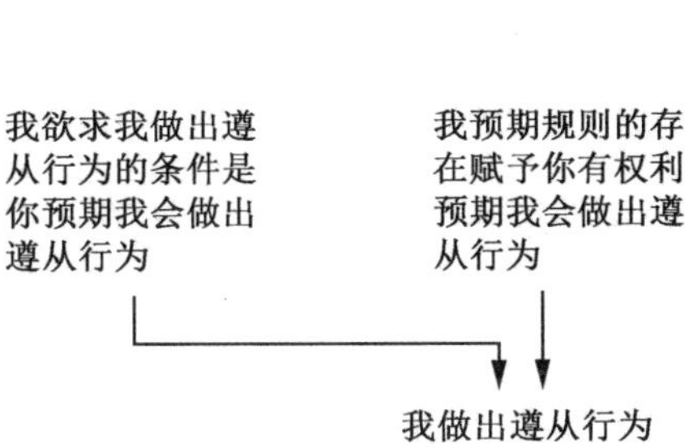

图 31

施韦德用他的程式化描述给出了解决方案：“我的行动所依据的知识是其他人知道我的行动所依据的知识是他们预期我会如此行为”(p. 256)。我认为他的意思是参与人行为合理性的证明中必定有一部分内容如图 32 所示。将这两部分的参与人行为合理性之证明结合在一起，我们发现他的证明过程必定部分如图 33 所示。我认为这是符合施韦德的遵从行为定义的行为，当且仅
111 当其能够通过适用于这一模式的推理过程进行证明，我们可以称之为**遵从行为模式**。

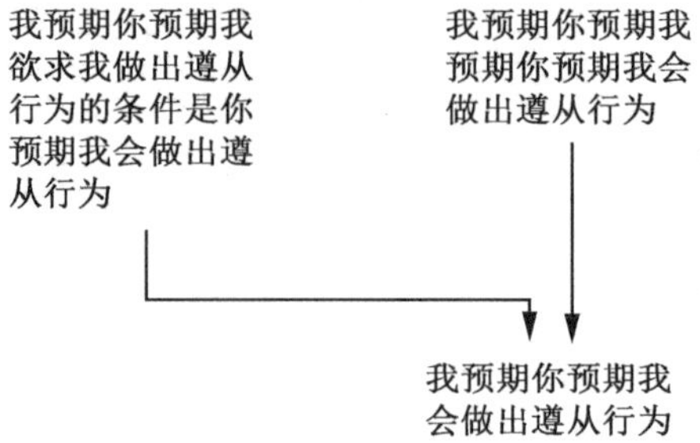

图 32

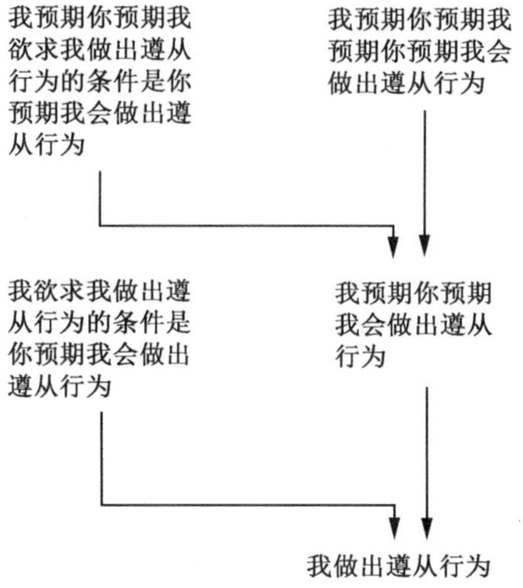

图 33

施韦德对于他的遵从行为的条件做了如下改变。在他最初的版本中，我知道其他人是根据“规则的存在”而被赋予权利预期我的行为。在他的第二个版本中，其他人被赋予权利预期我的行为是因为他们能够通过他们的知识推导得出他们的预期，他们的知识是有关我知道他们预期我会如此行为的知识，

与我会试图做预期我会做出的行为的知识的结合。此外，正是通过复制这一推理过程，我能够获得我自己的知识——有关他们对我行为的预期。

通过这一改变，施韦德成功地解析出提及规则的残余部分。现在他有关基础情形下的遵从行为定义是令人满意的，他可以摆脱限制做出进一步的分析，而不会陷于循环论证的困境，将**规则**定义为那些有关行为的共同预期，这类预期包含在遵从行为之中，作为行动的理由。规则只是参与人社群中的其 113
他成员以指定的方式推导得出的有关行为的那些预期。

接下来施韦德通过放松有关基础情形的限制条件拓展了他的定义。他给出了参与人社群中无人在场时的遵从行为的定义，给出了参与人违反规则而行动时的遵从行为的定义，给出了参与人误解了规则的存在时遵从行为的定义，给出了相关规则属于私人规则、潜在的公共规则时遵从行为的定义，但是我们不再继续探讨这些扩展定义。因为施韦德在基础情形下的遵从行为定义与我对遵从惯例的行为分析最为接近。

当我们思考有关遵从惯例的一个行为的任何例子——根据我的分析——时，也会发现其满足施韦德有关基础情形下遵从行为的定义。这不是巧合。无论何时，当我遵从一项惯例，我的行动通过复制推理过程来证明其合理性；层层复制相互嵌套的深度只受到有关理性的辅助前提条件之有效性的限制。简便起见，考虑两人情形的例子，不考虑理性前提条件的使用，如图 34 所示，我的合理性证明过程可以通过我们通常的复制推理过程模式呈现出来。

但是还有一种不同的方式来呈现本质上相同的、对于我的行为合理性的证明过程。考虑上述模式中任意两个相邻的阶段。两个阶段相结合，经由对于行为的一个$(n+1)$阶预期的中间步骤，它们将我对于行为的一个$(n+2)$阶预期转变为对于行为的一个 n 阶预期（或者，如果 $n=0$，那就变成了行为决策）。但是相同的推理过程——同样的前提、同样的结论——能够以不同的次序、不同的中间步骤展开。例如，最后两个阶段能够如图 35 所示重新排列。

同样的前提将我引向同样的行为，但是以不同的次序使用这些前提条件，出现了新的中间步骤——我有欲求做出遵从行为的条件是你预期我会这样做。给定这一步，我对于你会做出遵从行为的预期就变得多余了。从头至尾重新排列每一组阶段，我们获得了**重新排列的复制模式**，如图 36 所示。现在我们就能够发现遵从行为的模式只是重新排列的复制模式的中间那部分（以 114

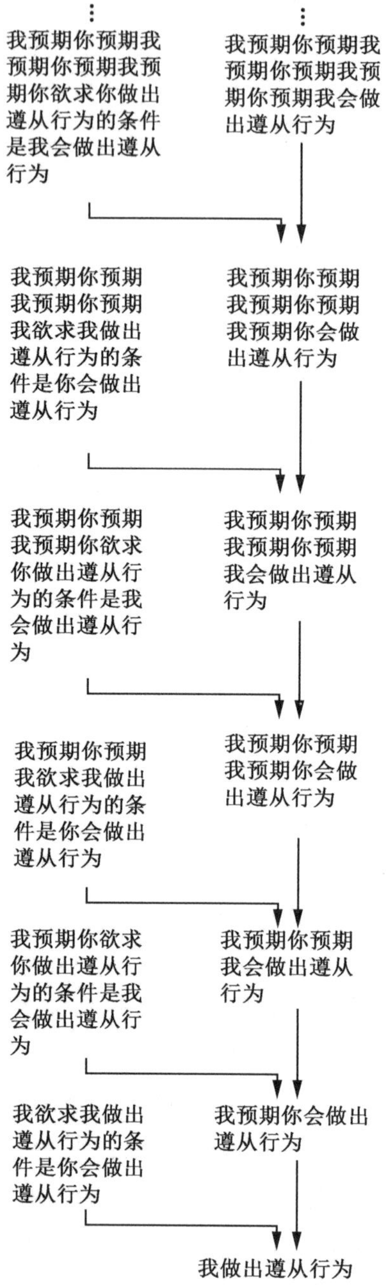
我预期你预期我预期你预期我预期你欲求你做出遵从行为的条件是我会做出遵从行为
我预期你预期我预期你预期我预期你预期我会做出遵从行为
我预期你预期我预期你预期我欲求我做出遵从行为的条件是你会做出遵从行为
我预期你预期我预期你预期我预期你会做出遵从行为
我预期你预期我预期你欲求你做出遵从行为的条件是我会做出遵从行为
我预期你预期我预期你预期我会做出遵从行为
我预期你预期我欲求我做出遵从行为的条件是你会做出遵从行为
我预期你预期我预期你会做出遵从行为
我预期你欲求你做出遵从行为的条件是我会做出遵从行为
我预期你预期我会做出遵从行为
我欲求我做出遵从行为的条件是你会做出遵从行为
我预期你会做出遵从行为
我做出遵从行为

图 34

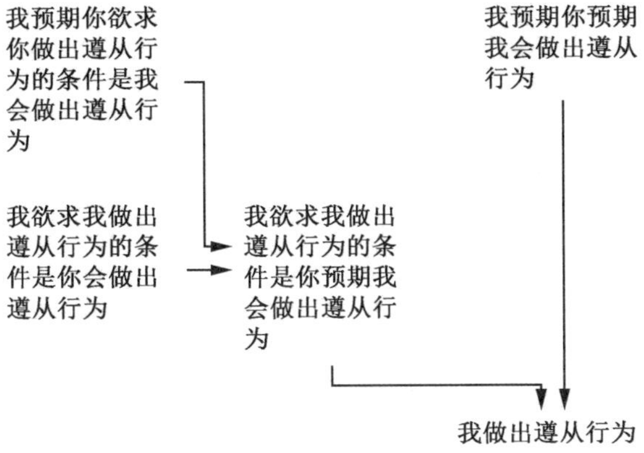

图 35

虚线为界)。从中可以推出,任何遵从惯例的行为,经由复制推理过程,以及由此而产生的重新排列的复制推理过程,证明其合理性后,符合施韦德定义的遵从行为。

然而,反过来则无法成立。假设我想要做出遵从行为,如果其他人预期我会这样做,但是却缺少了有关“**因为**他们预期我会做出遵从行为,**他们**会做什么”这一步推理。那么对于我的行为合理性的证明过程就不能适用于重新排列的复制模式。因为左侧这一栏没有了,我的行为就不能说是遵从惯例的行为。但是我的合理性证明过程可能仍然适用于遵从行为模式。如果这样的话,我的行为是遵从行为。我会成为在此情境下的唯一一名**参与人**,其他人仅仅作为假设对我抱有预期的人而参与其中。我也许只能试图向我自己证明我不会辜负其他人对我抱有的预期,如果我想要这样做的话。我也许想要他们认为我是一个迟钝的、不会做出出人意料举动的家伙。我也许想要避免让他们失望或者惊讶。无论是哪种情形,我所采取的行为正如我的行动“所依据的 116
知识是其他人知道我行动所依据的知识是他们预期我会如此行为”。但是这些情形下的遵从行为似乎并非施韦德所设想的情形。它们不符合他的公式,“我出于‘这就是规则’的理由而行动”。我**实际上**是出于“这就是他们的正当预期”的理由而行动——且正当性是“权利”那类意思,但是在此类情形下他们的正当预期不可能被称作为规则。

施韦德通过仅要求重新排列的复制模式的中间部分——不是整体——就

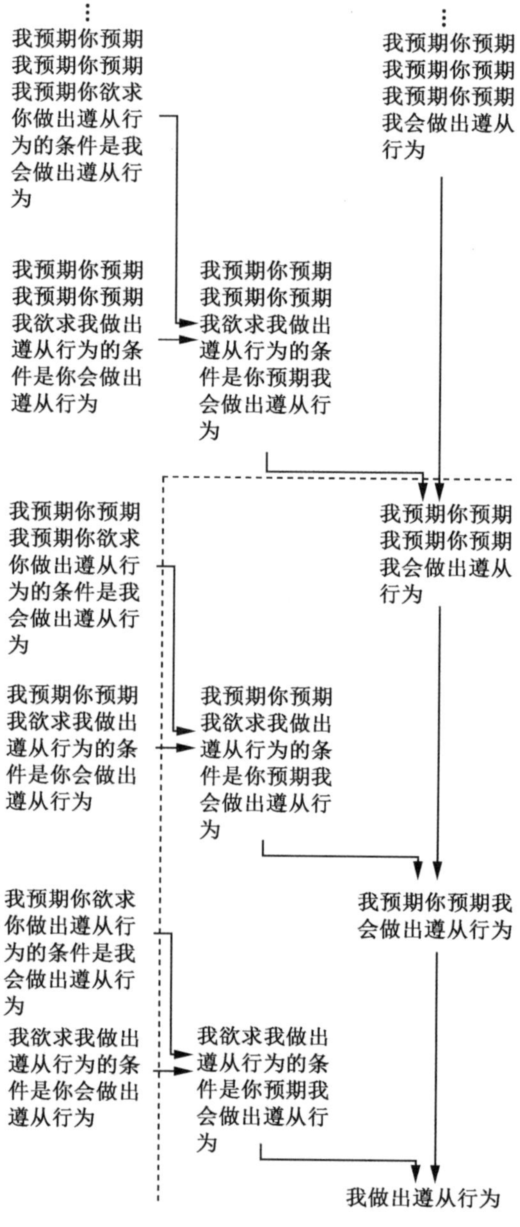

图 36

得到某种一般性，但是不清楚为何这种一般性是必要的。并且为了换得一般性，他牺牲了一个重要事实——有意做出的那类遵从行为，即我想要遵从你们的预期，**是因为**通过这种方式我预期你会按照你的预期而行动。如果我认为你不会按照你的预期而行动，我会关心的是你会如何行动，而不是你的预期是什么。当这一事实被忽略了之后，我们对于现象的理解就会发生极大的扭曲。

还有第二种方式使得遵从行为不必是遵从惯例的行为，即便对于行为合理性的证明适用于整个重新排列的复制模式。通过复制推理过程证明合理性，并因此通过重新排列的复制过程来证明合理性，可以应用于**任何**属于真正的均衡的行动。但是该均衡不必属于一个协调问题，也不必是一个协调均衡。它甚至可能是一个纯冲突博弈中的唯一均衡。

假设出于某种原因，我们每组人必须常常玩一个叫作猜硬币（penny matching）的游戏——带有“不出”选项，通过收益矩阵展现的这个博弈如图 37 所示。这是一个纯冲突博弈：行一选择方和列一选择方必须同时进行游戏，说“不出”，得到收益（$R1$ 或 $C1$）；硬币正面朝上放，得到收益（$R2$ 或 $C2$），硬币反面朝上放，得到收益（$R3$ 或 $C3$）。如果两人的硬币都是正面或反面，列一选择方拿走所有硬币。如果一个是正面一个是反面，行一选择方拿走所有硬币。如果两人都说“不出”，则各自保留自己的硬币。如果只有一人说“不出”，另一人则要付给他半枚硬币的钱。唯一的均衡是〈$R1$，$C1$〉，这不是协调均衡。

	$C1$	$C2$	$C3$
$R1$	0, 0	0.5, −0.5	0.5, −0.5
$R2$	−0.5, 0.5	−1, 1	1, −1
$R3$	−0.5, 0.5	1, −1	−1, 1

图 37

除非我非常确信你会选择硬币正面朝上放（或者反面朝上放）——在这一 117
情形下我应当选择硬币正面或者反面朝上放（视情况而定）以赢得胜利，否则我应当选择“不出”。特别是，如果你选择“不出”，我偏好“不出”。如果我们经常一起玩，那么一旦这个游戏的特质在我们之间成为共同知识，我们每次都会选择“不出”。在我们之间，选择“不出”是共同知识，而我们之所以这样做，是因为我们预期彼此都会这样做。

当我选择“不出”时，我的行动是遵从行为。其合理性证明过程适用于重新排列的复制模式，并且**更有理由**适用于遵从行为模式。我正在进行的行动所依据的知识是你被赋予权利预期我会选择“不出”，或者——更精确地说——是你知道我行动所依据的知识是你预期我会选择“不出”。

但是我们的常规性——选择“不出”——不符合惯例的定义。证明将它排除在外的理由是它与明确是惯例的情形之间存在着两处重要的差异：(1)参与人的均衡不是协调均衡。他们不是为了共同利益进行合作，而是由于利益完全相悖，陷于僵局而不得不妥协。没有一方对$\langle R1, C1\rangle$是满意的，也没有一方能够靠自己单方面做出不同的行为而获得更好的结果，但是彼此间都希望对方能够做出不同的行为。(2)参与人的均衡是唯一可能的均衡。对他们而言不存在任意的均衡，不可能有其他潜在的方式采取好策略和准确的共同预期
118 进行博弈。同样，也不能自然而然地称我们的常规性是规则，除非在某种程度上来说**任何**常规性或者任何策略性准则有时候都可以称作规则(施韦德肯定不想他的概念无所不包)。这必定是另一类施韦德未能想到的遵从行为，因为它不是——直觉上而言——出于“这就是规则”这个理由而采取的行动。

施韦德的规则和我的惯例之间还存在最后一处差异，之所以要提及，仅仅是因为读者可能已经注意到了。对于施韦德而言，规则是一套可能产生出惯常行为的预期机制。对于我来说，惯例是通过一套预期机制产生出来的行为的常规性。施韦德想要允许(在他的基础情形的一个拓展中)包含规则在大多数时候被打破的情形。这种一般化处理对于他所分析的“规则”而言可能是合理的，但是不适用于我所分析的“惯例”。我所关注的情形是我们既具有常规性又具有预期，在这样的情形下常规性是核心。但这一差异只是表面现象。如果我们以如下形式重新改写我们的分析，“规则(惯例)存在，当且仅当……”——而不是“规则(惯例)是……”，这一差异就会消失。

第六节 模 仿

某个人属于遵循某项惯例的群体中的一员，他遵从某个常规性是因为如

果特定的其他人都做出遵从行为的话，他做出遵从行为符合他的利益，是因为他——有权利——相信其他人会做出遵从行为。他如此行动是因为他预期其他人也会如此行动。简言之，他在模仿他们。但是我们不应当得出结论说，任何源自某类相互模仿并依靠相互模仿而持存下去的常规性，因此而成为惯例。有一些情形下，某个群体中的每一位成员做出遵从某个常规性的行为是因为其他人也这样做，而该常规性仍然不是惯例。

有时候，人们彼此照着对方的样子行动——比方说言谈举止，基本上并没有意识到他们正在这样做。给定一个群体完全由这样一群人组成，一种言谈举止能够通过相互模仿而得以传播并持存下来。但是对任何人而言这样做都与偏好无关（除非我们把一切倾向性都算作一种瞬时偏好）。每个人只是简单 119
地做了某事，并不关心，也几乎不知道他究竟做了还是没做。所以**更有理由说**，在如果其他人这样做他也如此做的时候，他的行为无关乎任何利益，而由此产生的常规性不是惯例。

有时候人们彼此效仿对方的偏好。一个喝咖啡的人身处一群喝茶的人当中，可能不知为何就开始偏好喝茶。不是说如果其他人都喝咖啡他就偏好喝咖啡，其他人都喝茶他就偏好喝茶。起先，不管别人偏好什么，他都偏好喝咖啡；到后来，他偏好喝茶也正像之前那样是无条件的。但正是由于接触了喝茶的人，才引起他的改变。通过观察他的适应过程中出现的时滞现象；或者是跟他打个赌，如果他的邻人们都转而喝咖啡，就给他无限量供应的茶，观察他的偏好会是怎样的；我们能够说我们所处理的是变化不定的无条件偏好概念，而不是固定的条件偏好。给定一个完全由偏好效仿者组成的群体，与他们一致的偏好和行为能够通过相互模仿而得以传播并持存下来，但是由此产生的常规性不是惯例，因为遵从常规性的行为所符合的是一种无条件偏好。

有时候人们会彼此信任对方的实践判断：相信别人，他们做出某种行为大概有恰当的理由，我可以从他们的行动中推断他们知道我所不知道的某些事——这构成了我也做出相同行为的恰当理由。我会穿上雨衣——因为其他人这样做，认为大概他们穿雨衣是因为他们听到了天气预报说会下雨。这类模仿行为既无关乎偏好的变化，也无关乎以他人的行动为条件的偏好。不管是我看见我的邻人们穿着雨衣之前还是之后，我的偏好都是穿上我的雨衣，当且仅当天将要下雨。这才是我的偏好，不管其他人会做什么。他们穿雨衣的行为使得我也穿雨衣是因为我把他们的行为当作证据：证明他们预期会下雨（间接地，通过我——对于有可能造成他们预期的原因——长久以来所持有的信念），因而证明天可能会下雨。在一个正是由此类相互模仿行为的人们所组
120 成的群体中，一个常规性可以传播并持存下来。有可能某一天会发生镇上的**每一个人**都穿上雨衣，因为他看见其他人也穿上雨衣，从而——或许足够合理，①但却是错误地——推断他们大概听到天气预报说会下雨。（起头的那个人一开始肯定是个例外，因为他在其他人还没有穿上雨衣之前就穿上了雨衣。但是不论他最初的理由是什么，如果他在之后因为看见其他人都穿了雨衣，所以他还是穿着雨衣，他就和其他人没什么差别了。）这一常规性不是惯例。支持人们这样做的偏好不是基于“其他人做出遵从行为”这一条件的。

即便当人们的确是因为“做某事，如果其他人也这样做”这一条件偏好，而相互模仿的时候，通过这一相互模仿行为而持存下来的常规性仍旧不必然是一项惯例。因为这可能并非是利益一致超越利益冲突而占主导的情境，会维持着某种类型的均衡，但它可能不是一个**协调**均衡。譬如，在前一节的纯冲突例子中，每个人都具有条件偏好，如果对方选择“不出”，自己也这样做。这一偏好使得一个常规性可能出现，根据该常规性，每个人每次都选择“不出”，因为其他人也这样做。但是我们看到这一常规性不是惯例。虽然每个人都对他自己的选择感到满意（给定对手的选择），但是没有人对他的对手的选择感到满意（给定他自己的选择）。每个人都想要遵从该常规性——总是选择“不出”，如果其他人同样也遵从它的话；但是当其他人不遵从的时候，每个人更乐意选择做出遵从行为。另一方面，在一个具有真正惯例的情形中，每个人想要做出遵从行为，如果其他人也这样做，且每个人想要其他人做出遵从行为，如果自己这样做。

现在我们已经区分了五种纯粹的、由相互模仿而得以维持的常规性：惯例
121 自身和四种仿惯例的产物。它们的不同之处在于相关模仿行为的类型，通过模仿过程，行为在他人那里创造出相似的行为。到目前为止，所考虑的每一种情形都只与单独一种类型的模仿有关，但是同样有可能存在混同类型，数个类

---

①　在推断和做出他的行为的时候，每个人都有完全充分的理由，这是可能的（尽管当他得知发生了什么事情的时候，没有人会这样想）。群体表现出来的非理性可能与其成员的任何非理性行为都没有关系。当一个人看见人们穿雨衣就预期会下雨，这没有做错，即使这一次这样做的结果很糟糕。

型的模仿行为以不同的构成混合在一起相互模仿，借此而得以维持的常规性。似乎有理由说，我们所知的时尚、潮流、恐慌、骚乱以及风靡一时的行为，它们就是由数种类型的相互模仿共同创造出来的产物。假设今年我们系米色领带，每个人都这样做是因为其他人也这样做。摩根追随这股时尚，却并不知道自己正在这样做；当他随意地挑了一条领带，他正好碰巧选择了米色这款。琼斯系着米色领带，是因为他喜欢这颜色；但他不知道的是，他的品位是由流行的时尚所造就的，并且会随着时尚而改变。格里菲斯系着米色领带是因为他错误地以为其他系米色领带的人是由于发现了米色具有某种特殊的功能性优点，而这也会对他有利。欧文和托马斯只是都想要系其他人会系的、任何颜色的领带而已；但是欧文希望偶尔能发现不这样做的人，他可以嘲讽嘲讽；而托马斯则希望没有不这样做的人。每一个人都以自己的方式追求时尚，通过混合类型的相互模仿，系米色领带的时尚得以持存并传播开来。

当一个好点子突然流行起来的时候，我没有将其算作是通过相互模仿而产生的常规性。这种常规性是通过模仿而传播开来的：就像人们发现其他人做的是什么，并且意识到他们做相同的事会获利。但是这种模仿不是相互之间的模仿——不存在两个人相互向对方学习窍门的情况，并且这种常规性不是通过模仿而得以持存的。一旦一个人起了头，每个人都会继续做下去，因为他可以从他所做的行为中获得好处，而不管其他人是不是也跟着做。

第四章　惯例与沟通

第一节　信号示例

到目前为止，我们已经考量了一般意义上的惯例。现在我们转向一类特别重要的惯例：根据这些惯例，我们赋予适当的行为以信号的意义。

通过具有惯例性质的信号进行交流沟通是一种司空见惯的现象，如此平常以至于我们必须尽力不要将它视作是理所当然的现象。我们能够运用所有我们想要的任一默会理解，而不需要将之清楚地表达出来。当我们赋予行为以意义，开始说行为是信号的时候，就会出现上述情况。这种老生常谈并不能让我们无需依赖之前产生的默会理解，就可以进一步地描述发信号现象。所以让我们换一种方式来描述这类现象，不涉及任何的意义。

想一想一名信号发送者和信号接收者——例如，老北教堂（Old North Church）[①]的司事和保罗·里维尔（Paul Revere）。[②] 司事根据某套应变预案行动，例如：

*R*1：如果看到红毛鬼子[③]待在家里，钟楼上不挂灯。

---

① 老北教堂，即波士顿市基督堂（Christ Church in the City of Boston），后文中的信号例子，即引申自这个教堂在美国独立战争期间的故事。——译者注

② 保罗·里维尔（1735—1818），美国银匠，美国独立战争期间负责为美国民兵传递消息和组建预警系统，后文的信号例子的原型据说就是里维尔的午夜报信方式。美国诗人朗费罗（Henry Wadsworth Longfellow，1807—1882）曾写过一首诗，《保罗·里维尔骑马来》（*Paul Revere's Ride*，1861）。而这里提及的教堂司事是罗伯特·纽曼（Robert Newman，1752—1804）。——译者注

③ 原文 redcoat 指的就是旧时英国士兵，因为他们的制服主体颜色是红色。中文语境中“红毛”泛指所有西洋人（白人），是蔑称，最早源自 16 世纪闽南地区人们对葡萄牙人和荷兰人的称呼，在本书中特指英国士兵。——译者注

如果看到红毛鬼子经陆路而来，钟楼上挂一盏灯。

如果看到红毛鬼子经海路而来，钟楼上挂两盏灯。

或者

R2：如果看到红毛鬼子待在家里，钟楼上挂一盏灯。 123

如果看到红毛鬼子经陆路而来，钟楼上挂两盏灯。

如果看到红毛鬼子经海路而来，钟楼上不挂灯。

或者

R3：如果看到红毛鬼子待在家里，钟楼上挂一盏灯。

如果看到红毛鬼子经陆路而来，钟楼上不挂灯。

如果看到红毛鬼子经海路而来，钟楼上挂两盏灯。

（不挂灯、挂一盏灯和挂两盏灯的应变预案还有三套，再加上包含其他行动的预案还有无数套——挂三盏灯、挂有颜色的灯、摇动灯笼、挂一面旗帜等）保罗·里维尔根据某套应变预案行动，例如：

C1：如果看到钟楼上没有挂灯，回家睡觉。

如果看到钟楼上挂一盏灯，警告乡间的民兵红毛鬼子正经由陆路而来。

如果看到钟楼上挂两盏灯，警告乡间的民兵红毛鬼子正经由海路而来。

或者

C2：如果看到钟楼上没有挂灯，警告乡间的民兵红毛鬼子正经由海路而来。

如果看到钟楼上挂一盏灯，回家睡觉。

如果看到钟楼上挂两盏灯，警告乡间的民兵红毛鬼子正经由陆路而来。

或者

C3：如果看到钟楼上没有挂灯，警告乡间的民兵红毛鬼子正经由陆路而来。

如果看到钟楼上挂一盏灯，回家睡觉。

如果看到钟楼上挂两盏灯，警告乡间的民兵红毛鬼子正经由海路而来。

124 给定他们两个人的应变预案相结合，能够确保保罗·里维尔得以警告乡间的民兵红毛鬼子正经由陆路而来，当且仅当教堂司事看到他们经陆路而来；保罗·里维尔得以警告乡间的民兵红毛鬼子正经由海路而来，当且仅当教堂司事看到他们经海路而来(其中允许存在干扰和错误)。那么他遵循哪一套应变预案是无关紧要的。每个人必须根据他对于另一人之选择的预期，选择某一应变预案，并依照该应变预案采取行动(在这个例子中，根据一项明确的协定形成了一个预期)。他们所处的情境是如图 38 所示的一个协调问题。如果他们达成了其中一个协调均衡，那么就出现了成功的沟通；例如，历史上真实情况是〈$R1$,$C1$〉，或者〈$R2$,$C2$〉、〈$R3$,$C3$〉……这些行动组合确保保罗·里维尔会发出正确的警告信息。如果他们达成像是〈$R1$,$C3$〉这样一类行动组合，就会出现有条件地获得成功的沟通：保罗·里维尔可能发出或者没有发出正确的警告信息，这取决于红毛鬼子做了什么。彻底失败的情形是像〈$R1$,$C2$〉这类行动组合，确保无论怎样保罗·里维尔都会发出错误的警告信息。

	*C*1	*C*2	*C*3	…
*R*1	1, 1	0, 0	0.5, 0.5	
*R*2	0, 0	1, 1	0.5, 0.5	
*R*3	0.5, 0.5	0.5, 0.5	1, 1	
⋮				

图 38

现在我已经描述了一个发信号例子的特征，且没有提及信号的意义：两盏
125 灯意味着红毛鬼子会经海路而来，或者是其他任何的意思。但是看起来并没有落下任何重要的内容，因此已经说出来的内容中必定暗含着信号自身的意义。

我们不应产生困扰，认为这是一个协调应变预案的问题，而非——如之前所遇到的协调问题那样——协调行动本身的问题。我们将参与人对于某一应变预案的**选择**作为一个行动来处理，这一行动是他的行为——选择某一应变预案并且之后根据该应变预案采取行动——中的一部分。我们认为一名参与人根据应变预案所采取的行动由两个阶段所构成：选择应变预案和执行所选择的预案。他的选择集中于第一个阶段；他运用其能力发现哪套应变预案得以顺利进行则集中于第二个阶段。参与人的协调问题只存在于第一个阶段。例如，如果教堂司事看到红毛鬼子经海路而来之后挂了两盏灯，他可能是根据 $R1$ 或者 $R2$ 或者 $R3$，或者任何其他的应变预案而这样做的。我们认为不同应变预案之间的差异对于他的行为之影响是很重要的，但即便如此，这类差异最终也是无关紧要的。

在这个例子中，教堂司事和保罗·里维尔就某个单一的场合所发出的信号达成一致。在其他例子中，同样的发信号机制——特别是一名信号发送者和一名信号接收者之间的应变预案中，类似的协调均衡的行动组合——可能重复出现，不需要每次都达成新的协定。信号发送者和信号接收者执行这样一组应变预案所依据的常规性就是一项惯例。

让我们思考五个发信号惯例的例子。[①]

(1)国际信号代码系统(International Code of Signals)列出了与特定境况相对应的信号旗。也就是说，它以如下形式给予船只(严格来说是船员们)一套应变预案：如果处于如此这般的境况，则升起如此这般的旗帜。对于看到附近船只上的旗帜的船只而言，还有一套互补的应变预案：如果船只升起如此这般的旗帜，它基于如下假设，船只处于如此这般的境况，采取恰当的行动。船只的确惯常性地根据这两类互补的应变预案采取行动。一艘正在进行航速测试的船只会升起一面左白右蓝的旗帜，其他船只看见了这面旗帜会为它让路。 126
一艘装卸爆炸物的船只会升起一面左白右红的旗帜，其他船只看见了这面旗帜会采取合适的防备措施。一艘船员发生哗变的船只会在一面黄、红色对角线条纹的旗帜上方升起一面红底、黄色十字的旗帜，其他船只看见了这两面旗帜就会尽他们所能给予帮助。

---

① 在后文中，刘易斯实际上列举了六个例子。——译者注

根据如此一组应变预案采取行动的常规性就是一项惯例。任何船只，当它处于这类事先列明的某一境况中的时候，或者当它看到附近船只升起的旗帜的时候，都确实会遵从这一常规性。它之所以做出遵从行为是因为它预期其他船只也会做出遵从行为——特别是那些与它相关的船只就像是信号发送者和信号接收者或者是信号接收者和信号发送者之间的关系，并且如果其他船只遵从这一常规性，它偏好遵从这一常规性，或者任何相似的常规性。它们共有这一偏好。在船只群体中，这些条件的成立是共同知识。

支配信号旗的惯例是一种相对正式的事务。它根据现在参与其中的部分成员作为代表所达成的明确协定而产生；它由明确的条例所规定；一旦违反，就会遭受惩罚，无论其他成员是否遵从。例如，如果一艘船只未能升起规定的旗帜，它就有可能要为一起事故负责，即使那部分信号代码已经逐渐废弃不用了。但是如果船只对于其他船只的境况做出恰当回应是很重要的话，那么又遇到了这个问题，如果这一独立的动机与惯例相一致，那么它就是多余的；如果不一致，那么惯例比它更重要；无论哪一种情况，它都不是决定性因素，因而不会削减信号代码中蕴含的惯例属性。

(2)现在我们转而思考一类极其非正式的发信号惯例：助手站在卡车后面给司机打手势，帮助他将车开进一处狭小的空位。在此没有协定、没有权威的参考书，没有制度化的执行机制，没有说教。但是具备一套惯例性质的信号系统所需的要素：助手如何打手势取决于卡车的位置，司机如何驾驶车辆取决于
127 他看到的助手的手势。所以如何驾驶车辆间接地取决于卡车的位置，这一依赖关系服务于助手和司机的共同利益——将卡车驶入那处空位。

助手可以根据卡车位置的不同打出不同的手势。司机可以根据助手不同的手势，以不同的方式驾驶车辆。其他相互依赖的行动组合中的某些组合也能够表达出相同的开车和卡车位置之间的依赖关系，能够同样做得很好——将卡车驶入那处空位。助手之所以打出那样的手势，是因为他预期司机会做出那样的回应；而司机之所以如此回应，是因为他预期助手会打出如此的手势。从经验——助手和司机在过去有过先例，根据同样的依赖关系打手势和做出回应——中，他们得出这些预期。

他们的行为遵从一种惯例性质的常规性。这是一种很难描述的常规性，只是因为很难将一种手势或者驾驶车辆的方式描述得足够详细以至于能够确

认它的实质是什么。然而有经验的助手和司机的确大致上会做出遵从行为、预期出现遵从行为、识别出遵从行为，而不需要依赖有关他们行为的常规性之描述的帮助。

假定我们将应变预案理解为仅仅是一种**能够给出（但未给出）的**描述，描述他们的行动是怎样的取决于他们的观察，那么我们能够说我们中的助手和司机是根据他们各自的应变预案而采取行动的。在例子（1）中，信号发送者的应变预案和信号接收者的应变预案远不止如此：它们是**业已给出的**描述，描述境况和旗帜之间的依赖关系，而这种依赖关系之所以能够得以维系，部分是因为参与人能够查询这类描述从而知道该做出什么样的行动。

一般而言，必定存在某种中介机制使得参与人的行为以某种确定的方式依赖于他的观察。这种机制必须足以被参与人所掌控，他能够通过其创造自己所想要获得的依赖关系。这类机制中的**一种**，是有关参与人所要查询的那类欲求的依赖关系之描述。但是在目前这个例子中，我们没有理由认为助手 128
或者司机拥有的那种创造依赖关系的机制中包含了有关他所欲求的依赖关系——或者任何相似的内容——之描述。

开头这两个例子展示的是标准类型的发信号现象，正式和非正式的形式；第三个例子是一个小小的变形；第四、第五和第六个例子则出现更多的变化。

（3）有一个人用做记号的方式开辟道路，这条道路采取的路线取决于他认为对其他人来说是可以走的最佳路线。他的行动只有这一次就结束了，但是他留下的道路痕迹却会留存很长时间。当其他人后来沿着他的道路行进时，他们选择什么样的路线取决于观察到的、他的行动留下的痕迹，从而他们选择了那人所认为的最佳路线。

之前的例子中，在一组组信号发送者和信号接收者之间，我们拥有独立的协调问题序列。这个例子中，每一条道路都向我们给出了许多个两人协调问题，而所有这些协调问题中的一方都是道路开拓者。那些后来者都必须选择他们的应变预案，以便与道路开拓者最初选择的应变预案达成协调一致。道路开拓者必须选择他的应变预案，以便与每一个——或者尽可能多的——后来者在不同场合中所选择的应变预案达成协调一致。有多少种后来者追寻道路的场合，就有多少个不同的协调问题。随着时间的流逝，这些协调问题数量不断增加，以至于后来者必须具有的应变预案是应对可观察到的、有道路开拓者之行动所留下的痕迹，而非应对有关那些行动自身之观察。

(4)铁路安装了自动信号系统：信号灯以及使得信号灯标识显示的位置取决于前面铁轨占用情况的机械装置。这里不存在根据应变预案做出可观察到的行动的信号发送者，取而代之的是安装机械装置的那名最初参与人，以及之后根据应变预案运作的机械装置。和例子(3)一样，存在任意多个两人协调问题，其中一方——那名选择将应变预案植入机械装置中去的参与人——都是
129 一样的。但是在这个例子中，那名为发送信号的机械装置选择应变预案的参与人自己并没有根据应变预案做出行动。

或者火车根据信号灯开开停停可以是自动化运行。在一条铁路上火车是自动化的，而信号灯则是手动操作的，每一名操作信号灯的参与人都涉及一个两人协调问题，其中有一名参与人一次性地选择将应变预案植入火车。(在一条铁路上火车和信号灯都是自动化的，那么只有单独一个协调问题，一名参与人选择将应变预案植入火车，一名参与人选择将应变预案植入信号灯。)

(5)一个自动化的红绿灯被安装在一个十字路口来指挥交通。其中一条马路的红绿灯显示红灯，另一条马路则显示绿灯，一直如此。它周期性地变换，不依据任何应变预案。(任何时候)十字路口的司机都**确实**根据如下应变预案行动：红灯停，绿灯行。这样他们可以安全且轻松地通过十字路口。司机们——红绿灯信号的接收者——达成了一个协调均衡。(再一次，高速公路巡警所给予的、独立的激励是多此一举，如果这些激励与惯例相一致的话；如果不一致，则惯例比这些激励更重要，因而不会削减常规性中任何的惯例属性。)

在这个例子里，协调完全存在于信号接收者群体中。没有人扮演信号发送者的角色，红绿灯不是信号发送者，安装红绿灯的人也不是信号发送者。没有人为红绿灯选择应变预案，它没有应变预案。它仅仅是一处地点的一个特征物，司机们能够通过它来调节他们自身的协调问题。有人对它的存在做出回应，这一点至关重要：如果我们建造了永久性的红绿灯，而我们的后代忘记了它们是人工制作出来的物品，这些红绿灯仍然可以指挥交通，它们仍然是信号装置。即便是冉冉升起的月亮也能成为信号装置——比方说作为发动起义的信号，尽管它将是一次性的、预先安排好的信号，而非具有惯例性质的信号。

(6)许多人轮流骑同样的几匹马。当他们想让拉车的马儿向右拐的时候，他们就大喝一声“驾”；当他们想让马儿向左拐的时候，他们就大喝一声“吁”。

当有一匹马听到“驾”却没有向右拐，或者听到“吁”却没有向左拐的时候，他们就给那匹马一鞭子。人是信号发送者，马是信号接收者，二者都按照互补的应 130
变预案行动。但是选择应变预案的协调问题，以及解决该协调问题的惯例，却只存在于人类之中。马仅仅是牲畜，它们所做出的反应正是它们被驯化而要做出的反应。为了维持马匹得以驯化的状态，为了从它们的驯化中获得好处，人类必须相互协作。

第二节　分析发信号现象

现在我们大致了解了发信号问题、发信号机制以及发信号惯例，我们应当如何界定它们？

在这一节里我将讨论局限于**双边**发信号现象，其中所需的协调是信号发送者和信号接收者之间的协调。保罗·里维尔和教堂司事的例子，以及前三个发信号惯例的例子，都是双边的。后三个例子所展示的是**单边**发信号现象，其中所需的协调要么是信号发送者之间的协调，要么是信号接收者之间的协调。在给出了双边发信号问题、机制和惯例的定义之后，就可以直截了当地但也是冗长乏味地同时为两种单边类型的发信号现象以及混合了双边和单边协调问题的发信号现象给出类似的定义。我将把这部分讨论留给那些例子，让它们来说明如何做到这一步。但是从这里开始，之后所言的发信号现象，指的是**加以必要的修正之后**，一般意义上的发信号现象。

一个**双边的发信号问题**是包含了一名被称作**信号发送者**的参与人，和一名或多名被称作**信号接收者**的参与人的情境 S，使得如下条件为真，且对于信号发送者和信号接收者而言如下条件是共同知识：

数个备选事态 $s_1 \cdots s_m$ 中，正好只有一个事态成立。信号发送者，而非信号接收者，处于优势地位，知道哪一个事态成立。

信号接收者中的每一位成员，能够采取数个备选行动 $r_1 \cdots r_m$ 中的任意一 131
个行动，这些行动被称作**回应**。相关的每个人都想要信号接收者的回应以某种特定的方式取决于所成立的事态。存在某一特定的从$\{s_i\}$映射至$\{r_j\}$的单射函数 F，使得每个人皆偏好，对于每个 s_i 而言，当 s_i 成立时，信号接收者中

的每位成员都会做 $F(s_i)$。

信号发送者能够采取数个备选行动 $\sigma_1 \cdots \sigma_n (n \geqslant m)$ 中的任意一个行动，这些行动被称作**信号**。信号接收者处于优势地位，知道他做出的是哪一个行动。相关者中没有人对于这些行动所具有的偏好会优于信号接收者对事态所做回应的依赖关系函数 F 具有的偏好。

注意，我们明确规定偏好做出的回应对信号接收者全体成员来说都是相同的。这一条件看起来限制性很强，但并非如此。如果信号接收者中一位成员所偏好采取的行动取决于他所身处的境况、他在情境中所扮演的角色，或者是除 $\{s_i\}$ 中的事态以外的任何因素，这种依赖关系应当在回应行动集合 $\{r_j\}$ 的详细规定中予以说明。如果一艘战舰遇险，另一艘战舰所偏好做出的回应可能是：取代它在战斗中的位置，如果这样做有可能取得成效的话；否则就去援助它。我们将此作为由一组条件所规定的一个回应。

信号发送者的应变预案是任何一种可行的方式，其中信号发送者发出的信号可以取决于他所观察到的、得以成立的事态。这是一个从 $\{s_i\}$ 映射至 $\{\sigma_k\}$ 的函数 Fc。处于情境 S 中的信号发送者根据 Fc 采取行动，如果对每个 s_i 而言，当他观察到 s_i 成立时他采取 $Fc(s_i)$。因为他身处的地位能够知道哪个 s_i 确实成立，且因为 $Fc(s_i)$ 是他自身的行动，所以他应当能够根据任意的应变预案 Fc 采取行动。如果 Fc 是一个单射函数，我们称之为**可采纳预案**。

类似地，**信号接收者的应变预案**是任何一种可行的方式，其中某一位信号接收者成员所做出的回应可以取决于他所观察到的、由信号发送者发出的信
132 号。这是一个从 $\{\sigma_k\}$ 的一部分映射至 $\{r_j\}$ 的单射函数 Fa。处于情境 S 中的某一位信号接收者成员根据 Fa 采取行动，如果对于 Fa 定义域内的每个 σ_k 而言，当他观察到信号发送者发出 σ_k 时他采取 $Fa(\sigma_k)$。因为他身处的地位能够知道发出的是哪个 σ_k，且因为 $Fa(\sigma_k)$ 是他自身的行动，所以他应当能够根据任意的应变预案 Fa 采取行动。如果 Fa 的值域与 F 的值域相同，我们称 Fa 是**可采纳预案**。

假设信号发送者根据某一应变预案 Fc 采取行动，而全体信号接收者成员根据某一应变预案 Fa 采取行动，那么信号接收者做出的回应取决于根据函数 $Fa|Fc$——由 Fa 和 Fc 组合而成的复合函数——得以成立的事态。[对于任

意两个函数 f 和 g，任意一个自变量 x 使得 $g(x)$ 处于 f 的定义域内，$f|g(x)$ 被定义为 $f(g(x))$；在其他自变量下 $f|g$ 未作定义。]

如果实际的事态恰好是 s，且如果 $Fa|Fc(s)=F(s)$，信号接收者做出的回应就会是在实际事态中所偏好做出的那个回应。因此，当给定实际事态中的其他应变预案时，每位参与人都会根据最优的那套应变预案采取行动。

更好的情况是，假设 $Fa|Fc=F$ 一律都比 $\{s_i\}$ 好（由此可以推出 Fc 的值域必定与 Fa 的定义域相同），那么信号接收者做出的回应就是实际事态中所偏好做出的那个回应，无论可能出现的是 $\{s_i\}$ 中的哪一个事态。当给定**任意**事态中的其他应变预案时，每位参与人都会根据最优的那套应变预案采取行动。无论何时，当 Fc 和 Fa 以这种方式结合起来，给出信号接收者基于事态做出回应所偏好的依赖关系时，我们称 $\langle Fc, Fa\rangle$ 是一套**发信号机制**。

所有且只有可采纳的应变预案属于发信号机制。证明如下：

令 Fc 为信号发送者的应变预案。如果它是可采纳预案，它是一个单射函数且具有反函数 $F\check{c}$；如果这样的话，$\langle Fc, F|F\check{c}\rangle$ 是一套发信号机制。如果它不是可采纳预案，它就不是单射函数；因此，对任一 Fa 而言，要么 $Fa|Fc$ 不是单射函数，要么 $Fa|Fc$ 的定义不适用于某些事态。无论何种情形，$Fa|Fc$ 都 133
与 F 不相同。因此，$\langle Fc, Fa\rangle$ 不是一套发信号机制。

令 Fa 为信号接收者的应变预案。如果它是可采纳预案，令 $F\breve{a}$ 为它的反函数；$\langle F\breve{a}|F, Fa\rangle$ 是一套发信号机制。如果它不是可采纳预案，它的值域与 F 的值域不相同。因此，对任一 Fc 而言，$Fa|Fc$ 的值域与 F 的值域不相同，所以 $\langle Fc, Fa\rangle$ 不是一套发信号机制。

具有 m 个事态和 n 个信号的发信号问题中，存在 $n!/(n-m)!$ 套发信号机制。证明如下：

构造如下 Fc 函数：对任一处于 $\{s_i\}$ 的事态 s 而言，如果 $F(s)$ 是 F 值域中的第 k 个元素，令 $Fc(s)$ 为 σ_k。Fc 是信号发送者可采纳的应变预案。

取任一函数 G，能够将 Fc 的值域一一映射至 $\{\sigma_k\}$。令 $\check{G}$ 为 G 的反函数，

令 $F\check{c}$ 为 Fc 的反函数,那么$\langle G\,|\,Fc,(F\,|\,F\check{c})\,|\,\check{G}\rangle$是一套发信号机制。每一套发信号机制都可以通过这种方式获得。从 Fc 的值域映射至$\{\sigma_k\}$,存在 $n!/(n-m)!$ 个不同的单射函数,因此存在很多套不同的发信号机制。

我们可以将信号发送者和信号接收者的行动设想成首先选择应变预案,然后根据他们选择的预案采取行动。如果这样的话,他们对于预案的选择构成了一个协调问题。我们能够使用矩阵来表示这一协调问题,其中行表示信号发送者的应变预案,列和层等表示信号接收者全体成员的应变预案。这些预案中有一些是可采纳的,其他的则不是。一名参与人从任何行动组合中所获得的收益取决于在$\{s_i\}$的每一个事态中他从该行动组合中获得的收益,并根据他对不同事态赋予的概率值进行加权。(对于某些行动组合,我们必须考虑,为了对不在信号接收者所选择的预案定义域内的信号做出回应,参与人会对信号接收者群体中的成员持有什么样的预期。)很容易看出,每一套发信号机制都是这一协调问题之真正的协调均衡。

134 但是发信号机制可能不是唯一的协调均衡。特定的不可采纳应变预案组也可以是协调均衡。在我们的保罗·里维尔和教堂司事的例子中,假设抵御陆上进攻的防卫系统也能相当不错地抵御海上进攻,但是反之则不然;假设陆上进攻和海上进攻都同样有可能,那么就有可能存在以下两套预案之间的协调均衡,对教堂司事而言的预案是:

如果看到红毛鬼子待在家里,钟楼上不挂灯。
如果看到红毛鬼子经陆路而来,钟楼上挂一盏灯。
如果看到红毛鬼子经海路而来,钟楼上挂两盏灯。

对保罗·里维尔而言的预案是:

如果看到钟楼上没有挂灯,回家睡觉。
如果看到钟楼上挂一盏灯,警告乡间的民兵红毛鬼子正经由陆路而来。

这两套预案相结合,给出了保罗·里维尔基于观察到的事态做出回应的依赖关系，尽管不是偏好的依赖关系，但也不算太坏。但是没有人能够通过仅仅改变他自己的预案就达成所偏好的依赖关系。给定他人预案的前提下，每个人都是依照最优预案而采取行动。因此，这一预案组合是一个协调均衡。（这不是真正的均衡；给定教堂司事的预案，保罗・里维尔同样也有可能选择一套不同的预案：

如果看到钟楼上没有挂灯，回家睡觉。

如果看到钟楼上挂一盏灯，警告乡间的民兵红毛鬼子正经由陆路而来。

如果看到钟楼上挂两盏灯，警告乡间的民兵红毛鬼子正经由海路而来。

不管教堂司事看到什么，他做出的回应都是一样的。）它不是一套发信号机制。至少，在我们**原初的**发信号问题中，它不是一套发信号机制。如果我们将事态 135
和回应重新进行分类，忽略两类进攻和两类警告之间的差别，就可以得到一个新的发信号问题，其中所偏好的依赖关系函数不会规定得那么具体。在这一新问题中，我们所考量的预案组合是一套发信号机制，同时也是一个真正的协调均衡。

所以在发信号问题中我们有了两类协调均衡：一类是发信号机制；另一类非真正的协调均衡不是发信号机制，但是在对事态和回应不进行非常具体的分类的条件下，其也能成为发信号机制。我不知道是否还有任何其他类型的协调均衡。与此相关的一个结果就是：如果信号接收者正好仅有一人，那么一套可采纳预案和一套不可采纳预案的组合就不可能成为均衡。因为在同一行或者同一列上会存在另一组合成为一套发信号机制，且与前者相比，是更能得到参与人偏好的组合。

给定发信号机制的定义，我们能够将一项**发信号惯例**定义为任意某项惯例。根据此惯例，群体 P 的成员在某一特定的发信号问题 S 中作为信号发送者或者信号接收者，通过依照他们各自的应变预案采取行动，从而在某一特定的发信号机制 $\langle Fc, Fa\rangle$ 中发挥他们的作用。如果这样一项惯例存在，我们也将 $\langle Fc, Fa\rangle$ 称为是一套**惯例性质的发信号机制**。

如果一些发信号问题被证明确实具有协调均衡，但这些均衡不是发信号机制——即便是在适当地对事态和回应不进行非常具体的分类的条件下，那么我们就不得不说存在不属于发信号惯例的惯例，尽管它们在一个发信号问题中决定了对于应变预案的选择。然而在我看来，留有这种可能性不会造成太大的问题。

当一名参与人采取遵从某一发信号惯例的行动时——且在任何其他情形
下他通过协定、显著性或者先例来解决发信号问题，如图 39（对于一名信号发
送者而言）或者图 40（对于某一信号接收者群体的成员而言）所示的推理过程
136 证明了其行为的合理性，即我们将参与人的一项行为选择视作是对于一整套
应变预案的理性选择，与之相伴随的是根据该情境下的具体信息采取行动，执
行他所选择的预案。当我们想将发信号现象包含到协调和惯例的一般理论中
去的时候，这是最佳的处理方式。

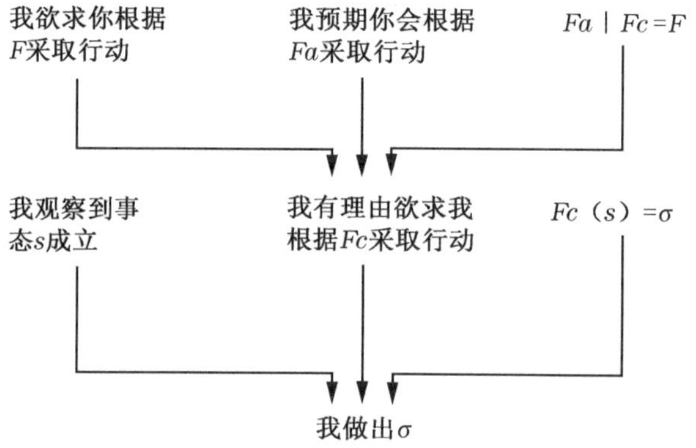

图 39

但是我们能够以更为精简的方式来处理参与人证明他们选择合理性的过
137 程。参与人所需的具体信息——哪一个事态成立，或者发出的是哪个信
号——对他而言一直是可获得的。因此，只要他证明其应变预案中相关部分
的合理性，他就证明了他的选择合理性。抛开应变预案中的不相干内容，我们
就得到了如图 41（对于一名信号发送者而言）或者图 42（对于某一信号接收者
138 群体的成员而言）所示的推理过程。这些推理过程可以稍微做些改变，甚至连
部分应变预案的选择都去掉。可获得的前提条件能够以不同的次序加以应
用。那么对于一名信号发送者而言，我们得到了如图 43 所示的推理过程。对
于某一信号接收者群体的成员而言，我们得到了如图 44 所示的推理过程。在
某一信号发送者情形中，事态 s 使得他有理由试图引发信号接收者的回应 r；

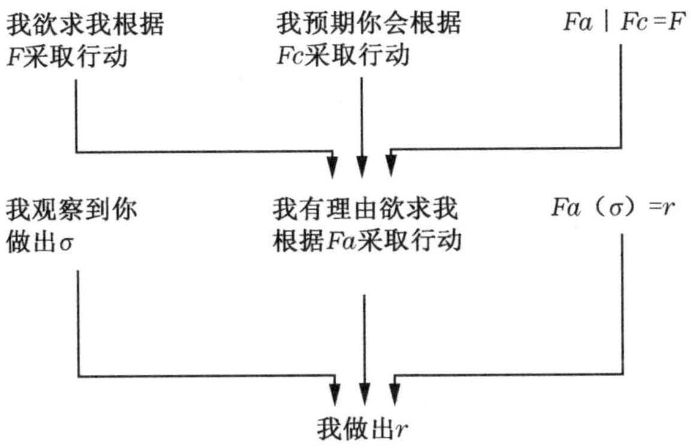

图 40

而他对于信号接收者会根据 Fa 对 σ 做出回应的预期使得他有理由相信 σ 会成为引发 r 的一种有效方式，所以他做出 σ。在某一信号接收者成员的情形 139
中，他对于信号发送者会根据 Fc 采取行动的预期使得他有理由将 σ 作为事态 s 成立的可靠证据，并推断如果 s 成立，他有理由做出 r。

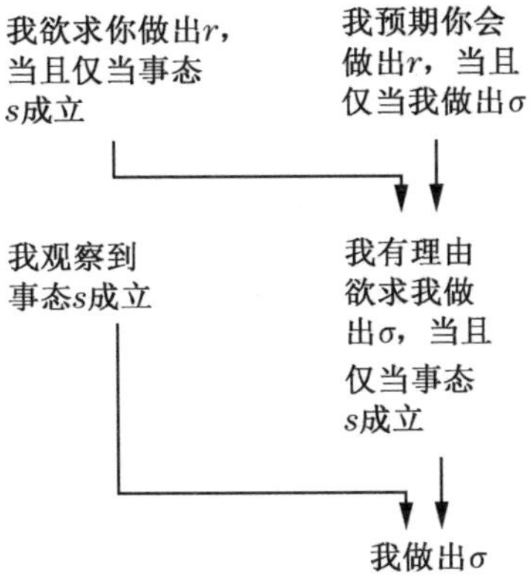

图 41

像旧有的模式一样，这些新的合理性证明模式的过程也能够被复制；一名参与人对其他参与人推理过程的复制，为他提供了他自身推理过程中所需的核心前提条件。但是这些复制过程必须是有条件的：一名参与人想弄清楚另一名参与人在给定的前提条件下**将会**如何进行推理。信号发送者想弄清楚信号接收者在对某一信号做出回应时将会如何进行推理；信号接收者想弄清楚

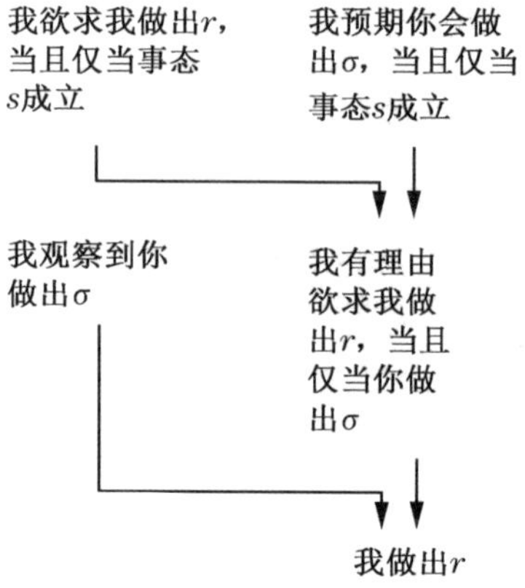

图 42

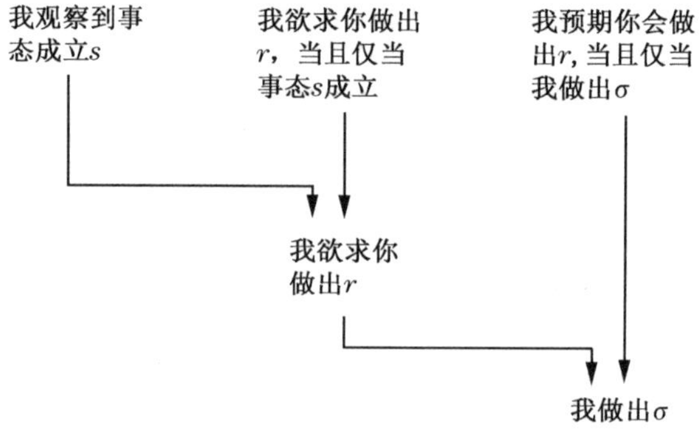

图 43

信号发送者在对某一事态做出回应时将会如何进行推理。反过来，这些有条件的复制过程又能被复制，依此类推，可以重复无数次。考虑一名信号发送者的推理过程，证明他给出 σ 的决策之合理性。我们将这一推理过程往后倒推两个阶段，如图 45 所示。

现在我们用两种极为不同的方式呈现出参与人的合理性证明过程。第一种方式基于如下事实，参与人对于应变预案的选择构成了一个协调问题，其中具有惯例性质的发信号机制〈Fc，Fa〉是一个协调均衡。第二种方式基于如下事实，因为信号接收者根据 Fa 采取行动是共同知识，信号 σ 是引发回应 $Fa(\sigma)$的一种有效方式，也是共同知识；同时因为信号发送者根据 Fc 采取行

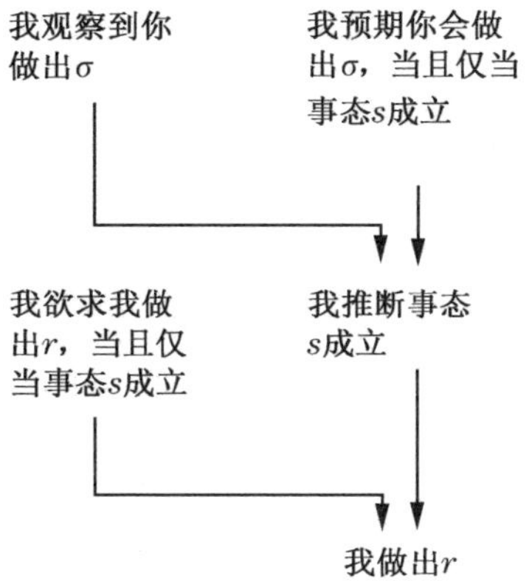

图 44

动是共同知识，信号 σ 是有力的证据，证明经函数 Fc 映射至 σ 的事态成立，这也是共同知识。

然而，作为对于一名参与人**实际**推理过程的表述（representation），两种方式多少都有些显得不自然。幸运的是，它们非自然的方面是互为相对、互为补充的。因此，如果一种方式呈现出实际的情况，另一种就不是如此。比方说有一名参与人不只是盲目地遵循他选择的应变预案。当他得知实际可能发生的情况是什么之后，他会反复思量自己的备选行动可能带来的结果，并且采取看起来是最好的行动。我们必定能够说他实际上选择了——或者重新选择了——他整个的应变预案吗？还是说只是选择了涵盖实际可能发生情况的那部分预案呢？另一方面，还有一名参与人，他发送信号只不过是枯燥无聊地例 141
行公事，做的时候心不在焉。他会不会停下来想一想，“这一举动会让信号接收者如此这般的行为，这是他在这样的境况下能够采取的最佳行动，所以我最好采取这样的行动”（如果他是一名信号发送者）？或者，“信号发送者必须这样做，因为他观察到如此这般的事态，在这样的情形下对我而言这是所能采取的最优行为选择，因此我最好采取这样的行动”（如果他作为信号接收者的一员）？不会：他松懈怠惰，只是出于习惯而遵循着他的应变预案。给定他的同伴也遵循同样的预案，他大致上会意识到自己所遵循的预案是最佳方案。如果他获得的证据证明的是相反情况，他会停止这样做并想一想为何如此，然后他会开始根据不同的应变预案采取行动。但是只要事情进展顺利，他就不会

140

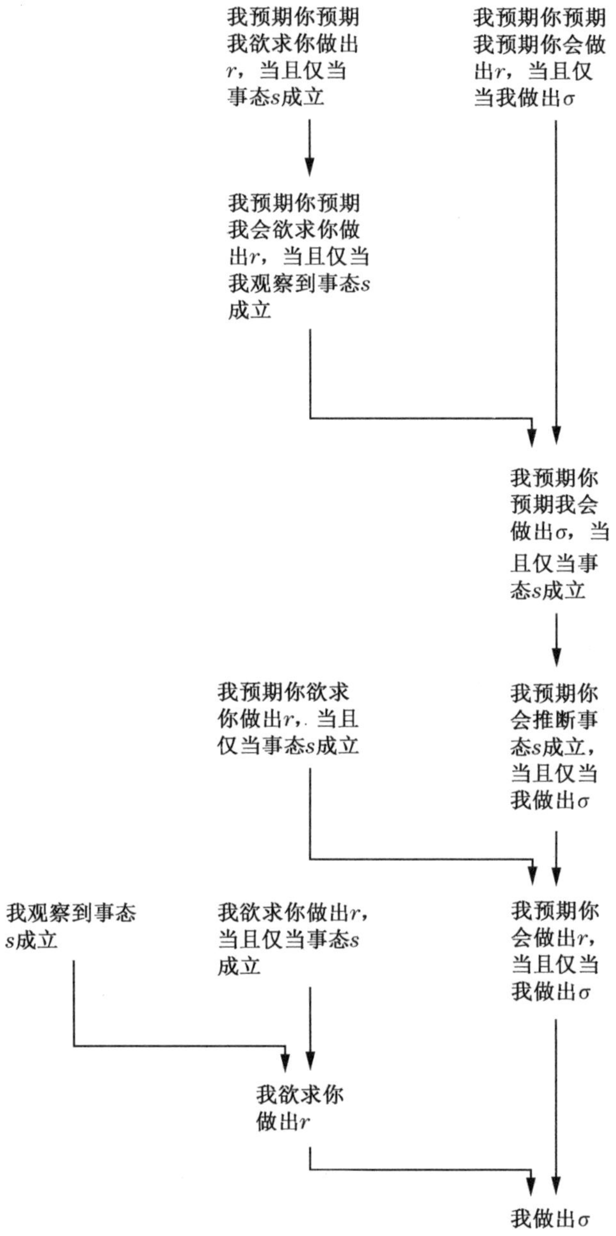

图 45

去思考他所采取的行动在任何具体的场合中如何成为最佳选择。

但是我们不必呈现出参与人实际的推理过程。我们必须考虑的只是给定他们的信念和欲求,通过他们**可能**经历的实践推理过程,对于他们的选择所做出的理性化的合理性证明过程。然而这不是说对于解释他们的选择没有兴趣。合理性证明过程确实解释了选择,无论参与人是否实际上遵循着合理性证明做出过推理过程。因为这是一个有关人性的事实,即我们倾向于依照通过我们的信念和欲求正名过的方式来采取行动,即便在这样做的时候我们并没有仔细思考过合理性证明过程。我可以采用如下否定的形式来说:不论现实中控制我们选择的习惯性过程究竟是什么,如果它们逐渐倾向于同我们的信念、欲求相悖,它们很快就会被具体的实践推理过程所废弃、修正和重构。

第三节 言辞信号

如果一个行动或者与其相关的迹象很容易被一名信号接收者观察到,那么它就适合作为一个信号;并且如果其本身并不重要,那么就没有任何一方会具有强烈的外在偏好去支持或反对它成为信号。

理论上在许多情境中有两类行动适合作为信号:在信号接收者听力所及范围之内发出一连串的人声;在光滑的表面上留下一连串能够持续存在的记号,让信号接收者能够看到。简言之,就是说与写。[①] 142

让我们将**言辞表达**定义为任意人声或者记号类型的有限序列。[②] 言说或者记录言辞表达,就是发出一连串在空气中产生回响的声音,或者在表面上留下一连串记号。一个信号是通过言说或记录的言辞表达出来的行动,它可以被称作是言辞信号。

正式而言,信号就是行动。但是我们通常不需要仔细地区分行动、由行动所发出的一连串声音或者留下的一连串记号以及言说或记录的言辞表达,三者都能够被称作信号。我们也能允许"言说"既指记录又指口头言谈。

如果境况发生了改变,教堂司事和保罗·里维尔发现最好还是使用一套预先准备好的或者是惯例性质的言辞信号机制。如果看到红毛鬼子经海路而

---

① 正是出于这一理由,本书中 verbal 译作"言辞"。因为在古汉语中,"言辞"是两个词,"言"表示"说话","辞"表示"书写记录",参见《汉语大词典》相关词条。——译者注

② 根据这一定义,从未言说过的言辞表达是能够存在的,参见 Quine,*Word and Object*,pp. 194—195。

来，当要发出信号时，司事可以在里维尔耳边轻声低语，或者递给他一张写有记号的纸条。这些声音或者记号可以是一些特殊的、事先准备好的密码，或者它们就是"红毛鬼子正经由海路而来"。在后一种情形下，教堂司事的言辞信号同语言的日常使用没有什么区别。

如果我们描绘一个假想的社群，有大量言辞信号的惯例可以在各式各样的活动中使用，不同场合都有**专门的**、适当的言辞表达可供选择，那么我们应当能够相当不错地模拟出一个语言使用者——比方说，我们自己——的社群。一名待在幕后的观察者，注视着这些人在做事的时候使用惯例性质的言辞信号，他或许要花很长时间才会意识到他们并不是那类使用日常语言的人。但是一名试图和他们进行交谈的观察者，就会注意到某些缺陷之处。他会发现他们所使用的每一种言辞表达都惯常性地与某些极易观察到的事态相关联，
143 或者与某种确定的回应行为相关联，或者与二者皆有关联。并且他会发现他们仅能够使用数目有限的言辞表达，以至于只能通过提及他们所使用每一种表达方式来描述支配他们言辞信号的惯例。

后面我们会考量与全面得以使用的语言相比，言辞信号如何存在不足之处。然而如下的事实并不会改变，即我们做不了的事，也是我们所假想的言辞信号使用者们做不了的。我们只是要做得更多些。他们对于语言的使用只是复制了我们语言使用中的一小部分。

他们对于语言的使用包含的是发信号惯例。那我们呢，哪些场合我们的语言使用正像他们一样呢？我看不出有什么理由去否认我们也同样拥有言辞信号惯例。如果言辞信号真的是我们仅有的语言使用方式，它会成为具有惯例性质的发信号机制，但这不会让它拥有不同的性质，因为我们同样也可以用其他方式来使用语言。仔细分析言辞信号惯例的定义，我们能够确认它部分符合我们的语言使用概念。

但是即便某些支配我们语言使用的惯例是言辞信号惯例，并不能推出这些惯例能够呈现出我们语言惯例的完整规范。很有可能它们会被包含在更具一般性的惯例之内。让我们回忆一下第二章第五节的内容，一项惯例的特殊情形也有可能是属于该惯例自身内的一项惯例。一般化的语言惯例包含了无限数目的、不同的言辞表达，并且适用于极为宽泛的情境，也会拥有局限于有限类别的表达，以及适用于受限的、具体情境的惯例后承。我们的言辞信号惯

例就是这样一类惯例后承。

第四节 信号的惯例意义

我已经试图论证，对于发信号现象的充分阐述不需要提及信号的意义——至少不需要提及这个词。但信号当然是**确确实实**具有意义的。

假设〈Fc，Fa〉是一套具有惯例性质的发信号机制，其中σ是发出的一个信号；s是经函数Fc映射至σ的事态；r是经函数Fa由σ映射而形成的回应。

然后我们可以称σ——在一般化的场合，以及任何给定遵从惯例之前提下 144
的具体场合——为**事态**s成立时的一个**惯例性质的信号**；并且我们可以说σ从**惯例上意味着事态**s成立。因为根据信号发送者依照Fc采取行动这一事实，并由此根据这一惯例，σ是证明事态s成立的证据。或者我们可以称σ是一个**做出**r**的惯例性质的信号**，并且我们可以说σ**从惯例上意味着做出**r。因为根据信号接收者依照Fa采取行动这一事实，并由此根据这一惯例，σ是使得信号接收者做出r的一种有效方式。

我们应当以哪一种方式赋予σ意义呢？是具有状态意义的信号还是行动意义的信号呢？有时候我们可以恰如其分地同时赋予两种意义——比如到目前为止我们提供的所有例子。但是在有些情形下，只适合于将σ描述为某一事态成立的**状态**信号。在这类情形下，让我们称σ为一个**直陈式**(indicative)信号(在所讨论的发信号机制内)。在其他情形下，只适合于将σ描述为做出某事的**行动**信号。在这类情形下，让我们称σ为一个**命令式**(imperative)信号。[让我们称σ为一个**中性**(neutral)信号，如果能够同样适合地称它是状态意义的或是行动意义的信号。]其中的差别看起来似乎在于预案Fc和预案Fa的性质。它们允许信号发送者和信号接收者具有多大程度的自行决断能力呢？

一个应变预案可以允许或者不允许**自行决断**，亦即它可以要求或者不要求参与人反复思量对他和他的同伴而言何种行动过程是最佳选择。我主张如果Fa是允许自行决断的，而Fc是不允许自行决断的，那么σ是直陈式的；如果Fc是允许自行决断的，而Fa是不允许自行决断的，那么σ是命令式的；如果二者都允许或者都不允许自行决断，那么σ是中性的。

比方说教堂司事给出的信号是在钟楼上挂两盏灯。（现在假设这套发信号机制具有了惯例性质，而不再局限于某单一场合。）如果这套发信号机制是 $\langle Fc, Fa \rangle$，其中

Fc：如果看到红毛鬼子待在家里，钟楼上不挂灯。
如果看到红毛鬼子经陆路而来，钟楼上挂一盏灯。
145 如果看到红毛鬼子经海路而来，钟楼上挂两盏灯。

以及

Fa：如果看到钟楼上没有挂灯，回家睡觉。
如果看到钟楼上挂一盏灯，警告乡间的民兵红毛鬼子正经由陆路而来。
如果看到钟楼上挂两盏灯，警告乡间的民兵红毛鬼子正经由海路而来。

那么挂两盏灯的行动就是表示观察到红毛鬼子经海路而来所发出的信号，同时它也是警告乡间的民兵红毛鬼子正经由海路而来所发出的信号。这两种说明看起来似乎都同样适合。该信号是中性的。

但是如果这套发信号机制是 $\langle Fc, Fa' \rangle$，Fa' 是 Fa 的变化形式，表示允许自行决断的应变预案为

Fa'：如果看到钟楼上没有挂灯，就假定司事看到红毛鬼子待在家里，进而采取任何看起来似乎是最好的行动。
如果看到钟楼上挂一盏灯，就假定司事看到红毛鬼子经陆路而来，进而采取任何看起来似乎是最好的行动。
如果看到钟楼上挂两盏灯，就假定司事看到红毛鬼子经海路而来，进而采取任何看起来似乎是最好的行动。

那么挂两盏灯的行动就能合适地被称为是表示观察到红毛鬼子经海路而来的信号。“基于司事看到红毛鬼子经海路而来的假定，进而采取任何看起来似乎

是最好的行动”，将此称作一个信号，则是很奇怪的。在$\langle Fc, Fa'\rangle$中，挂两盏灯是一个直陈式信号。

另一方面，如果这套发信号机制是$\langle Fc', Fa\rangle$，Fc'是Fc的变化形式，表示允许自行决断的应变预案为

> Fc'：如果看起来保罗·里维尔的最佳选择似乎是回家睡觉，钟楼上不挂灯。 146
>
> 如果看起来保罗·里维尔的最佳选择似乎是应当警告乡间的民兵红毛鬼子正经由陆路而来，钟楼上挂一盏灯。
>
> 如果看起来保罗·里维尔的最佳选择似乎是应当警告乡间的民兵红毛鬼子正经由海路而来，钟楼上挂两盏灯。

那么挂两盏灯的行动就能合适地被称为是表示警告乡间的民兵红毛鬼子正经由海路而来的信号。“看起来保罗·里维尔的最佳选择似乎是应当警告乡间的民兵红毛鬼子正经由海路而来”，将此称作一个信号，则是很奇怪的。在$\langle Fc', Fa\rangle$中，挂两盏灯是一个命令式信号。

Fa和Fa'所陈述的是保罗·里维尔不同但又相互交织在一起的行动类别。Fc和Fc'所陈述的是不同但又相互交织在一起的事态类别。因此上述三套发信号机制分别属于不同的发信号问题。每一个在属于它的发信号问题中构成了一套发信号机制，因为在给定的分类中，它使得保罗·里维尔的行动以能够获得的最佳方式取决于事态。

我忽略了$\langle Fc', Fa'\rangle$，因为我不确定这套机制在其发信号问题中给出了所偏好的依赖关系——它极有可能让教堂司事和保罗·里维尔相互之间产生误会。如果它构成了一套发信号机制，则它的信号是中性的。

一名根据自行决断的应变预案采取行动的参与人必须运用他的判断力对他所见的整体情境做出灵活回应，这样当出现始料未及的境况时，他能够采取特别行动做出应对。保罗·里维尔根据Fa'采取行动，他观察到挂起了两盏灯笼，可能会决定更紧急的事务是让领导者先躲藏起来，而不是警告乡间的民兵。教堂司事根据Fc'采取行动，他观察到红毛鬼子经海路而来，可能会发现他们前往的是错误地点。因此，最好不要与他们纠缠，而是静静等待之后向他

147 们发动更猛烈的攻击。当然，灵活应变的代价是传递错误信息或做出错误判断的风险。

一名参与人，即便具有惯例性质的发信号机制给予他的是一个不允许自行决断的应变预案，也有可能运用他的判断力，即面对始料未及的境况时，他有可能做出决策最好还是违背发信号惯例，并且他有可能是对的。但是如果他这样做了，他运用判断力的行为是属于预期之外的；而如果他遵从发信号惯例，根据自行决断的应变预案采取行动的话，他运用自己的判断力是共同知识。

对信号的意义做出界定，我们完全不必将自己局限于只讨论惯例性质的发信号机制。考虑作为一个发信号问题 S 的任一发信号机制〈Fc，Fa〉，无论〈Fc，Fa〉是否在任一群体中碰巧当作惯例而被采纳。如果 Fa 是允许自行决断的，而 Fc 是不允许自行决断的，〈Fc，Fa〉的信号是直陈式的。考虑发出的一个信号 σ，以及经函数 Fc 映射至 σ 的事态 s，我们能够称 σ 是**事态s** 成立时机制〈Fc，Fa〉内的一个**信号**；并且我们能够说 σ **意味着**在机制〈Fc，Fa〉内**事态s** 成立。如果 Fc 是允许自行决断的，而 Fa 是不允许自行决断的，〈Fc，Fa〉的信号是命令式的。考虑发出的一个信号 σ，以及经函数 Fa 由 σ 映射而形成的回应 r，我们能够称 σ 是在机制〈Fc，Fa〉内**做出**r 的一个**信号**，并且我们能够说 σ **意味着**在机制〈Fc，Fa〉内**做出**r。最后，如果 Fc 和 Fa 都允许或者都不允许自行决断，〈Fc，Fa〉的信号是中性的，它们被称作为机制〈Fc，Fa〉内状态意义的信号或是行动意义的信号都是可以的。在大多数情况下，我在后文论述中会忽略中性信号。

我们预期，通过给出直陈式信号的意义，我们给出了它们的真值条件，而且我们也正是如此做的。令 σ 为某一发信号问题 S 中在发信号机制〈Fc，Fa〉内事态 s 成立时的直陈式信号。在属于 S 的任何事例中，其中事态 s 成立，那么我们能够称 σ 为**真**；在属于 S 的任何事例中，其中事态 s 不成立，σ 为**假**。

让我们回忆一下，正式地说，信号 σ 是一个行动，所以我们赋予行动以真和假。我们并没有确定信号究竟属于行动类型还是具体的行动，现在也不必
148 确定。与属于 S 的任何事例相关的行动类型 σ 为真还是为假，是根据其中的事态 s 是成立还是不成立。我们没有理由只局限于探讨那类属于 S 的事例，其中 σ 恰巧得到了执行。特定行动类型中的一个具体行动 σ 是真的还是假

的，是根据属于 S 的事例——其中行动 σ 得到了执行——中事态 s 是成立还是不成立。如果 σ 是一个言辞信号，我们则能够容忍另一种无伤大雅的、模棱两可的说法：我们能够说在属于 S 的某一具体事例中，通过行动 σ 产生的一连串声音或者记号为真或者为假，并且我们能够说与属于 S 的任何事例相关的、通过行动 σ 言说出来的言辞表达为真或者为假。哲学家们已经详细探讨过这些问题，哪类实体是真值条件以及其他语义属性的合适载体。我则是采取一种兼收并蓄的策略，让数个不同类型的实体承载语义属性。给定我们准备在任何恰当时机将语义属性转换为语义关系（例如，言辞表达与属于 S 的事例之间的关系），在我看来这样的策略并没有什么不妥。

根据发信号问题和发信号机制的定义，在属于 S 的任何事例中，机制 $\langle Fc, Fa\rangle$ 的诸信号中一个为真，其余的则为假。假设在某个群体中 $\langle Fc, Fa\rangle$ 是具有惯例性质的发信号机制，那么我们能够对他们的行为所具有的惯例性质的常规性做如下描述：群体成员在属于 S 的任何事例中，信号发送者试图使得发送出的任何一个信号在该事例中皆为真，每一名信号接收者的成员假定信号发送者发出的信号为真，基于这一条件做出回应，采取任何看起来似乎是最好的行动。

但是这看上去似乎不太对。求真（truthfulness）[1]怎么能够成为一项惯例？它的备选惯例是什么？难道是系统化的求**非**真行为？假设我们将 $\langle Fc, Fa\rangle$ 的信号按照某种次序循环排列，那么群体 P 的成员们也能十分和睦地相处。如果无论何时当任一信号 σ 为真，他们所发出的信号不是 σ，而是在次序上与 σ 相邻的信号（比方说 σ 之后的信号）——一个假信号。这类系统化的求非真行为，如果是统一做出的且具有统一预期，那么就和系统化的求真行为发挥的作用完全一样。但之所以如此，是因为它会**变成**系统化的求真行为——不是在原初的发信号机制 $\langle Fc, Fa\rangle$ 中，而是通过改变发出的信号，由 $\langle Fc, Fa\rangle$ 而得到的一套替代性发信号机制，在这套机制内作为系统化的求真 149

---

① 如前所述，在本书中译者一律将 truth 译作"真"；而 truthfullness 的日常语义指的是人或者与人相关之行为、现象的属性，比如"诚实""如实""真实"，但是这类日常含义显然不适用于其作为理论术语所要表达的意思。按照《牛津高阶英语词典》，truthful 有两个解释：A. saying only what is true；B. (of a statement) giving the true facts about sth. 。这两个解释就十分符合本书语境中 truth 一词的运用，即 truthfulness 是指向 truth 的意思，所以在本书中译者将 truthfulness 译作"求真"。——译者注

行为。

解决之道是：我从头至尾都没有讨论一般意义上的真，而是在讨论发信号机制〈Fc，Fa〉中的真。我应当将该惯例做如下陈述：群体 P 的成员在属于 S 的任何事例中，信号发送者试图使得发送出的任何一个信号在属于该事例的机制〈Fc，Fa〉中皆为真，信号接收者假定发送者成功地做到了这一点，基于这一条件做出回应，采取任何看起来似乎是最好的行动。被称为求真的惯例，更确切地应被称为机制〈Fc，Fa〉中的求真惯例。

给定这一更为审慎的有关惯例的陈述，我们找到它的备选惯例就不会再有任何麻烦了。机制〈Fc，Fa〉中的求真惯例之备选项是在某个其他发信号机制〈Fc'，Fa'〉中的求真之常规性。这可以是问题 S 中的任何发信号机制，只要它与〈Fc，Fa〉之间存在相当程度的不同——这种不同之处足以使得几乎总是不可能同时遵从惯例及其备选项。这就具有充分条件要求机制〈Fc，Fa〉中的信号，如果同时也是机制〈Fc'，Fa'〉中的信号，它就不可能在两套机制中皆为真。而要求这两套机制中不存在共同信号则是多余的。这或许的确是不可能的，因为在问题 S 中可能没有足够多的、不相同的信号可供使用。如果两套发信号机制中存在某些或者全部信号是共同皆有的，那么正如我们所预见的，其中一套机制内的系统化求真行为将会有时候或者始终与另一套机制内某一特定的系统化求非真行为相同。

不具有备选项，进而不属于惯例的常规性则是：群体 P 的成员在属于 S 的任何事例中，信号发送者试图使得发送出的任何一个信号在属于该事例的、**通行的惯例下**皆为真。信号接收者假定发送者成功地做到了这一点，基于这一条件做出回应，采取任何看起来似乎是最好的行动。无论何时，当群体 P 的成员对于问题 S 具有任何惯例性质的、包含直陈式信号的发信号机制时，这一常规性皆成立，不管他们的惯例可能是什么。我们能够说在群体 P 中，在属于
150 S 的某一事例中，信号 σ 为**真**，当且仅当存在某一套为群体 P 所惯常性地采纳接受的、适当的发信号机制，同时在属于 S 的事例中的这套发信号机制内，σ 为真。

对于命令式信号也有类似的处理方式。令 σ 为某一发信号问题 S 中在发信号机制〈Fc，Fa〉内做出 r 的命令式信号。在属于情境 S 的某一事例中，在机制〈Fc，Fa〉内，如果几乎每一位信号接收者成员在该事例中都确实做出 r，

我们能够称 σ 为**真**；在属于情境 S 的该事例中，在机制 $\langle Fc, Fa\rangle$ 内，如果不做出 r，σ 为**假**。

为什么是“真”？为什么不说“服从”？应当承认我对于“真”这一术语的使用不是标准用法，但是“服从”这个词不能十分确切地表达我想说的意思。这是不是有条件的命令式——“在这样那样的情形下如此这般的行动”，如果先前发生的事结果是错的，还要去服从它？或许不是，但是我想称之为真。如果服从者做出别人叫他去做的行动，但是该命令式本身却不构成他采取这一行动的理由，是不是这样一种得到服从的命令式？或许不是，但是我想称之为真。尼古拉斯·雷舍尔（Nicholas Rescher）引入了一个新用语——“指令完结”（terminated），来表达我赋予“真”的意思。[①] 任何人如果不愿意忍受我扩展了“真”这一术语的含义，那么可以替代为“真或者指令完结”。但是我的术语具有优势，在命令式和直陈式之间显示出某种特定的对称形式：信号要么是主张，要么是指令某一特定的事态成立，并且如果该事态确实成立，那么该信号为真。

假设 $\langle Fc, Fa\rangle$ 是某一群体中的一套具有惯例性质的发信号机制，那么我们能够对他们的行为所具有的惯例性质的常规性做如下描述：群体成员在属于 S 的任何事例中，每一位信号接收者成员都试图以如此方式做出回应，即在该事例中，在机制 $\langle Fc, Fa\rangle$ 内，信号发送者发出的信号为真，且信号发送者假定信号接收者将会成功地做到这一点，基于这一条件发送出任何一个看起来似乎是最佳的信号。再一次，我们能够将他们的惯例描述为机制 $\langle Fc, Fa\rangle$ 中的求真惯例。但在直陈式信号的情形中，这是取决于信号发送者，通过选择发送出正确的信号来确保他的信号为真；而在命令式信号的情形中，这是取决于信号接收者，通过对信号做出正确的回应，使得信号发送者的信号为真。再一次，机制 $\langle Fc, Fa\rangle$ 中的求真惯例之备选项是有关同一个发信号问题的、某个其他发信号机制 $\langle Fc', Fa'\rangle$ 中的求真之常规性，$\langle Fc', Fa'\rangle$ 与 $\langle Fc, Fa\rangle$ 之间存在 151
相当程度的不同。

如果 $\langle Fc, Fa\rangle$ 是具有直陈式或者命令式信号的任一发信号机制，我们能够通过明确规定以下三件事来确定 $\langle Fc, Fa\rangle$。（1）我们必须明确规定这套机

① *The Logic of Commands*（New York: Dover, 1966），pp. 52—61.

制中的信号集，即 Fc 的值域和 Fa 的定义域之集合。(2)我们必须明确规定，这套机制中的每个信号是直陈式的还是命令式的。(3)我们必须明确规定，这套机制中的每个信号在它所处的事态中为真。我们能够将此事态作为属于 S 的可能事例之特定集合——正如我们所言，在那些事例中事态成立。换言之，我们明确规定了这套发信号机制的真值条件。

给定这三条信息，Fc 和 Fa 得以确定。通过审视机制中的所有信号的真值条件，我们可以找出应用这套发信号机制的发信号问题中所有可能的事例。如果信号被明确规定为直陈式的，我们就能够通过审视该信号的真值条件来重构 Fc；如果信号被确认为是命令式的，我们就能够通过审视该信号的真值条件来重构 Fa。要么给定 Fc，要么给定 Fa，我们只需找到结合了给定预案的一个允许自行决断的应变预案——其给出了回应与事态之间所偏好的依赖关系，就能发现另一个未给定的预案。

通过以如下形式构造的信号函数 $\mathfrak{L}$，是有可能明确规定 $\langle Fc, Fa\rangle$ 的。$\mathfrak{L}$ 的定义域即为该机制的信号集。给定这套机制中的任何信号 σ，$\mathfrak{L}$ 对它的**解释**(interpretation)赋值为 $\langle \mu, \tau\rangle$。构成部分 μ 称作**语气**(*mood*)要素，表明 σ 是直陈式的还是命令式的。仅就 μ 而言，它是什么则是无关紧要的。让我们将它当作是数字代码：0 代表直陈式；1 代表命令式。解释值的构成部分 τ 称作**真值条件**，表明 σ 为真时的事态。我们能够将 τ 作为某个发信号问题中可能事例的集合，亦即 σ——在与其语气式相适合的意义上——为真的那些事例。

如果 $\langle Fc, Fa\rangle$ 是一套言辞信号机制，它的信号是通过言说行动发出的言
152 辞表达，那么我们可以做出些许改动。令 $\mathfrak{L}$ 的定义域为在这套机制的信号中言说的言辞表达集合，而不是信号自身的集合。我们能够将 $\mathfrak{L}$ 的定义域中的任何言辞表达称作为 $\mathfrak{L}$ 的**语句**(sentence)。当我们做出这一修改后，就可以很自然地称函数 $\mathfrak{L}$ 为**语言**：与机制 $\langle Fc, Fa\rangle$ 相关的语言。并不是每一门语言都会如此与一套言辞信号机制相关联。但是某些初级语言确实如此，而这些语言我们现在已经较为细致地考察过了。剩下的问题就是要知道这些言辞信号语言与更具有吸引力的语言相比，存在什么样的不足之处。

在属于言辞信号语言 $\mathfrak{L}$ 得以应用的发信号问题的某一具体事例中，在 $\mathfrak{L}$ 内，言辞信号语言 $\mathfrak{L}$ 的语句 σ 为**真**，当且仅当该事例属于经由 $\mathfrak{L}$ 赋值给 σ 的真值条件；否则，在属于这一问题的该事例中，在 $\mathfrak{L}$ 内，σ 为**假**。假设与之相关联

的发信号机制为某一群体 P 所惯常性地采纳接受，那么我们能够说他们具有使用语言 $\mathcal{L}$ 的惯例。他们的惯例能够重述如下：在属于 $\mathcal{L}$ 得以应用的发信号问题的任何事例中，一方——就直陈式信号而言是信号发送者，就命令式信号而言是信号接收者——试图确保经信号发送者言说的语句在该事例中，在 $\mathcal{L}$ 内，为真；另一方假定前者成功地做到了这一点，基于这一条件采取看起来似乎是最好的行动。这是熟悉的发信号惯例，现在重新描述为在 $\mathcal{L}$ 内的求真惯例；它的备选项是像 $\mathcal{L}$ 一样，应用于同一问题的其他言辞信号语言——但是与 $\mathcal{L}$ 之间存在相当程度的不同——中的求真的常规性。

第五节　信号的非自然意义

H. P. 格赖斯在他的论文《意义》中，列举出的如下几组对照句中所体现出的显著差别引起我们的注意。①

(1A)希律将施洗约翰的头颅装在盘子里献给莎乐美。

(1B)希律对莎乐美说："他死了。" 153

(2A)感到头晕，小孩让他的妈妈看看他的脸色有多么苍白(希望她会自己觉察到发生了什么，并且帮助他)。

(2B)小孩对他的妈妈说："我感到头晕。"

(3A)我任凭我女儿打碎的瓷器散落一地，好让妻子看看。

(3B)我对妻子说："我们的女儿打碎了瓷器。"

(4A)公共汽车售票员敲了敲司机身后的玻璃窗，这样他就会转头注意到汽车已经满员了。

(4B)公共汽车售票员摇了三次铃，告知司机汽车已经满员了。

(5A)警察挡住一辆车的去路，将它拦下。

(5B)警察挥挥手将一辆汽车拦下。

我们希望见到的差别必定是很微妙的那种。A 句式和 B 句式在许多方面

---

① *Philosophical Review*，66 (1957)，pp. 377—388.

都极为相似。我们能够将它们与这些句式相比较，例如：

(1C)希律将头颅放在某处，莎乐美碰巧看见了。

(1D)希律将头颅放在他知道莎乐美会看见的地方，准确地料想她不会意识到是他放在那里让她看见的。

(1E)希律将头颅放在他知道莎乐美会看见的地方，错误地料想她不会意识到是他放在那里让她看见的。

在我们所有的A句式和B句式，同时也在(1C)、(1D)和(1E)句式中，都满足如下的第一个条件：

某人做出某个行动，使得信号接收者产生了一种信念或者其他某种回应。

在我们所有的A句式和B句式，同时也在(1D)和(1E)句式——但是(1C)除外——中，都满足如下的第二个条件：

他有意向——预期和打算——通过他的行动引发这种回应。

154 在我们所有的A句式和B句式，同时也在(1E)句式——但是(1C)或者(1D)除外——中，都满足如下的第三个条件：

信号接收者认识到他的意向，想要通过他的行动引发这种回应。

在我们所有的A句式和B句式中，但是(1C)、(1D)或者(1E)句式除外，都满足如下的第四个条件：

他具有如下意向，信号接收者应当认识到他的意向——想要通过他的行动引发这种回应。

格赖斯所发现的句式B和句式A之间的差别由如下第五个条件给出：

信号接收者认识到他有意向引发回应，而他的意向是让该认知能够更有效地引发回应。他并没有将他的行动会引发所意向的回应——无论他的意向是否被认识到——当作是必然的结果。

在每一个 B 句式中第五个条件都成立，但是在 A 句式，以及类似(1C)、(1D)和(1E)的句式中该条件不成立。

无论何时，当第五个条件成立时，格赖斯说参与人通过他的行动**表达了某种非自然意义**。更扼要地讲，某人通过某一行动表达出某种非自然意义，当且仅当他有意向让行动“通过信号接收者对于其意向的认知(亦即引发这种效果)，在他身上引发某种效果”。① “表达非自然意义”(Means_{nn})是“非自然地表达意义”(means nonnaturally)的缩写——不是指任何超自然的(supernatural)东西，而是与所谓的自然信号的自然意义(natural meaning of natural signs)相比较：疹子意味着麻疹，烟意味着火，诸如此类。

我还会指出 A 句式和 B 句式之间另一处不同。在 B 句式，而不是 A 句式中，给定信号接收者遵从某一发信号惯例，他的回应是通过具有惯例性质的信号引发的。但是我并非不同意格赖斯的观点，因为非自然意义是具有惯例性质的发信号现象的结果。

令 σ 为某一具有惯例性质的发信号机制 $\langle Fc, Fa \rangle$ 中的某一信号。令存在 155
事态 s 和回应 r，使得 σ 等于 $Fc(s)$，r 等于 $Fa(\sigma)$。假设在一个真正类型的发信号问题中，我是信号发送者，而你是信号接收者；且在观察到事态 s 成立之后，我遵从我们的惯例，发出信号 σ。假设这个例子完全是正常事例：第二章第四节所列的例外情形均不适用，那么我通过 σ 表达某种非自然意义。我有意向通过你对于我的意向之认知，使得 σ 引发你的回应 r。证明如下：

通过考察证明我发信号行为之合理性的实践推理过程，包含我发出信号 σ 的意向能够得以确立起来。我不必实际进行过这番推理来获得意向。未经深思熟虑而做出的行为常常是带有明确意向的。因此以第二节中所讨论过的几

① “Meaning”, p. 385.

种形式中的一种来考察我的合理性证明过程，如图 45 所示（下面重新列出该图）。

观察到事态 s 之后，我发出信号 σ 之决策的前提条件，是预期我能够由此——基于我引发回应 r 的欲求——引发回应 r，所以我带有引发回应 r 的意向发出信号 σ。

我预期你会根据观察到我发出信号 σ 而推断出事态 s。我预期你会有条件地根据事态 s 认识到我引发回应 r 的欲求。我预期你会认识到我的预期——我能够通过发出信号 σ 而引发回应 r。所以我预期当你观察到我发出信号 σ 的时候，你会认识到我引发回应 r 的意向。

我的预期——我能够通过发出信号 σ 而引发回应 r，同样也具有两个前提条件：一是我预期你会有条件地根据事态 s，认识到我引发回应 r 的欲求；二是我预期你会认识到我的预期——我能够通过发出信号 σ 而引发回应 r。这两个前提条件共同构成了我的预期——你会认识到我的意向，以及我有理由预期我的意向能够实现。因此，我预期你对于我的意向之认知在引发你的回应时是有效的。我并没有将我的行动引发回应 r——无论你是否认识到我引发回应 r 的意向——当作是必然的结果。

157 给定在正常地遵从适当惯例的情形中，一个具有惯例性质的信号必定表达某种非自然意义。反之是否为真？不是，理由有如下这些。

我有可能是在欺骗你。和正常情形一样，我的信号表达某种非自然意义，但那时候我却是在违反惯例。

或者我有可能误解了通行的惯例，通过行动表达出的某种非自然意义，其中发出的信号我错误地认为具有惯例性质。无论对错与否，我的推理过程、预期、偏好以及由此产生的意向看来都是一样的。唯一的差别在于我无法引发所意向的回应。

或者我有可能（正确地或者错误地）预期我的信号接收者会误解通行的惯例。这个来自约翰·塞尔（John Searle）的《什么是言语行为?》What is a Speech Act?）一文中的例子，发生的就是这种情况。

假设我是第二次世界大战中的一名美国士兵， 被意大利军队俘获。再假

156

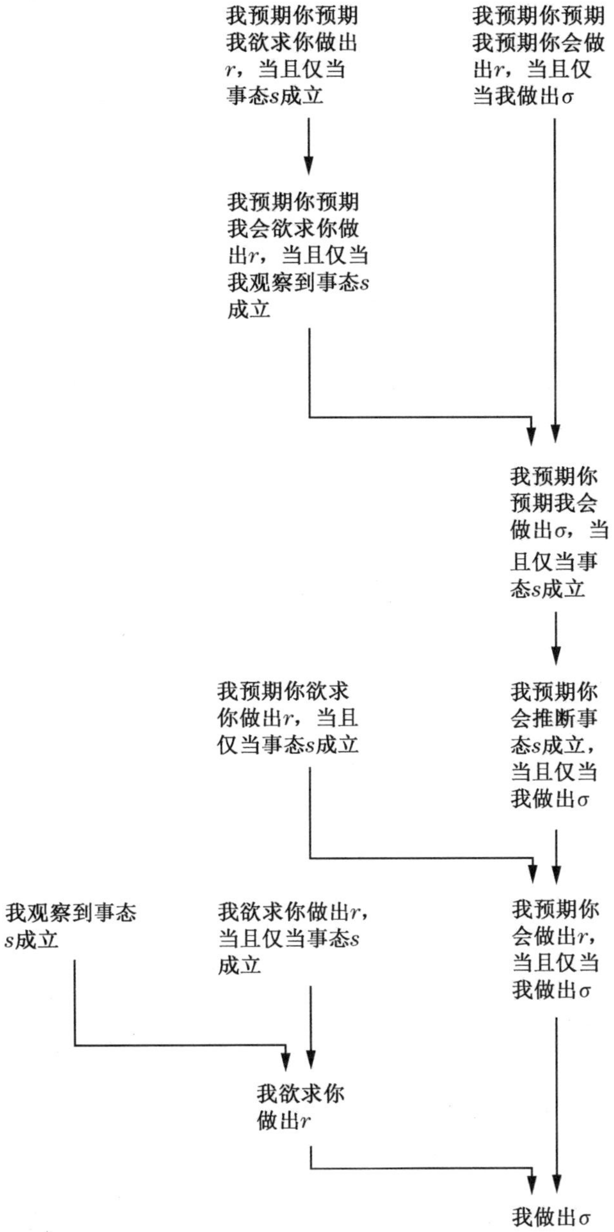

图 46

设我希望让意军相信我是德国军官，好让他们放了我。我想要做的就是用德语或者意大利语告诉他们我是一名德国军官。但是让我们假设我所知道的德

> 语或者意大利语还不足以能够让我那么做。因此我就好像演戏一样，口中念叨着我所知道的仅有的那些德语，告诉他们我是一名德国军官，指望他们德语懂得不多，无法看穿我的把戏。让我们假设我就知道一句德国话，这还是由于我高中德语课上不得不背诵，于是记住的一首诗歌中的一句话。因此我——作为一名被俘的美国人——对意大利看守说出了如下这句话："Kennst du das Land，wo die Zitronen blühen?"①我有意向引发……这样的效果——相信我是一名德国军官，并且我有意向通过他们对于我的意向之认知引发这一效果。②

这名士兵试图欺骗他的看守，这一点其实无关紧要。他如果是一名真正的德国军官，由于弹震症而把自己的母语忘得一干二净，所发生的情况仍然完全一样。

158 或者我有可能表达某种非自然意义，却并没有想到我是在遵从某一惯例，也没有预期我的信号接收者会想到我是在遵从某一惯例。P. F. 斯特劳森(P. F. Strawson)③在他的"言语行为的意向和惯例"(Intention and Convention in Speech Acts)一文中给出了一个这种类型的例子。

> *S*……安排了看起来令人信服的"证据"*p*，放在 *A* 一定会看得到的地方。他这么做，是知道 *A* 正在监视他的工作，但同时也知道 *A* 不知道 *S* 知道 *A* 正在监视他的工作。他意识到 *A* 不会将安排好的"证据"当作是真正的或者正常的证据 *p*；但是也意识到，并且的确有意向，认为 *A* 会将他这一安排视为是认定他——*S*——有意向让 *A* 对 *p* 产生信念的根据……他知道 *A* 具有一般性的理由，认为 *S* 不会希望让他——*A*——想到 *p*，除非 *S* 知道实际情况就是 *p*。因此，*A* 对于 *S* 有意向让 *A* 对 *p* 产生信念的认知，实际上在 *A* 看来是相信

---

① 这句话出自德国诗人歌德(Johann Wolfgang von Goethe，1749—1832)的著名诗歌《迷娘曲》的首句，有许多名家的中译。"你知道吗，那柠檬花开的地方。"(杨武能先生译)"那柠檬正开的南乡，你可知道?"(郁达夫先生译)供参考。——译者注

② *Philosophy in America*，ed. Max Black (Ithaca，New York：Cornell University Press，1965)，pp. 229—230.

③ 彼得·弗雷德里克·斯特劳森爵士(Sir Peter Frederick Strawson，1919—2006)，牛津日常语言学派的代表人物之一，根据 2002 年由苏珊·哈克(Susan Haack)和陈波牵头发起的一次世界范围的哲学家投票评选活动(参与者包括约翰·塞尔、约尔根·哈贝马斯、希拉里·普特南等重量级哲学家)，斯特劳森的得票数仅次于维特根斯坦与蒯因，由此可见斯特劳森在当代哲学界的影响。他也被称为是"哲学家的哲学家"。——译者注

> p 的充分理由。而他有意向让 A 对他的意向具有认知……应当正是以这一方式运作起来的。[①]

在这个例子中，如果我们将 S 对于其行为的合理性证明过程往回追溯，复制一次以上，就会出现反常模式。这**不是**如下的情形：S 预期 A 预期 S 预期 A 预期 S 会安排“证据”，如果他知道 p 的话。

或者我有可能表达某种非自然意义，却并没有想到我是在遵从某一惯例，也没有预期我的信号接收者会想到我是在遵从某一惯例，并且通过复制了我好像是在遵从惯例的推理过程，具有了完全一样的合理性证明。假设我偶然闯进一片流沙地，并且我知道不存在具有惯例性质的警示信号。我将一个稻草人放到这片流沙地中，插入地里直到稻草人的胸口位置，希望任何人看见了都会明白是什么意思。不存在一项惯例，用半掩埋的稻草人来标志流沙地；我也不认为存在这么一项惯例，或者预期我的信号接收者会如此认为。但是我的的确确有意向通过认知到我有意向引起人们察觉到这里有流沙地，来让我的行为引发人们的这种觉察。在一个发信号问题中的发信号机制内，我做了 159
我该做的事。我希望之后的信号接收者会做他该做的事。但如果是这样的话，不是通过先例的力量，而是通过显著性的力量，达成了协调。

最后，我有可能通过遵从一项语言惯例，而非任何发信号惯例的行动表达某种非自然意义。有些语言的使用——不是全部，既涵盖在言辞信号惯例之内，也涵盖在更具一般性的语言惯例之内，我们发现这是有可能的。即便在我们考量了一般性的语言惯例有可能是什么之后，我也不应当试图论证任何遵从上述这类语言惯例的信号必定表达某种非自然意义，但是我猜测这是真的。

塞尔从他的士兵例子里得到了这一教训：“我们必须同时抓住（沟通的）意向性和惯例性两方面，并且特别是这两方面之间的联系。”[②]我业已主张，一旦我们抓住了惯例性这方面，我们的工作就完成了。我们同时也就抓住了意向性这方面。

---

① *Philosophical Review*, 73 (1964), pp. 446－447.

② “What is a Speech Act?” p. 230.

160 # 第五章　语言惯例

第一节　可能的语言

言辞信号语言$\mathcal{L}$已经被称作为一种语言，而且这样做并没有错，但至少出于以下几个理由，这是一种初级语言。

$\mathcal{L}$只具有封闭的、有限的语句集合。通过语句给予语句以真值条件。没有办法在旧有语句之外，创造出具有其自身真值条件的新语句。

不存在“毫无意义的对话”这种东西。属于$\mathcal{L}$的语句是用来在某种具体活动中发挥作用的，唯一的目的就是让该活动得以顺利进行。因此，如果根据某一惯例使用$\mathcal{L}$，该惯例也是通过一种在短期内达成协调一致的利害关系而得以维持的。如果当其他人都遵从这一惯例，而有任何一人未能遵从，那么在给定事态成立的条件下，这会直接导致某一信号接收者做出非欲求的回应。

$\mathcal{L}$的使用者几乎没有自由选择的余地。在直陈式信号的情形中，一名观察到某一特定事态的信号发送者，如果意愿在$\mathcal{L}$内发出真信号，他必须言说某一特定的语句。他不能选择是说还是不说，不能选择谈论的内容，甚至不能选择用什么样的措辞来表达他的消息。

对属于$\mathcal{L}$的任何直陈句而言，我们已经明确规定信号发送者能够做的只是在某一具体场合中告知在$\mathcal{L}$内这一句子是否为真。不能容许直陈句表达个人意见或者提出尝试性的假说。

在属于某一特定情境的某一事例中，在$\mathcal{L}$内，某一直陈句为真，如果在该
161 事例中某一特定事态成立。直陈句从来不会表达一般性事实——只有与言说这一语句相关之场合的事实。（出于到目前为止所列出的理由，属于$\mathcal{L}$的直陈句不足以用来进行推断、思考或者论证。）

信号接收者所能做的，是在任何属于ℒ的命令句被言说出来的情境中，通过做出回应使得其为真，不存在能够传达一般性建议或者标准化指令的命令句。

对于任何通过信号发送者言说出来的、属于ℒ的命令句——信号发送者预期该命令句将会成为真的——而言，信号接收者具有利害关系使得其为真。没有必要判断信号发送者是否具有相应的知识或者智慧给出合理的建议，或者是否具有权限来发布指令，或者是否具有权力与意志来执行命令，等等。

没有足够多的语气类型。尽管很容易就能使得语气类型增加，甚至超过必需的限度，但是仅仅使用我们的那两种语气是无法做到的。也许最急需补充的语气是：疑问式、为了做出承诺或者威胁的允诺式（commissive）、为了明确克制命令式的允许式（permissive）。[①] 其中有些可以化约为直陈式和命令式，但是如果全部都做如此的化约，那么在最好的情形下也是会有问题的。

ℒ缺乏歧义性或者指向性。每句话只具有单一固定的语气和单一固定的真值条件，在使用ℒ的每一个可能的言说场合中都是完全相同的。

言辞信号语言可能还存在更多的不足。但是我们所看到的已经够多了。让我们转而探讨一种更为复杂的可能语言类型。我希望其足够复杂，能够容纳像是威尔士语、英语或者世界语。如果不能的话，我希望其至少能够容纳这些语言中的关键部分。

在这一节中，我们将在抽象掉有可能存在的任何语言使用者的情形下，甚至抽象掉"如果存在语言使用者，**也许会**如何使用该语言"这种问题的情形下， 162
思考一门**可能的**语言是什么。之后我们将思考，对于使用某一语言的群体而言，它是什么。换言之，是什么使得某一**可能的**语言变成了某人**实际的**语言。

所谓"可能的语言"，我的意思很简单，就是指我将要详述的那一类实体。我并没有意向想要说，这类实体中的每一种都是重要的候选项，能够成为任一人类群体的实际语言。有些人使用可能的语言，其目的并不是服务于我们人类自身；有些可能语言难以驾驭，以至于它们永远不可能被我们采纳；甚至还

---

① 参见 R. M. Hare，"Some Alleged Differences between Imperatives and Indicatives"，*Mind*，76 (1967)，pp. 309－326，有关作为明确克制命令式的允许式语气的论述。黑尔主张我们或许可以用一种与直陈式语气相关的、类似的方式来区别出某一语气，"这种方式就是滔滔不绝、娓娓道来，但是又**不做**出某一确定的陈述"(p. 321)。

有些可能语言，人们在心理上或者生理上无法去使用它们。

所谓语言，我的意思是指一种**解释型**语言(interpreted language)。因此我所称的语言，就是许多逻辑学家称其为“语言加上对该语言的解释”。对我而言，同一语言不可能存在两种解释，但是能够存在拥有相同语句的两门语言。

我们从已经见到过的可能语言入手：言辞信号语言。让我们回忆一下，这样一门语言是，在某个有限集合——属于$\mathcal{L}$的每一个语句——内指定每一个言辞表达的函数$\mathcal{L}$，其解释由语气μ和真值条件τ构成。语气μ的数字代码0代表直陈式，1代表命令式。真值条件τ是$\mathcal{L}$得以应用的、发信号问题中所有可能事例的集合，亦即在这些事例中，要么在直陈式意义上(如果μ为0)，要么在命令式意义上(如果μ为1)，语句为真。现在为了得到一般性的概念，我们必须一步步地对这一描述进行修正。

第一，我们已经发现应当存在两种以上的语气。让我们允许一门可能的语言具有任意有限数目的语气，因为我们不知道所需数目的上限是多少。但是由于很可能存在某一上限数目，并且很可能这个数目不是特别大，所以我们就会得到许多枯燥无味的所谓可能语言。这个不重要，重要的是有可能会遗漏值得注意的可能语言。这些新的语气可以简单地标记比0和1大的数字代码：比方说，2代表疑问式，3代表允诺式，4代表允许式，等等。无论还需要其
163 他什么样的语气，只要以某种顺序列出即可。正如我们所希望的，如果这些语气中有一些能够化约为直陈式和命令式，那么我们只需不去使用那些数字代码即可。

这些语气之间存在什么样的差别，能够让我们有理由将它们命名为直陈式、命令式诸如此类称谓呢？暂时还没有。只要我们将可能语言的运用抽象掉，语气除了作为出现在解释中的数字外，什么也不是。但是在后文的讨论中，当我们考察使得一门可能语言变成某一群体的实际语言需要什么样的条件时，在具有惯例性质的常规性——语言依赖它们得以运用——中，不同的数字代码扮演不同的角色。直到那时我们为这些数字代码所加上的称谓才是需要理由的。对于言辞信号语言来说，我们已经看到这是如何发生的：当通过惯例使用语言时，如果μ为0，信号发送者试图使得他的语句为真；如果μ为1，信号接收者试图使得信号发送者的语句为真。

第二，我们不能够再将真值条件当作是应用该语言的情境中的可能事例

集合，不再*存在*任何应用该语言的特殊情境了。取而代之的是，我们能够将真值条件作为可能世界的集合：就像我们所说的，这是那些真值条件得以成立的世界的集合。如果$\mathcal{L}$对某一语句σ指定某一解释$\langle\mu,\tau\rangle$，那么τ就是σ为真——在适合于μ的意义上而言——的世界的集合。

第三，$\mathcal{L}$会包含指向性语句，其真值条件取决于言说者，取决于他意向中的信号接收者，或者取决于言说的时间和地点。$\mathcal{L}$会包含回指(anaphoric)语句，其真值条件取决于先前谈话或者是接下来所意向的谈话之语境。(即“然后他脱下他的外套”，或者“之前所说的那伙人拒绝付钱”，类似这样的语句。)$\mathcal{L}$会包含这样的语句，其真值条件取决于言说这些语句的周遭环境，“关上门”，或者“盐在桌子上”。因此$\mathcal{L}$必须不是为语句自身指定解释，而是为在言说这些语句的可能场合中的语句指定解释。言说某一语句σ的可能场合，或许可以用由某一可能世界以及存在于该可能世界之中的某一时空位置构成的一组条件来进行确定，使得在该世界的该位置中，σ被言说出来。给定世界及其位置，有关这一语境我们所需的所有进一步的信息都可能会随之而来。我们就会只确定唯一一名言说者、他意向中的信号接收者，先前的谈话、周遭环 164
境等内容。(在那些稀奇古怪的可能世界中，在同一位置会出现一次以上某一语句的言说，在我们将其作为言说场合的实体中，需要植入更多有关语境的信息。但是对于语句言说的所有场合而言，没有必要将它们当作同一类型的实体。)

第四，我们不能假定属于$\mathcal{L}$的语句意思清楚。因此$\mathcal{L}$要指定的必须不是一个解释，而是一个解释集合。当一句话在某一言说场合中是意思清楚的时候，该集合中仅仅只包含了一个解释；当一句话存在歧义的时候，该集合中包含了有限数目的许多种解释。容易推出，很有可能还会存在第三种情形：该集合中或许*不存在*任何解释。这是处理如下这类句子的一种方式：“门是开着的”，而言说这句话的场合中要么没有门，要么根本没有提到有门；以及在所有场合中言说那些违背常理的句子，像是“水壶死掉了”“每个女孩把她自己唱作是一匹马儿”，或者“四倍数喝下了一口拖延症”。(另一种方式是将违背常理的句子不当作语句来处理，代价是将语言的语法复杂化；但是这无法处理“门是开着的”这类句子，因为我们并不想让语句状态自身与言说场合相关。还有一种方式是指定带有空的真值条件的解释，正如我们对待自相矛盾的语句会采用的方法：这可能是最佳方式。但是我偏好阙疑。）我们有可能喜欢规定，在某一语句的言说场合中，指定给该语句的所有解释都应当具有同一的语气，但是我们不应当这样做。想一想“关上门”这句话，当言说这句话的场合是一扇大门敞开，寒风吹得每个人瑟瑟发抖；而在这个时候言说者正在讲着一个故事，刚好有人问他：“接下来他干了什么？”

到现在为止我们已经对函数 $\mathcal{L}$ 的性质做出了一大堆的修改。我们现在拥有了一个函数，其自变量是某一语句以及言说该语句的某一可能场合所构成
165 的组合，其值为有限数目的、有可能是空的解释集合。一个解释仍旧是由一种语气和一个真值条件所构成的一个组合；但是一种语气现在可以是任何的自然数（尽管这个数字会很小，如果 $\mathcal{L}$ 是一门具有吸引力的语言的话），而一个真值条件则是可能世界的集合。

一句话的意义是由 $\mathcal{L}$ 指定给这句话的单一解释所赋予的，与这句话的言说场合无关，这样说原本是有道理的。但是现在我们再也不能说一句话的意义——甚至是**某一种**意义——是由其诸多解释中的任何一种解释所赋予的。甚至某一句话在每一处言说它的场合中都意思清楚，也不能这样说。因为语句的指向性或者回指性特征不会在它于任一场合中所接收到的解释内显现出来。**真正**赋予语句——就目前而言，在不用考虑语句各组成部分意义的情形下——以意义的是函数，由此该函数的解释集合取决于言说场合的特征。

最后，我们再也不能规定语言的语句集合——$\mathcal{L}$ 的定义域——是有限集合。任何一门具有吸引力的语言都具有无限多的语句。不可否认，任何语言在实际使用中最多也只有有限数目的语句会被言说出来。在任何一个依然存在人类局限性的可能世界中，在最好的情况下都只**可能**言说出有限数目的语句。但是这些有限数目的集合没有什么意义，因为我们不能指望去查明它们到底包含了哪些语句。某一语言的任一使用者对于从来未曾言说过的语句，和他每天都会使用到的语句，具有相同的语言运用能力，这是很常见的事。每当这样的时候，如果他具有足够的耐心、时间和记忆力的话，他的语言中应当包含全部他**有可能**会使用和理解的语句。除非我们允许语言具有无限多的语句，否则我们就不得不对语句的长度加上一个武断的、讲不出道理的上限约束。

第二节 语 法

不是任何一个言辞表达的任意无限集合都会像某一具有吸引力的语言之语句集合一样发挥作用。对于满足语言使用者的目的而言,没有任何一门语言的语句集合是有限的;但是有限人类群体所能使用到的任何语言必定是次优的存在:可以对其进行有限度的明确规定。其语法必定是有限的,这样就能够通过参考有限数目的基础成分,以及将较小的成分组合成较大的成分之有限数目的操作方式,来明确规定它的全部语句,加上这些语句的解释。 166

在语言学理论中最近出现了大量的尝试性工作,致力于找到一种合适的语法范式。[①] 方案是通过减少可能语法的种类,来减少可能语言的种类,直到只剩下最合适的那些可能语言作为重要的候选项,成为可供人类使用的语言。在实践中,这是通过限制语法范式——直至去除任何无语法形式的实际语言为止——来达成的。

拥有许多额外的、可以算作可能语言的实体——就像那些我们真正想要的可能语言一样,对我们而言没有什么坏处。因此,我们不会规定我们的可能语言必须具有任何明确形式的语法。事实上,我们无需将"拥有**任何一种**语法形式"包含在定义可能语言的条件之中,无需以充分的精确性和一般性,尝试说清楚具有一种语法指的是什么,这就为我们省掉不少麻烦。但是我们必须牢记在心,没有语法的语言——或者没有最终会成为任何一种合适的范式语法的语言——被称作可能语言,只不过是因为我们偷懒而没有将它们排除在外。

总之还是让我尝试一下,说清楚某一可能语言 $\mathfrak{L}$ 的某种语法是如何有可能得以运用的。我将语法区分为三个部分,称为词汇部分、生成部分和表征部分。

词汇部分是一个由基础成分构成的庞大有限集合,对它们进行标示以表明其所属的语法范畴。其中大部分是单词,或者是比单词还要小的单位——

① 例如,参见 Noam Chomsky, *Aspects of the Theory of Syntax* (Cambridge, Mass.: MIT Press, 1965), chap. 1.

语素。

生成部分是一个**合并操作**(combining operations)的有限集合。每一次这
168 类操作都是基于给定范畴的、给定数目的成分,将它们串联在一起,构建一个由新的、较大的成分组成的给定范畴。它同时也给这一新的成分做出标示,表明其所属的范畴以及构成它的那些成分。从作为词汇的基础成分开始,生成部分构建起越来越大的成分。更准确地说,一个成分是任意一个包含了作为词汇的基础成分的最小集合,并且在合并操作下完成了集合的闭合。这样的成分就是带有范畴标示之层次结构的一连串作为词汇的基础成分,如图 47 所示。

表征部分是通过操作基于由生成部分构建起来的成分中的某些成分——属于**语句**范畴的那些成分,形成言辞表达。这样表征语句成分的言辞表达就是属于 $\mathfrak{L}$ 的句子。在属于**短语结构语法**(phrase-structure grammar)的特殊情形中,表征部分没有什么作用。它只不过是去除了范畴标示,按顺序通过一连串合适的声音或者记号替换掉词汇项而已。形式语言——至少那些只具有简单标点符号系统的语言——的语法就是短语结构语法。在那些属于**转换语法**(transformational grammar)的、更具一般性的情形中,表征部分发挥的作用要大得多。使用包含在范畴标示中的信息,它可以在形成某一言辞表达之前就替换部分语句成分、删除某些成分以及增添新的成分。

我没有规定语句成分和表征它们的言辞表达之间必须存在一一对应关系。一句话或许可以表征数个不同的语句成分:句法歧义;或者数句不同的话表征一个语句成分:语体变异的一种类型。或者某一语句成分有可能无法被表征出来;通过允许表征部分变得有选择性,我们能够简化生成部分。

语法应当不仅只给出属于 $\mathfrak{L}$ 的语句,还应给出在言说它们的场合中这些语句的解释。可以通过以下几种方式做到这一点:(1)将解释——我们很快就
169 会探讨它们究竟为何物——指定给作为词汇的基础成分;(2)给定 $\xi_1 \cdots \xi_k$ 每个成分各自所拥有的每一种解释,对每一次用于从旧有成分 $\xi_1 \cdots \xi_k$ 构建起新成分 ξ 的合并操作,提供与之相伴随的**投影操作**(projection operation),以推得 ξ 的解释;(3)将语句成分的解释传递给表征它们的句子。正如合并操作从作为词汇的基础成分出发,构建起无限数目的、越来越大的成分,对应的投影操作也平行地发挥作用,从作为词汇的基础成分之解释出发,推得那些较大成分的

解释。

167

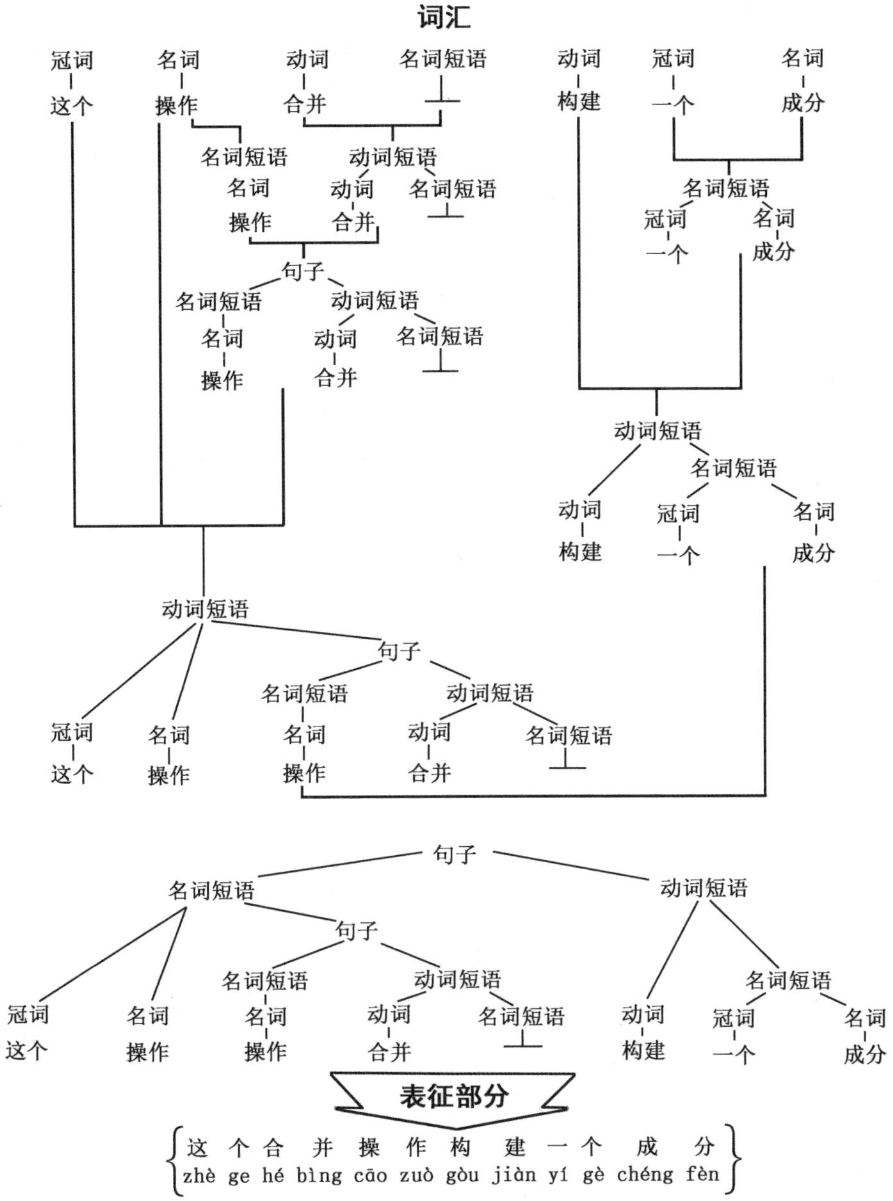

图 47

传递给一句话的解释可能不止一种。以下两种方式中的任何一种皆有可能发生这种情况，或者两种方式都发生了这种情况。这句话可能在句法上有歧义，表征超过一个以上的语句成分——并从它们那里获得解释。有一个例子是乔姆斯基的“新措施吓到了约翰（约翰被新措施吓到了）”（John was frightened by the new methods.），这句话有歧义，尽管它没有包含任何有歧义的单词。或者这句话有歧义，是因为它所表征的一个语句成分已经具有了数种解释。因为作为词汇的基础成分可能有歧义。当它被构建进一个更大的成分之中，这个作为词汇的基础成分所具有的不同解释通常就会使得那个更大的成分产生不同的解释。依此类推，直至有歧义的一句话表征一个有歧义的语句成分。一个例子是“欧文正要去银行（河畔）”（Owen is going to the bank.）。

我们无需假定当旧有的成分 $\xi_1 \cdots \xi_k$ 构建起一个新成分 ξ 的时候，$\xi_1 \cdots \xi_k$ 的**每一个**可能的解释组合都会产生对 ξ 的一个解释。如果那样的话，就会歧义丛生。投影操作可以是有选择性的，输入满足特定限制条件的解释组合，只以这样的方式运作。但是在那样的情形下，有可能会出现 ξ 完全没有接收到任何解释的情况，尽管它真的是从 $\xi_1 \cdots \xi_k$ 中构建起来的，而它们各自又的的确确是有解释的。因为有可能 $\xi_1 \cdots \xi_k$ 的解释组合中没有一个可以成为被投影操作所接受的输入。如果反过来 ξ 被构建进入另一个成分之中，正常情况下该
170 成分也会没有解释；因为甚至连一个完整的解释组合也给不出来，让投影操作能够使得新成分获得解释。依此类推，直到语句成分为止都没有解释。如果一句话表征这样一个异常的语句成分，该语句成分就无法传递给这句话任何解释。这就是为何语句自身没有解释这种情况是有可能的。（我并不是说，任何常见语言所具有的任何完善语法都会产生没有解释的语句；但是正如我之前所言，对这种可能性持一种开放的态度似乎是较为妥当的做法。）

作为词汇的基础成分可以是指向性的，在其得到言说的不同可能场合中接收不同的解释。（让我们假设说，言说某一成分的某一场合，就是言说某一句话——表征包含它的某一语句成分——的任一场合。）这种对于场合的依赖关系，通过投影操作，向着较大的成分逐级传递，最终传递给语句。

我的这一幅有关 $\mathcal{L}$ 的语法性质的素描，业已经过了精心构思，使得其具有相当程度的一般性，能够涵盖以下两种特殊情形：(1)逻辑学家使用的，用来具体规定他们所研究的形式语言的信息集合和赋值规则（valuation rules）；

(2)自然语言的转换语法，其所具有的形式是最近由乔姆斯基、杰罗尔德·卡茨(Jerrold Katz)[①]和其他人提出的。[②] 乔姆斯基和他的合作者较早的一些提法，其中所允许的语法不符合我的描述，但是还没有给出令人信服的例子能够证明这一早期提出的一般性是必需的。不管怎样，如果我已经大致地展现出语法看起来是什么样子的话，那么有没有给出一个合格的语法定义，这并不重要。

我赞同卡茨所阐释的那种方式，通过投影操作，获得那些逐级增大的成分的解释，最终从语句成分中将解释赋予表征这些语句成分的句子，使得语法从作为词汇的基础成分之解释开始，推得语句的解释。但是我不认可卡茨有关 171
这些解释之性质的论述，这是另一个不同的问题。卡茨将它们当作是由被称为"语义标示"(semantic markers)——用来表征"意义结构中概形性质的基础成分"[③]——的符号构建起来的表达。我发现该观点并不令人满意，因为它会导向一种语义理论，忽视诸如"真"和"指称"这些最为重要的语义概念。

那么一个成分的解释是什么呢？我们已经得出过一个结论。一句话的解释，以及由此推出一个语句成分的解释，是一种语气和一个真值条件所构成的一个组合：一个数字代码加上一个可能世界的集合。语气是语句所特有的某种东西；但真值条件在提供具有恰当解释的成分过程中则给出了一种一般化的策略。

在塔尔斯基(Tarski)[④]和卡尔纳普(Carnap)[⑤]传统中的指称语义(referential semantics)为成分提供了适合于它们所属范畴的外延：为语句提供真值，为名称提供指谓，为一元谓词提供集合，为 n 元谓词提供 n 元组集合，等等。

---

① 即杰罗尔德·雅各布·卡茨(Jerrold Jacob Katz，1932－2002)，著名的美国哲学家和语言学家，在 20 世纪哲学的语言学转向中具有重要影响。他反对维特根斯坦、蒯因以及乔姆斯基等人的自然主义语言及哲学观念。——译者注

② Chomsky，*Aspects of the Theory of Syntax*；Jerrold Katz，*Philosophy of Language* (New York：Harper and Row，1966)，chap. 4。我的成分，由于它们带有范畴标示之层次结构，所以同乔姆斯基的基础短语标示，或者其中的子结构是相同的。

③ Katz，*Philosophy of Language*，pp. 155－156.

④ 即阿尔弗雷德·塔尔斯基(Alfred Tarski，1901－1983)，波兰裔美国数学家和逻辑学家，他对于真值概念和模型论的研究影响深远，逻辑学界通常将他与 20 世纪最重要的数学家之一哥德尔(Kurt Friedrich Gödel，1906－1978)相提并论。——译者注

⑤ 即鲁道夫·卡尔纳普(Rudolf Carnap，1891－1970)，德裔美国哲学家，维也纳学派的领导人物之一，逻辑实证主义的代表人物。——译者注

给定作为词汇的基础成分的外延，通过投影操作（赋值规则）可推得逐级增大的成分之合适外延。当然，解释最好不仅仅只是外延而已，因为外延同时取决于解释和有关现实世界的偶然事实。例如，应该具有不同解释的那些成分结果偶然间具有了共外延。尽管如此，指称语义看起来仍然是一个差一点就近乎完满的理论。

一个真值条件具体规定了某一语句的真值，不过是在所有的可能世界中，而不仅仅是在任何一个碰巧成为现实的世界中。对属于任一范畴的某一成分而言，通过给予其在每一个可能世界中的某种外延（适合于它所属的范畴），我们能够基于同一原则对其进行解释。这是卡尔纳普的观点。最近在数位属于塔尔斯基和卡尔纳普传统的哲学家著作中，该观点被应用于带有内涵算子（intensional operators）的形式语言之语义学。①

172 例如，为某一名称提供的解释应当在每一个可能世界中都为事物进行命名（如果有的话），可以将它当作是从可能世界映射至可能世界中的事物的函数。为某一一元谓词提供的解释应当为事物给出在任一给定的世界中皆为真的谓词；可以将它当作是从世界映射至世界中的事物集合——或者，如果没有事物能够栖居于一个以上的世界，也许仅仅是包含了来自不同世界之事物的单一集合——的函数。为某一 n 元谓词提供的解释可以被当作是从世界映射至世界中的事物之 n 元组集合的函数，甚至是那些拒绝局限于现实世界的指称语义处理的成分，也是有可能为它们提供解释的。譬如，为某一模态算子（modal operator）提供的解释或许可以被当作是从可能世界映射至真值条件集合——即可能世界集合的集合——的函数。

---

① 参见 Rudolf Carnap, *Meaning and Necessity*, 2nd ed.（Chicago: University of Chicago Press, 1956）, pp. 181－182；Jaakko Hintikka, "Modality as Referential Multiplicity", *Eripainos Ajatus*, 20（1957）, pp. 49－64；Saul Kripke, "Semantical Considerations on Modal Logic", *Acta Philosophica Fennica*, 16（1963）, pp. 83－94；David Kaplan, *Foundations of Intensional Logic*（Ann Arbor: University Microfilms, 1964）；Richard Montague, "Pragmatics", *Contemporary Philosophy—La Philosophie Contemporaine*, ed. Raymond Klibansky（Florence: La Nuova Italie Editrice, 1968）；Montague, "On the Nature of Certain Philosophical Entities", *The Monist*, 53（1969）；Dana Scott, "Advice on Modal Logic", presented at the Free Logic Colloquium held at the University of California at Irvine, May 1968。蒙塔古和斯科特提出用一种统一的方式来处理内涵与指向性，其中相对于**参照点**指定外延：某一可能世界和数个与语境相关的特征——时间、地点、说话者、听众等——之间的组合。蒙塔古将他的研究归类为语用学，就是因为这是相对于语境而言的。它并不处理那类语用研究，确定某一给定的群体使用何种可能的语言。

我认为，为了构建起我们想要的那类语句解释，正是这类解释——在每一个可能世界中对于外延的指定，应当将其通过语法赋予成分。（为了解释相关的语气，还必须在语法中加上某类特殊规定。）相对于言说场合的特征而言，很明显这样的解释——就像在单一世界中的外延，我们是能够给出的；出于这一理由，某一成分的意义不是任何一种解释，而是一个函数，通过该函数，这一 173
成分的解释（或者是它的备选解释集合）取决于它被言说出来的场合。

第三节　可能语言的语义学

这样我们就完成了对于可能语言的考察。我们能够定义与一般意义的可能语言相关的语句之特定的语义属性，就像我们对言辞信号语言所做的那样。但是为了允许存在指向性和歧义性，一般来讲，这是四要素之间的关系：属于 $\mathcal{L}$ 的某一语句 σ，语言 $\mathcal{L}$，言说 σ 的某一可能场合 o，以及通过 $\mathcal{L}$ 指定给场合 o 之中的 σ 的某一解释 $\langle \mu, \tau \rangle$，四者之间的关系。如果在 $\mathcal{L}$ 内 σ 是**意思永远不变的**（在每一个言说它的可能场合中，通过 $\mathcal{L}$ 都给它指定同一解释集合），那么我们能够不提及场合 o。如果在场合 o 中属于 $\mathcal{L}$ 的语句 σ 是**意思清楚的**（在场合 o 中，通过 $\mathcal{L}$ 给它指定了单一的解释），那么我们能够不提及解释 $\langle \mu, \tau \rangle$。

在场合 o 中，根据解释 $\langle \mu, \tau \rangle$，在 $\mathcal{L}$ 内 σ 是**直陈式的**，当且仅当 $\mathcal{L}$ 为 $\langle \sigma, o \rangle$ 指定某一包含 $\langle \mu, \tau \rangle$ 在内的解释集合，且 μ 为 0。（其他四种已经命名的语气亦是如此。）

在场合 o 中，根据解释 $\langle \mu, \tau \rangle$，在 $\mathcal{L}$ 内 σ 为**真**，当且仅当 $\mathcal{L}$ 为 $\langle \sigma, o \rangle$ 指定某一包含 $\langle \mu, \tau \rangle$ 在内的解释集合，且在（亦即其所包含的）可能世界 w——言说 σ 的可能场合 o 位于这个世界——中，真值条件 τ 成立。

在场合 o 中，根据解释 $\langle \mu, \tau \rangle$，在 $\mathcal{L}$ 内 σ 为**假**，当且仅当 $\mathcal{L}$ 为 $\langle \sigma, o \rangle$ 指定某一包含 $\langle \mu, \tau \rangle$ 在内的解释集合，且在可能世界 w——场合 o 位于这个世界——中，真值条件 τ 不成立。

在谈及属于 $\mathcal{L}$ 的、意思永远不变的语句之真假状态时，要么我们提及的是可能世界 w，要么我们说的是现实世界。

在世界 w 中，根据解释 $\langle\mu,\tau\rangle$，在 $\mathcal{L}$ 内 σ 为**真**，当且仅当 $\mathcal{L}$ 为 σ 在每一个言
174 说它的可能场合都指定某一包含 $\langle\mu,\tau\rangle$ 在内的解释集合，且在可能世界 w 中，真值条件 τ 成立。（σ 为假的状态，其逻辑形式亦是如此。）

根据解释 $\langle\mu,\tau\rangle$，在 $\mathcal{L}$ 内 σ 为**真**，当且仅当 $\mathcal{L}$ 为 σ 在每一个言说它的可能场合都指定某一包含 $\langle\mu,\tau\rangle$ 在内的解释集合，且在现实世界中，真值条件 τ 成立。（σ 为假的状态，其逻辑形式亦是如此。）

在最简单的情形下，属于 $\mathcal{L}$ 的、意思清楚且永远不变的某一语句，我们能够在 $\mathcal{L}$ 内认为它是真的。在不存在相互矛盾的规定的条件下，就认为该情形在现实世界中为真。

在 $\mathcal{L}$ 内 σ 为**真**，当且仅当 $\mathcal{L}$ 为 σ 在每一个言说它的可能场合都指定单一一个固定解释 $\langle\mu,\tau\rangle$，且在现实世界中，真值条件 τ 成立。（σ 为假的状态，其逻辑形式亦是如此。）

通过 $\mathcal{L}$ 指定的真值条件也许具有普遍性，在（亦即其所包含的）每一个可能世界皆成立；或者它们也许是空的，在所有可能世界中皆不成立；又或者它们处于两种情形之间，在有些可能世界中成立，但在另一些可能世界中不成立。相应地，在诸场合中，根据诸解释，在 $\mathcal{L}$ 内，我们可以称语句是分析性的、矛盾性的或者综合性的。

在场合 o 中，根据解释 $\langle\mu,\tau\rangle$，在 $\mathcal{L}$ 内 σ 是**分析性的**，当且仅当 $\mathcal{L}$ 为 $\langle\sigma,o\rangle$ 指定某一包含 $\langle\mu,\tau\rangle$ 在内的解释集合，且在每一个可能世界中，真值条件 τ 成立。

在场合 o 中，根据解释 $\langle\mu,\tau\rangle$，在 $\mathcal{L}$ 内 σ 是**矛盾性的**，当且仅当 $\mathcal{L}$ 为 $\langle\sigma,o\rangle$ 指定某一包含 $\langle\mu,\tau\rangle$ 在内的解释集合，且在每一个可能世界中，真值条件 τ 不成立。

在场合 o 中，根据解释 $\langle\mu,\tau\rangle$，在 $\mathcal{L}$ 内 σ 是**综合性的**，当且仅当 $\mathcal{L}$ 为 $\langle\sigma,o\rangle$ 指定某一包含 $\langle\mu,\tau\rangle$ 在内的解释集合，且在有些可能世界中，真值条件 τ 成立。

在其他的可能世界中，真值条件 τ 不成立。

又一次，在谈及场合 o 中，在 $\mathcal{L}$ 内的语句意思永远不变，或者意思清楚，或者二者皆有时，我们能够对被定义项进行简化处理。

在 $\mathcal{L}$ 内 σ 是**分析性的**，当且仅当 $\mathcal{L}$ 为 σ 在每一个言说它的可能场合都指定 175
单一一个固定解释 $\langle\mu,\tau\rangle$，且在每一个可能世界中，真值条件 τ 成立。（矛盾性和综合性状态，其逻辑形式亦是如此。）

注意，一个意思清楚、具有指向性的语句，在 $\mathcal{L}$ 内，在每一个言说它的可能场合中都可以是真的，而不必在 $\mathcal{L}$ 内的任何一个场合中是分析性的。在英语中，普遍认为具有这一状态的语句，包括“我现在在这里”（I am here now.），“我存在”（I exist.），“我醒了”（I am awake.），“我正在说些什么”（I am uttering something.），以及类似的句子。[1] 这样一句话，在言说它的任何一个可能场合中，都被指定了一个在言说场合所处的世界中成立的真值条件，但是在其他的可能世界中该真值条件不成立。我们很欣慰地发现没有将这一状态与分析性混为一谈，而这是很容易出现的情况。

还存在一种相反的可能性，就不那么令人欣慰，而且是出乎意料的。一个意思清楚、具有指向性的语句或许在言说它的某一个可能场合中是分析性的，但在其他场合中则为假。想一想英语句子，“这是一个完全平方数”（It is a perfect square.）。假如身处某一言说这句话的场合，其中前述这句话所讨论的唯一实体就是数字 49，用数词“49”指称。然后我认为，在那个场合指定给我们的语句的真值条件在每一个 49 是完全平方数的可能世界——也就是所有的可能世界——中皆成立，所以这是一个具有普遍性的真值条件。在那个场合中，这一英语句子是分析性的。但是想一想言说它的另一个场合，讨论的实

---

① 所有这些常见的例子都会遇到反对意见。（1）在有些情形下，“这里”“现在”这些现在时态指的可能不是言说场合的时间、地点，而是所意向的、听到这些语句的场合的时间和地点；（2）一个声称自己存在的幽灵这样做的话，该语句就是假的，如果“存在”——对于一个人或者一个死人而言——有一种意思是“活着”的话；（3）一个说梦话的人有可能成功地完成了“说些什么”的动作。我提及这些反对意见，并不是要支持或批评它们，而仅仅是想说，我感兴趣的是认为属于我的这些例子的**状态**，而非就这些状态来说，它们究竟是不是真正的好例子。

体是数字48，用数词"48"指称。在**那一个**场合中，我们的句子在英语中不是分
176 析性的；它是假的，而且在英语中的确是矛盾性的。

我发现这并没有什么不对。回忆一下，大多数有关分析性的讨论忽视了分析性的、指向性的句子，我们不应该对他们抱有坚定的期望。此外，根据给定的定义，尽管我们的句子在特定场合中，在英语中是分析性的，但不是**绝对地**在英语中是分析性的；但是另外有一些指向性的句子，像是"昨天已经过去"(Yesterday is past.)，不仅是在言说它们的场合中，在英语中是分析性的，而且**绝对地**在英语中是分析性的。言说句子"昨天已经过去"的任何一个场合都处在某一天 d。指定给那个场合中的这句话的真值条件在每一个可能世界——其中 $d-1$ 天先于 d 天到来——都成立；不管 d 是什么，这是一个具有普遍性的真值条件。因此我们的句子在每一个言说它的可能场合中被指定了单一一个固定解释，并且这一解释包含了具有普遍性的真值条件。

照例来讲，具有任一语气的某一语句都可以被称作是矛盾性的，但是只有某一直陈式的语句可以被称作是分析性的。我没有考虑这一毫无意义的限制条件：分析性——就和矛盾性、真假状态一样——取决于 $\mathcal{L}$ 指定的真值条件，同与之相伴随的语气无关。一个分析性的命令式语句是，"戴上帽子，要不然就别戴！"(Wear a hat or else don't!)一个分析性的允诺式语句是，"只要我还是个单身汉，我保证不结婚。"(I promise to remain unmarried so long as I am a bachelor.)一个分析性的允许式语句是，"无论何时当你喘气的时候，你就可以呼吸"。(You may respire whenever you breathe.)(出于后文将会考量的理由，我怀疑根本不存在分析性的疑问式语句这种东西。)

这样我就完成了简明但是具有高度一般性的、有关可能语言及其语句的语义属性的论述。现在我们转而探讨如下问题：如果 $\mathcal{L}$ 是一门可能语言，而 P 是一个参与人群体，为了让 $\mathcal{L}$ 成为群体 P 的一门实际语言，$\mathcal{L}$ 和 P 之间必须成立一种什么样的关系？显而易见的答案是：群体 P 的成员必须**使用**语言 $\mathcal{L}$。可是这样的回答既没有信息量，也没有解释清楚这个问题。他们一定会以某种方式使用 $\mathcal{L}$。如果群体 P 中的每个人使用 $\mathcal{L}$ 的方式是用 $\mathcal{L}$ 来说谎，或者用 $\mathcal{L}$ 来唱大戏(但是并不知道唱的那些词是什么意思)，那么他们确实在使用 $\mathcal{L}$，
177 但不是以正确的方式在使用它；$\mathcal{L}$ 不会成为他们的语言。只有当我们已经知道是什么使得一门语言成为某一群体实际使用的语言时，才能够说出我们心

中所想的使用这门语言的方式是什么。

第二个答案是：群体 P 的成员必定赋予属于 ℒ 的语句——在言说它们的场合中——以解释，而这些解释是通过 ℒ 指定给这些语句的。但这是另一种没有信息量的答案。为某一句话赋予某一个解释的是什么样的行为呢？不是任何人想做就能做的行为。我不能说“这里很冷”，但是意思是指“这里很暖和”[1]——至少没有朋友们的帮助我是做不到的。

第四节　求真惯例

我们试图了解，为了让某一特定的可能语言 ℒ 成为群体 P 的实际语言——在我们所追寻的意义上他们**使用** ℒ，该群体的成员必须要做出什么样的行为。这肯定是他们遵从某一惯例时做的事：群体 P 中的每个人之所以采取某种行动，是因为他预期群体 P 中与他谈话的同伴们也会这么做；是因为某种交流沟通中的共同利益在引导他，如果其他人做了他们应做的事的话，他也想要做自己应做的事。我们知道这么多，只是因为（从长期来看）这跟我们使用何种语言没有太多关系，只要我们都使用同一门语言就行。

我主张最好将语言惯例——群体 P 的成员根据此惯例使用某一给定的可能语言 ℒ ——描述为 ℒ 内的一项求真惯例。[2] 这是我们在 ℒ 作为一种言辞信
号语言的特殊情形时就已经得到的结论。在那个例子中，从（1）我们之前有关 178
发信号惯例的论述，以及（2）真之概念在具有惯例性质的发信号现象中的应用，我们推出在 ℒ 内存在一项求真惯例。现在我们应探讨在遵从求真惯例时，放宽限制条件的语言是如何得以使用的。

让我们之后再来思考非直陈式的语气、指向性和歧义性这些问题。那么我们就有了一门语言 ℒ，为属于它的语句，在每一个言说该语句的可能场合，

---

① Ludwig Wittgenstein, *Philosophical Investigations* (Oxford: Blackwell, 1958), sec. 510.

② 我将这一主张归功于埃里克·斯特纽斯（Erik Stenius），“Mood and Language Game”，*Synthese*，17 (1967)，pp. 254—274。他提出语言的使用受到两类规则的支配：为句干（去除了语气指示词后的语句）赋予真值条件的规则；为每一种语气规定适当的求真类型的规则。他研究了三种语气：直陈式、命令式以及是—非疑问式。通过将真值条件构建到对可能语言的确定中去，以及将他的求真规则作为求真惯例来处理，我采纳了他的观点。反过来斯特纽斯认为功劳应当归于哥本哈根的 H. 约翰森博士（Dr. H. Johansen），因为“在某种意义上，说出‘真’的想法，可以被视为是一条语义学规则”。

都指定单一的、直陈式语气的、同一的解释。在$\mathfrak{L}$内求真就是试图不要言说任何在$\mathfrak{L}$内不为真的、属于$\mathfrak{L}$的语句,但不止如此。一个人仅仅是从来不说属于$\mathfrak{L}$的语句,这不算是在$\mathfrak{L}$内求真。(我现在就不算在威尔士语中求真。)在一种更为积极的意义上,在$\mathfrak{L}$内求真,就是通过时不时地言说属于$\mathfrak{L}$的语言来进行言辞交流实践,同时在交流的时候试图不要言说任何在$\mathfrak{L}$内不为真的语句。当然,一个人能够在某一谈话过程中的任何特定时点保持沉默,而又不停止在$\mathfrak{L}$内求真;但如果你闭口不言的时间太久——或者付出了高昂代价以至于影响到你的社交目的,那么你会逐渐地由一名属于$\mathfrak{L}$的求真者(一个碰巧什么都不想说的人)转变为一名不使用$\mathfrak{L}$的人。

在有关言辞信号语言的情形中,我们不必区分积极的和消极的求真行为,因为发信号惯例不存在是说话还是保持沉默的选择。为了遵从惯例,一个人必须言说属于该语言的、为真的任何一句话。但是声称我们的语言惯例在某一次日常谈话过程中的任何时点都禁止保持沉默,则是荒谬的。然而如果有任何人**始终**选择沉默,也不能说他遵从我们的语言惯例。

如果我们的简单语言$\mathfrak{L}$是某一群体 P 的实际语言,则我们一定会在$\mathfrak{L}$内找到某一求真的常规性 R。群体 P 的成员会通过言说属于$\mathfrak{L}$的语句进行交流,并且他们几乎总是会试图避免言说在$\mathfrak{L}$内不为真的语句。(有时候他们会说谎,但是我们能够容忍具有惯例性质的常规性中存在例外情形;有时候他们
179 会犯错,但是我心中的常规性是那种在$\mathfrak{L}$内**试图**求真的常规性,而非成功做到求真的常规性。惯例是行动选择过程中的常规性。)此外,"群体 P 的成员几乎总是遵从 R"在群体 P 中是共同知识。就常规性 R 的惯例属性而言,还有其他什么样的条件呢?

如果群体 P 的其他成员都做出遵从行为,任何属于群体 P 的成员(几乎总是)会想要去遵从 R;其他成员也会想要他做出遵从行为,且这些偏好在群体 P 中是共同知识。我们能够稳妥地假定$\mathfrak{L}$是一门有用的语言,因为不然的话它不能够成为群体 P 的实际语言。那么在$\mathfrak{L}$内,一致的求真行为使得成功的交流沟通成为可能,这就与群体 P 成员的各种各样类型的利害关系相符合。想一想群体 P 的成员之间任意的日常谈话。某个人想要让同其他人分享他的某些信念。为什么他想要他们拥有那些信念,这无关紧要(出于利己或是利他的理由,他有可能想要他们遵照那些信念采取行动);他或许会试图教化他们;

或许只是和他们天天闲聊。他能够通过言说他认为在 $\mathcal{L}$ 内为真的语句——即通过做出某类真正遵从 R 的行为——来实现他的目的。而他之所以能够通过遵从 R 来实现目的的理由则是其他人在过去就已经做出过遵从 R 的行为，也就是说，那些人形塑了他现在的信号接收者的习惯和预期。因为在 $\mathcal{L}$ 内通行之求真的常规性，他的信号接收者已经变得习惯于 $\mathcal{L}$ 内的求真行为。他们习惯性地在 $\mathcal{L}$ 内求真。基于其他人在 $\mathcal{L}$ 内都求真的假定，他们习惯性地采取行动并形成信念。由于在 $\mathcal{L}$ 内反复实践，熟能生巧，他们可以轻松、迅速地采取行动。通过这一方式，以新近在群体 P 的成员中广泛流行的、在 $\mathcal{L}$ 内的求真行为为条件，群体 P 的成员通常来说有理由在 $\mathcal{L}$ 内求真。

因此，通过在 $\mathcal{L}$ 内的一致的求真行为所达成的协调，是在信号发送者——他们在不同的时间与同一信号接收者进行交流沟通——之间发散性的单边协调。每一名信号发送者想要在 $\mathcal{L}$ 内求真，因为这是过去的信号发送者让信号接收者有所预期的行为。据此，某一信号接收者成员不会受到惯例的约束。他只不过是在知道信号发送者很可能在 $\mathcal{L}$ 内求真的情形下选择听从，或许还
会形成信念。只有当他轮到自己作为信号发送者时，他自己才会在 $\mathcal{L}$ 内采取 180
遵从求真惯例的行动。

在带有直陈式信号的言辞信号语言的例子中，我们的描述有所不同。求真惯例是双边的：信号发送者试图言说在语言中为真的某一语句，信号接收者假定信号发送者已经成功地做到了这一点，基于这一条件采取看起来似乎是最好的行动。此时所寻求的协调一致，是信号发送者和信号接收者之间的协调一致。

我认为将这两种情形以不同的方式进行处理是正确的。言辞信号的行动过程中是带有明确目的的，而且该目的是什么，这属于共同知识。但这不是一般情形。为了实现我们的共同目标，我不会只告诉你当下你所需要知道的内容。如果信号发送者说的内容为真，通常信号接收者没有什么特别的事情要做。或许，信号接收者应当形成某一信念，但这一般而言不是自愿行为，因此也就不是遵从惯例的行为。即便信号接收者应当采取行动，该行为可能也不符合信号发送者和信号接收者的共同利益，可能并非信号发送者所意向要引发的行为，等等，因此或许不能将它合理地描述为受到惯例约束的行为。毫无疑问，从言辞信号到闲谈之间存在着一系列各式各样的、相互联系的交流沟通

方式，并且双边的和单边的协调也会或多或少地以各类形式混合在一起。但是一般性集中体现在信号发送者间的单边协调问题中，其在所有具有惯例性质的、直陈式沟通现象中皆会呈现出来，而不会出现在一名信号发送者和他的信号接收者之间偶然的双边协调问题中。

最后，一项惯例必须具有一项备选惯例。如果 R 是 $\mathcal{L}$ 内的一项求真惯例，它的备选项是合适的备选可能语言内的求真的常规性。出于数个理由，不是其他每一门可能语言都是合适的备选项。记住许多稀奇古怪的实体仍然被称作是可能语言，因为我们没有耗费心力将它们排除出去。对于某一任意的可
181 能语言，我们甚至不能定义什么是求真，只有局限于最初那少数几种语气且没有太多歧义性的某一门可能语言，我们才能下定义。即使是这样，我们还会遇到没有语法的语言、烦琐的语言、拗口的语言、学不会的语言、其最简短的语句也要花数小时才能言说出来的语言、其语句根本无法说出任何人想要说出的任何事的语言，如此等等。$\mathcal{L}$ 的一门备选语言必须是这样一门可能的语言，其中的求真行为可定义，足够便利和有用使得它可以成为供人们使用的、重要的候选语言。但是它必须不能和 $\mathcal{L}$ 太相似，因为人们必须几乎总是不可能同时采取既遵从某一项惯例又遵从它的备选项的行动。如果 $\mathcal{L}$ 和它的备选语言共同拥有某些语句，并且为这些语句指定了相互重合的真值条件，那么就有可能同时在 $\mathcal{L}$ 和其备选语言内皆为求真。不过我们仍然无需害怕 $\mathcal{L}$ 内的求真惯例会缺乏备选项。不同群体有那么多实际使用的语言，并且还有大量其他可能的语言同样也可供使用。

如果在简单语言 $\mathcal{L}$ 内存在着群体 P 的一项求真惯例，其必须满足上述条件。现在我们完成了有关这些定义条件的概述，并且我们发现，基于 $\mathcal{L}$ 是群体 P 实际使用的语言这一假设，这些条件会得到满足。在 $\mathcal{L}$ 内的某一求真惯例会在群体 P 中通行起来。由于群体 P 的成员所具有的某种利害关系，这项惯例会得以持存：这是一种与交流沟通相关的利害关系；是通过声音和记号的方式在某种程度上能够掌控彼此的信念和行为的利害关系。

一个人倾向于否认在 $\mathcal{L}$ 内能够存在某项求真惯例，理由是求真是一种道德义务。之所以会出现这种反对意见，其根据部分是混淆了以下两类求真行为：在某一给定的可能语言 $\mathcal{L}$ 内的求真行为和在一个人所属的群体使用的语言内的求真行为——无论其可能语言是什么。是前者，而非后者，才具有惯例

性质。但是根据我们常见的道德观，这两种求真行为都具有义务性。我的同伴们在 $\mathcal{L}$ 内都求真，基于这一条件，我有义务在 $\mathcal{L}$ 内求真；他们确实在使用这种或者那种语言，基于这一条件，我有义务在他们使用的无论何种语言内求真。182
我承认这些是道德义务，但是我否认它们阻碍了在 $\mathcal{L}$ 内的求真行为具有惯例性质。

为何它们看起来有可能会阻碍求真行为具有惯例性质呢？我推测是因为惯例是通过偏好得以维持的——正像有关它们的定义所言的那样。遵从 $\mathcal{L}$ 内的某一求真惯例，就是在 $\mathcal{L}$ 内求真，因为给定其他人都求真，这样做符合一个人自身的偏好。但如果其他人都求真，品德高尚者就会感觉受到约束，负有义务要在 $\mathcal{L}$ 内求真，即便这样做与他们的偏好相悖。

一个人在 $\mathcal{L}$ 内求真，与他自己的偏好相悖，那么他就不可能采取行动遵从惯例：这一点无疑是真的。但这样的情形是例外情况。在我们所知的世界里几乎每个人总是有理由让其他人分享他自己的信念（如果在具有原罪的人类之间永远都存在语言的使用的话，那么这就是必然的），因而就有理由遵从求真惯例。这样在正常情形下，一个人能够同时既遵行一种道德义务，又根据他自己的偏好而采取行动。无论什么时候当情况是这样的话，我们就有了一类遵从惯例的情形。只有一些例外情形需要换一种方式去描述。

$\mathcal{L}$ 内的一项求真惯例既是社会契约又是惯例。不仅仅是因为相较于在 $\mathcal{L}$ 内所有人都做出求真行为唯独他自己除外的情形，每个人都更偏好于在 $\mathcal{L}$ 内所有人都做出求真行为。更重要的是，每个人都更偏好在 $\mathcal{L}$ 内做出一致的求真行为，而不是巴别塔的场景——自然状态。① 因此每个人都应该认识到一种公平游戏的义务，由于其他人在 $\mathcal{L}$ 内做出的求真行为使得自己获得好处，对于这种好处他应该通过自己也在 $\mathcal{L}$ 内做出求真行为而予以回报。在例外情形下，这一义务将成为他在 $\mathcal{L}$ 内求真的唯一理由。在正常情形下，该义务也存在但不是必需的，因为他还会有其他出于自身利益考虑的充分理由。

对于我的论点，语言惯例是给定的可能语言 $\mathcal{L}$ 内的求真惯例，还可以有另一种不同的反对意见。回忆一下 $\mathcal{L}$ 是什么：一个特定的函数，其自变量是某一

---

① 作者这里使用“巴别塔”的典故来形容自然状态，原因就在于根据巴别塔的传说：所有人都说同一种语言，便能建起通天塔，而巴别塔的倒塌就是因为神将人们的语言打乱，人们相互之间不能理解，也就无法合作建塔。因此，语言的分化导致人类群体的分裂和冲突。——译者注

语句（一个声音类型或者记号类型的有限序列）加上某一言说该语句的可能场
183 合（某一可能世界加上处于该可能世界中的某一时空位置构成的组合）所构成的组合，其值为解释集合（一个数字代码加上一个可能世界的集合）。现在，如果任何一名使用语言 ℒ 的普通人对任何一个如此复杂的实体会有概念，知道它是什么的话，那是令人难以置信的事。因此，他怎么能够参与到有关 ℒ 的任何一项惯例中去呢？对于在 ℒ 内的求真行为，我们怎么会拥有预期和偏好呢？

我的回答是他能够在**分离的意义上**具有这种预期和偏好。要做到这一点，他无需像我们一样知道某一可能语言的复杂概念。他甚至不需要和我们一样知道函数、序列、集合、组合以及可能世界的概念。他能够是一名不相信所有这些词汇的唯名论哲学家，或者是一名从未听说过这些词汇的农民。他所要做的只是头脑里拥有有关具体事例——对于这些事例我们（但不是他）会称作在 ℒ 内的求真行为——的预期和偏好。而这些具体事例就是一件件再平常不过的人类思想和活动。唯一清楚地知道使用这些高深莫测的概念的人，就是我们自己，当面对一类数量庞大、形式各异、由信念支配的行为，通过将它归类到一种人为构造出来的描述下，对其进行概括总结的时候，我们明确地知道这个概念：在 ℒ 内的求真行为。

那么，遵从 ℒ 内的某一求真惯例，但是对 ℒ 内的求真行为又没有任何一般性的概念，这在逻辑上是有可能的。这并非是说，在这样做的时候，心中没有某些和那种概念极为相似的东西，在**心理上**是有可能的；而且我的意思是说根本不会有这样的事。ℒ 的使用者只是缺乏经验的有限存在者。然而不知出于什么样的理由，他却储备了数量极其庞大、内容极其多变的倾向性，能够在各式各样完全不同的情境中采取行动，拥有预期和偏好。这就是使得他能够——正像是我们会这样说，但是他不会——在 ℒ 内习惯性地求真，并且习以为常地预期其他人也会在 ℒ 内做出求真行为的必要条件。对于这种能力我想不出任何的解释，除了说它是某种相反的东西，有关在 ℒ 内求真行为之一般概念的无意识认知。

想一想一名自行车骑手。有关他的能力，任何可信的理论都会将他无意
184 识的心理活动过程归为一种与如下情形极为相似的过程，在知道一般物理学法则的情况下，运用一般性的物理学概念。但是除非我们的自行车骑手碰巧也是一名物理学家，否则说他了解那些概念或者知道那些法则就是错误的，尽

管根据这些法则，他的有关各式各样完全不同的情境的预期是有效的。

这就完成了我对于在简单语言内的求真惯例——不考虑非直陈式语气、指向性和歧义性问题——之论述。仍然将指向性和歧义性问题放到之后再行论述，让我们转而探讨在具有命令式、疑问式、允诺式和允许式语气的语言内的求真行为。

回忆一下我们在言辞信号语言内有关命令式语气的讨论，我们能够大致认为命令式的求真行为是一种服从行为。也就是说，取决于信号接收者，他们通过试图以这样的方式采取行动——让由 $\mathfrak{L}$ 指定给那些语句的真值条件得以成立，使得属于 $\mathfrak{L}$ 的命令式语句在 $\mathfrak{L}$ 内为真。

一开始作为粗略的论述，我们可以想一想如下有关群体 P 的成员在 $\mathfrak{L}$ 内求真行为之惯例的陈述（在其适用于命令式语气的范围内）：如果任一群体 P 的成员认为他已经成为群体 P 的另一名成员意向中的言说对象——作为一名属于 $\mathfrak{L}$ 的命令式语句 σ 的信号接收者，那么他试图使得 σ 在 $\mathfrak{L}$ 内为真。

这个粗略的论述不是非常好。我们当然不可能将什么命令式语句都变成惯例，并令其为真，存在着糟糕的建议、未经授权的指令、过分的请求、无法执行的要求，如此等等。所有这些都是我们能够不予理睬但又不会违反惯例的命令式语句。只有当信号发送者和他意向中的信号接收者进入了某一特定的**职权关系**之中的时候，如果那些信号接收者未能试图让信号发送者的命令式语句成为真的，那么他们才违反了惯例。至少在许多情形中（也许全部都是如此），恰当的职权关系是如下这类关系：通过言说言辞表达，至少在某一特定的范围内使得信号发送者支配信号接收者的行动成为可能，对于这一点，信号发送者和信号接收者之间有着共同利益，并且他们有着共同利益这一事实在他们之间是共同知识。

根据我们对言辞信号问题的定义，这一关系在任何带有言辞信号的发信
号问题中，在信号发送者和信号接收者之间皆成立。无论何时，当信号发送者 185
对信号接收者给出建议的时候，它都成立；且他处于优势地位，给出良好的建议并想要这样去做：这是一个共同知识。无论何时，当信号发送者在履行某项合作任务的过程中给信号接收者发出一个命令时，如果他正在做的事是共同知识的话，它都成立。无论何时，当信号发送者提出一个并不过分的请求，且“信号接收者想要令他满意”是共同知识，它都成立。

但是当信号发送者的命令式语句是一种通过威胁方式得以执行的要求时，这一职权关系看起来似乎并不能在信号发送者和信号接收者之间成立。相反的关系却能够成立：如果信号发送者**不**能够支配信号接收者的行动的话，后者会过得更好，这是共同知识。也许一名信号接收者屈服于某一要求，不能被描述为是对求真惯例的遵从，尽管我们承认通过命令式语句的方式提出要求是可能的，因为在其他情境——信号发送者的确和信号接收者处于某一职权关系之中的情境——中存在着支配那些命令式语句的求真惯例。又或者，也许我们应当说“要求”最好不要当作命令式语句，而是当作允诺式语句——威胁——来进行分析，即使当它们在语法上像是命令式语句的时候。

我们得出如下有关 $\mathcal{L}$ 内的求真惯例之陈述（在其适用于命令式语气的范围内）。如果群体 P 的成员 x 认为他已经成为群体 P 的另一名成员 y 意向中的言说对象——作为一名属于 $\mathcal{L}$ 的命令式语句 σ 的信号接收者；且通过言说言辞表达，使得 y 在某一特定范围内支配 x 的行动成为可能，对于这一点如果 y 和 x 之间有着共同利益——他们有着共同利益这一事实在他们之间是共同知识；且在该范围内存在着某种行动，x 能够通过采取这一行动试图使得 σ 在 $\mathcal{L}$ 内为真，那么 x 确实试图使得 σ 在 $\mathcal{L}$ 内为真。

我之前说过，$\mathcal{L}$ 内的某一求真惯例使得直陈式语句中的信号发送者受到约束，但是不会约束信号接收者；类似地，我现在表述的惯例是命令式语句中
186 的信号接收者受到约束，但信号发送者不受约束。但是在这一情形下，我看不出有什么好的理由不将信号发送者包括在内：假定在 $\mathcal{L}$ 内的求真行为是他的信号接收者应做之事的话，他应做之事是用看起来似乎是最好的方式言说命令式语句，即当他和某一信号接收者处于职权关系之中的时候，他言说那些命令式语句：他想要信号接收者能够使得这些语句在 $\mathcal{L}$ 内为真；且通过在可接受的支配范围内的行为，信号接收者能够使得这些语句在 $\mathcal{L}$ 内为真。另一方面，看起来似乎又没有明显的必要，将信号发送者应做之事包含在惯例的陈述之中。在知道惯例存在，并且他的信号接收者很可能会遵从惯例的情况下，我们同样能够将他表述为是采取了看起来似乎是最好的行动。正如和纯直陈式语气的例子一样，我们无需专注于一名信号发送者和他的信号接收者之间短期的、双边的协调问题。在那些与任何指定的人士进行交谈的人之中，存在着一类长期的、发散性的协调问题。因为无论何人与他交谈，既会影响他的语言习

惯，又会通过他已经具有的语言习惯实现各式各样的交谈目的——或者未能实现这些目的。

转而考虑疑问式语气的情形，我们能够省却一些分析，不用将疑问式语句当作一种新的语气进行处理；我们能够将它们当成是命令式语气下的一个子类别。（因此在本章开始为疑问式语气所保留的数字代码 2，将不会出现在通过我们正在考量的语言所指定的解释中。）想一想这个问题，“晚饭准备好了吗？”(Is dinner ready?)将它与如下的命令式语句进行对比，“告诉我晚饭有没有准备好！”(Tell me whether dinner is ready!)或者更直截了当地说，“如果晚饭准备好了就说‘是’，如果没有准备好就说‘没有’！”(Say ‘yes’ if dinner is ready，‘no’ if not!)。或者想一想这个问题，“你叫什么名字？”(What is your name?)将它与如下的命令式语句进行对比，“说出你的名字！”(Say your name!)又或者想一想这个问题，“告诉我，谁最先抵达格陵兰岛？”(Tell me, who first reached Greenland?)；将它与如下的命令式语句进行对比，“告诉我谁最先抵达格陵兰岛！”(Tell me who first reached Greenland!)在这一组组对比语句中，我看不出有任何重要的差别。因此我认为疑问句是命令式的——带有独特的主题、以独特的语法形式进行标示的命令式语句。同任何命令式语句一样，通过其信号接收者执行所命令的行为，疑问句在 $\mathcal{L}$ 内得以为真：我们将这一行为称为该疑问句给出了一个真的答案。一个真的疑问句是一个有 187
真的答案的疑问句。[1] 至少当提问者和某人处于某种职权关系的时候，同疑问句相关的在 $\mathcal{L}$ 内的求真行为是试图给出真的答案。这只不过就是和命令式语句相关的，在 $\mathcal{L}$ 内的求真行为的特殊情形。同时，这也是和直陈式语句相关的，在 $\mathcal{L}$ 内的求真行为的特殊情形；答案——至少当它们是完整的句子时——是直陈式的，就和那些使得命令式语句为真的行动一样。

我之前顺带提过一句，我怀疑存在分析性的疑问句。[2] 如果疑问句是命令式的，那么分析性的疑问句就是不可能不为真的命令式语句；因为具有任何语

---

① 在此我不同意斯特纽斯的观点。他在《语气和语言游戏》一文中提出，是一非疑问句的句干被认为是真的，当且仅当“是”是正确的答案。这样他规定疑问句的这类求真行为是，“根据其句干的真或假，为疑问句给出‘是’或‘否’的答案”(p. 273)。无疑对是一非疑问句来说，这是最自然不过的真之概念；但是与我的不同，它不能扩展至其他类型的疑问句。

② 参见原书第 176 页。——译者注

气的语句在$\mathcal{L}$内是分析性的，当且仅当它们被指定了具有普遍性的真值条件。所以它们是不可能得不到真的答案的疑问句。但是任何真正所谓的疑问句都会有相反的备选答案。此外，一个人可以通过保持沉默——这样就完全没有答案——而未能给出真的答案。

承诺和威胁的允诺式语气和直陈式语气属于同类。它取决于言说者通过试图保证他的允诺式语句之真值条件得以成立，在$\mathcal{L}$内求真。使得一个承诺或者威胁在$\mathcal{L}$内为真，就是去兑现它，去做某人说过他将要做的事。我的直陈式语句“我将回来”(I shall return.)和我的允诺式语句“我会回来”(I will return.)，在英语中都是真的，当且仅当我之后回来了；为了在英语中求真，我必须试图确保只有当后来我的确回来了，我才言说其中任何一句话，即我必须试图以如此的方式采取行动。我现在的言辞和我之后的作为之间存在着对应关系。但是在我试图确保的这一对应关系中存在着两个不同的时间维度：现在，是当我选择我的言词的时候；或者之后，是当我选择我的作为的时候。

188 在直陈式语句“我将回来”的情形中，求真就是在我言说这句话**之前**，就尝试使得我的言词和我的作为相互对应。我通过试图预料到或者决定是否我会回来，做到这一点；如果我预料到或者决定我不会回来，那么我就不说“我将回来”。在我言说之后，我有没有尝试确保这一对应关系成立，与我的求真行为无关。(这与我的语句是否为真**的确**有关；但是求真是试图——不一定要成功——使得语句为真。)鲁莽的自我预测不是求真；未能预料到的、对于自我预测的违反，也并非不是求真。

在允诺式语句“我会回来”的情形中，求真就是在我言说这句话**之后**，才尝试使得我的言词和我的作为相互对应。我通过记住我的言词并据此试图回来，做到这一点。在我言说之前，我有没有尝试使得我的言词和我的作为相互对应，与我的求真行为无关——虽然与我的语句是否为真有关。未能预料到的失败，没有信守承诺，这不是求真；鲁莽的承诺，也并非不是求真。

如果群体P的成员在$\mathcal{L}$内求真，而σ是属于$\mathcal{L}$的某一直陈式语句，在言说σ之前他们就会试图判断由$\mathcal{L}$指定给σ的真值条件是否成立。如果σ是属于$\mathcal{L}$的某一允诺式语句，在言说σ之后他们会试图以如此的方式采取行动，使得由$\mathcal{L}$指定给σ的真值条件能够真正成立。假设他们在$\mathcal{L}$内有一求真惯例，那么在做着上述两件事中的任意一件事的时候，他们都是在遵从惯例。他们也**可**

以做其他的事：试图使得已经言说出来的直陈式语句为真；试图不言说他们预料到无法使其为真的允诺式语句。但是这些行为不包括在 $\mathcal{L}$ 的求真惯例之内。在我们之间，它们根本不包括在任何惯例之内。

一种之前有过的不安现在又有再现的倾向。[①] 承诺——或者威胁，如策略分析师所知的那样——的全部意义在于约束一个人去做某件事，无论在当时这件事的结果是否与他的偏好相符（因此其他人对此人的行为之预期，相较于他们对他的偏好之预期，可能会更确定）。但是根据定义，正常的遵从惯例的行为是一种与个人偏好相符的行为。所以信守承诺怎么能够以遵从任意惯例 189
的方式做出呢？它不能——当它真的与偏好相悖的时候。但是当偏好与所承诺的义务相一致时，就没有理由说，信守承诺为何不应以遵从某一惯例的方式来完成。后者是正常的情形，并且对于在包含允诺式语气的语言内有一求真惯例的任何群体而言，情况必定是如此。如下说法不会让我们感到惊讶：通常我们信守承诺是因为我们不想辜负其他人的合理预期；是因为其他人在预期承诺会得到信守的前提下已经采取了行动，给定他们所做的事，我们信守承诺会带来好的结果；是因为我们不想在信守承诺这件事情上招致报复，毁掉我们的声誉，或者损害对于承诺的一般信心。我们通常确实偏好信守自己的承诺。而这是一种条件偏好，是如果信守承诺成为一种遵从惯例的行为的话，就必须具备的偏好类型。如果一般而言其他人并没有尝试让他们所言说的、属于 $\mathcal{L}$ 的允诺式语句在 $\mathcal{L}$ 内为真的话，那么没有人会出于上述我提及的理由中的任何一个，偏好去尝试让他所言说的、属于 $\mathcal{L}$ 的允诺式语句在 $\mathcal{L}$ 内为真。任何承诺都具备力量约束一名有荣誉感的人，让他违背自己的偏好。但是绝大多数承诺从未寻求运用这种力量。

允许式语句是命令式和允诺式相互中和的产物。如果我允许某人做某事（或者不做某事），通常来讲就是我取消了某个我已经向他提出的命令，或者是他已经向我做出的承诺。他能够从我的允许中获益，不然的话他采取的就不是求真的行动，因为其结果是违背我们的惯例——该惯例应用的是我原初给出的命令或者他原初做出的承诺。因为我的允许，他以那样的方式采取行动则并非不是求真。取消行为可以是完全的，也可以是部分的：指令你（或者收

---

① 参见第三章第一节。——译者注

到你的承诺)不要踩踏我的草坪,我晚些可以告知你今后无论何时只要你喜欢,都可以到草坪上来,或者我可以告知你,你可以到草坪上来,但是只有这一次。

我不应再描述在$\mathcal{L}$内的一类新型求真行为——有关允许式语句的求真行
190 为。相反,将我所做的、与命令式和允诺式语气相关的求真行为之论述进一步细化,就能得到在$\mathcal{L}$内的求真惯例的陈述,而允许式语气能够符合这一陈述。这并不是说允许式语气本身可以被取消掉。属于$\mathcal{L}$的允许式语句——带有包含数字代码 4 的解释,仍将保留下来。但是我们有关在$\mathcal{L}$内的求真惯例之陈述,不会包含只属于允许式语气的内容。实际上,在我们的惯例陈述中不需要再增加任何新的东西了。我们只需考察某一包含允许式语气的语言中那些可以指定给命令式和允诺式语气的真值条件的性质即可。

由$\mathcal{L}$指定给某一允许式语句σ的真值条件为我们给出了当σ被言说出来的时候,何种被允许的事态得以成立:正如我们所言,这是某人从(通过言说σ)授予他的允许中获益的事态。这样我们就知道了是什么使得某一被言说出来的允许在$\mathcal{L}$内为真。

对于某一命令式或者允诺式语句而言,最简单的一类真值条件就是只有特定之人执行特定之行动的那些可能世界的集合。我们能够称这类真值条件为**肯定的**(positive)真值条件。但是如果某一命令式或者允诺式语句是有条件的,“如果是阴天就带把伞!”(Take an umbrella if it is cloudy!)或者是“如果你需要我,我保证会帮忙。”(I promise to help if you need me.)那么就有了一类**不那么肯定的**(negative)真值条件,其包含的那些世界中,作为前提条件的那些事态还没有出现。前提条件越多,不同的、不那么肯定的真值条件就越多。某一命令式或者允诺式语句完整的真值条件是其全部肯定的真值条件和不那么肯定的真值条件的并集。某一命令式或者允诺式语句可以被允许式语句所中和,在那样的情形中,我们就有了另外一类不那么肯定的真值条件,其包含的那些世界中正是发生了中和化的情况。这样我的方案是,将任意的、可以被中和化的命令式语句或者允诺式语句,当作是明确地以缺乏任何中和性允许为条件——**以及其他条件**——的语句。

更精确地讲,假设我们有一命令式或者允诺式的句子,其肯定的真值条件
191 涉及某一特定人士x的行为。该命令式或者允诺式语句同时也可以有一不那

么肯定的真值条件，将其描述如下：所有可能世界的集合，其中由处于某一特定位置的人对 x 言说属于 $\mathfrak{L}$ 的任一允许式语句 σ，且随后 x 使得 σ 在 $\mathfrak{L}$ 内为真。（如果 σ 的真值条件至少部分不属于原初的命令式或者允诺式语句的肯定的真值条件，那么就会出现中和化；否则我们就得到了这样一个世界，同时既属于我们的不那么肯定的真值条件，又属于原初的肯定的真值条件。）这一不那么肯定的真值条件可以被包含在肯定的和不那么肯定的真值条件的并集——即原初的命令或者允诺式语句之完整的真值条件——之内。

我们无需为这类不那么肯定的真值条件做任何特殊的规定，唯独需注意的就是它们是可能的。且如果有些——不一定是全部——属于 $\mathfrak{L}$ 的命令式或者允诺式语句具有这样的真值条件，那么属于 $\mathfrak{L}$ 的、适合的允许语句之使用已经被 $\mathfrak{L}$ 内的某一求真惯例——正如其应用于命令式和允诺式语句那样——所涵盖。

有人也许会反对，认为存在那样的情境，需要有允许，但是这一需求并非先前的命令或承诺所创造出来的。这种情境是什么则取决于某一具体的群体所拥有的制度。我们不应当期望这些情境涵盖在纯粹的语言惯例之内。或许它们不属于任何的惯例。但是我们能够将这些情境认为是对于作为命令式和允诺式语句中和之产物的允许式语句，在使用其过程中的副产品。我们能够说拥有规则或者惯例的群体着重标记特定的命令式或者允诺式语句被言说出来那样采取行动：允许中和化的、带有真值条件的命令式或者允诺式语句。

我们对应用于非直陈式语气的求真行为的考察就到此为止。毫无疑问还有更多的语气需要考察，但是对于它们我没有什么想说的，而且我不相信对于我们理解语言而言它们非常重要。

我们能够很容易地将讨论扩展到带有意思清楚的指向性语句的可能语言 $\mathfrak{L}$，在不同的可能言说场合中指定不同的解释。事实上，英语中缺少意思永远 192
不变的非直陈式语句，所以我们已经使用指向性的句子来说明各种各样的看法。让我们利用这个机会重新表达在 $\mathfrak{L}$ 内的某一求真惯例之陈述，但是这次完整地规定了根据言说的场合，语气和真值条件之间的依赖关系。令 P 为某一群体，在其中惯例成立；令 x 为群体 P 中（几乎）任一成员。

如果 σ 是属于 $\mathfrak{L}$ 的某一语句，在由 x 向某一群体 P 的信号接收者言说它

的某一场合 o 中，在 $\mathfrak{L}$ 内，它会成为直陈式语句，那么 x 试图确保只有当 σ 在场合 o 中，在 $\mathfrak{L}$ 内为真时，他在场合 o 中言说 σ。

如果 σ 是属于 $\mathfrak{L}$ 的某一语句，在由某一群体 P 的成员 y 向 x 言说它的某一场合 o 中，在 $\mathfrak{L}$ 内，它是命令式语句，且通过言说言辞表达，使得 y 在某一特定范围内支配 x 的行动成为可能。对于这一点，如果 y 和 x 之间有着共同利益——他们有着共同利益这一事实在他们之间是共同知识，且在该范围内存在着某种行动，x 能够通过采取这一行动试图使得 σ 在场合 o 中，在 $\mathfrak{L}$ 内为真，那么 x 试图以如此的方式采取行动，使得 σ 在场合 o 中，在 $\mathfrak{L}$ 内为真。

如果 σ 是属于 $\mathfrak{L}$ 的某一语句，在由 x 向某一群体 P 的信号接收者言说它的某一场合 o 中，在 $\mathfrak{L}$ 内，它是允诺式语句，那么 x 试图以如此的方式采取行动，使得 σ 在场合 o 中，在 $\mathfrak{L}$ 内为真。

按照之前所计划的，没有单独地提及疑问式和允许式语句：没有提及疑问式语句是因为它们被包括在命令式语句之中；没有提及允许式语句是因为它们所包含的是某些命令式和允诺式语句的真值条件。

到目前为止我还没有说与属于 $\mathfrak{L}$ 的、具有歧义性的语句相关的求真行为是什么。或许我们无需面对这一问题。只要这样说就可以了，$\mathfrak{L}$ 是群体 P 实际使用的某一语言，仅当在群体 P 中存在着与那些属于 $\mathfrak{L}$ 的语句相关的求真行为之具有惯例性质的常规性，那些语句在它们被言说的场合中，在 $\mathfrak{L}$ 内是意思清楚的。这一惯例可能是一个更具有一般性的、与所有属于 $\mathfrak{L}$ 的语句——
193 包括意思清楚的或者具有歧义性的——相关的 $\mathfrak{L}$ 内的求真惯例之后承；但是我们能够论述更为简单的惯例，而不需要知道与歧义性语句相关的 $\mathfrak{L}$ 内的求真行为是什么。

或者，我们能够尝试去描述与歧义性语句相关的 $\mathfrak{L}$ 内某一最低标准的求真行为。例如，某一语句 σ，在言说它的场合 o 中，通过 $\mathfrak{L}$ 指定给它数个解释。择取那些解释中的任何一个解释，如果该解释就是在场合 o 中由 $\mathfrak{L}$ 指定给 σ 的唯一解释，就采取一个人可以采取的任何行动在 $\mathfrak{L}$ 内求真。通过这样的方式，一个人能够在场合 o 中，在 $\mathfrak{L}$ 内做出与 σ 相关的最低限度的求真行为。以这种最低程度的方式，一个骗子也能求真，如果他知道欧文将要去河边，他就说：

“欧文将要去银行。”而他说这话的场合，是大家正在谈论欧文缺钱的事。[①]

为了描述更高标准的求真行为，我们必须提及在现实谈话过程中解决歧义性的实际方式。我假设，这取决于我们对其他每个人谈话目的的看法。例如，我们能够无视某一个由 $\mathfrak{L}$ 在场合 o 中指定给某一语句 σ 的解释，如果这个解释——而不是另一个——就谈话过程来说毫无意义可言：如果这是在场合 o 中由 $\mathfrak{L}$ 指定给 σ 的唯一解释，而这对于在场合 o 中参与谈话的人来说是共同知识，那么在场合 o 中言说 σ，无论以何种方式都不可能达到言说者的谈话目的。当某一句话显然为假，这一点成为共同知识时，我们就能够无视这句话的解释。无论言说者还是其他参与谈话的人都没有注意到某一语句中具有某一解释，如果这成为共同知识，那么我们就能够无视这句话的这一解释。这是我们解决歧义性问题最初级的手段之一。然而我有些迟疑：即使是这些，也是我们的一门语言内的求真惯例之部分内容。似乎最好认为它们是我们在面对某一语言惯例时，运用庸见[②]的结果。在任何情形中，直到我们对解决歧义性的方式究竟是什么有进一步的理解之前，我们都无法将解决歧义性的方式植入有关 $\mathfrak{L}$ 内的求真行为的定义中去。

因此就让我们知足吧，将某一可能语言 $\mathfrak{L}$ 内的求真行为，当作是与意思清楚的语句——带有之前讨论过的语气——相关的 $\mathfrak{L}$ 内的求真行为；且也许还可以当作是与带有那些语气的歧义性语句相关的 $\mathfrak{L}$ 内的最低标准的求真行为。 194

到目前为止，我对提出如下结论感到满意：语言的使用者在事实上参与到了求真惯例之中。要检验我的结论，我们必须简单地运用我们的知识想一想，当普通人以日常的方式使用语言时，究竟发生了什么。我们能够想象在一个和我们所处的境况多多少少有些类似的境况中，一门可能的语言 $\mathfrak{L}$，成为和我们多多少少有些类似的群体 P 实际使用的语言，情况可能会是什么样的。我坚持认为，当我们想象这一景象时，我们会发现，根据我的定义，在群体 P 中通

① 原文为 Owen is going to the bank，作者之前提到过这个例子（参见原书第 169 页）。英语 bank 一词具有歧义性，既可以指“河畔”，又可以指“银行”。当大家谈论欧文的金钱问题的时候，首先会想到的就是“银行”的意思，但实际上欧文去的是河边。因此言说者说出的这句话既是“真的”，但又欺骗了大家。——译者注

② common sense，常见的中译是“常识”。可事实上，这些老生常谈之事既不“平常”，也非可以传授之“知识”，所以译者一直倾向于采用林语堂先生的用语，将其译作“庸见”。——译者注

行着在$\mathcal{L}$内的某一求真惯例：为了交流沟通、为了通过产生的声音和记号能够在一定程度上相互支配信念和行动，出于群体 P 的成员们的这些利益考量，该惯例得以持存。我们首先在言辞信号语言中探讨了这一结论，然后是去除了非直陈式语气、指向性和歧义性的简化语言，最后是恢复了这些复杂因素的语言。

正如我们所知的那样，求真惯例是常规语言使用的一项特征，如果这是真的，并且如果——像我所假设的那样——它们因此而成为一项重要特征，那么求诸它们来定义一门可能语言$\mathcal{L}$成为群体 P 的实际语言指的是什么，就是合理的方式。也就是说，我们可以采纳如下定义：

$\mathcal{L}$是群体 P 的一门**实际语言**，当且仅当在群体 P 中通行着在$\mathcal{L}$内的某一求真惯例，该惯例出于交流沟通带来的利益而得以持存。

根据我们先前对于言辞信号的讨论，这一定义适用于言辞信号语言这种特殊的情形。我推测它也适用于一般化的情形，即我推测它与在明确情形下的日常使用模式相一致，并且和不那么明确的情形之间划出了一条实用的分界线。检验该定义可以这样来审视，如果我们能够想象出一个明确的情形，该定义与我们确认或者否认$\mathcal{L}$是群体 P 的实际语言之倾向不相符，而我则是一个都想不出来。

有人可能通过反例争论说该定义没有为$\mathcal{L}$成为群体 P 的一门实际语言给 195
出一个必要条件。我们能够虚构出许多稀奇古怪的例子，对于它们，我们会有某种倾向说$\mathcal{L}$是群体 P 的一门实际语言，尽管在群体 P 中并不存在$\mathcal{L}$内的求真行为之惯例。我们能够想象一群积习难改的撒谎者；或者是一个群体，人们相互怀疑对方是积习难改的撒谎者；或者是一群用他们的语言只是说大话、讲着天方夜谭般的故事的人；或者是一群具有本能的生物，除了植入它们基因之中的一种语言外，无法使用任何其他的语言。但是这些稀奇古怪的例子没有一个能让人信服，因为一旦我们意识到它们有多么古怪——与我们所知的语言之使用有多么的不同，我们就不会想将它们归类为语言日常使用的那类**明确**情形。而如果它们属于不那么明确的情形，那么我们就可以自由地以任何我们觉得方便的方式来处理它们。当然，我们乐于承认它们是语言在扩展的意义上成为某一群体的一门实际语言的例子。这仅仅是说，与（根据定义）条件得到满足的例子相比，它们有着许多的相似之处。

第五节　群体中的语义学

有关一门语言成为某一群体实际使用的语言这一问题，我们已在一定程度上给出了足够多的必要且充分条件，我们已能够定义言辞表达和语言使用者群体之间的某种语义学关系。很明显这取决于言辞表达和可能语言之间相对应的语义学关系。通过定义这种关系，我们就可以在语言和群体之间进行考察。一般来讲，我们再次有了四要素之间的关系：这一次是某一言辞表达 σ、某一群体 P、言说 σ 的某一可能场合 o 以及某一解释 $\langle\mu,\tau\rangle$ 这四者之间的关系。

在场合 o 中，σ 从群体 P 中**获得**解释 $\langle\mu,\tau\rangle$，当且仅当存在某一可能语言 $\mathcal{L}$，使得 $\mathcal{L}$ 成为群体 P 的一门实际语言，且使得 $\mathcal{L}$ 为 $\langle\sigma,o\rangle$ 指定包含 $\langle\mu,\tau\rangle$ 在内的某一解释集合。

如果 σ 在群体 P 中是**意思永远不变的**（在每一个言说它的可能场合中，都从群 196
体 P 中获得同一解释集合），那么我们能够不提及场合 o。如果在场合 o 中，群体 P 的言辞表达 σ 是**意思清楚的**（在场合 o 中，从群体 P 中获得单一的解释），那么我们能够不提及解释 $\langle\mu,\tau\rangle$。

在场合 o 中，根据解释 $\langle\mu,\tau\rangle$，在群体 P 中 σ 是**直陈式的**，当且仅当存在某一可能语言 $\mathcal{L}$，使得 $\mathcal{L}$ 成为群体 P 的一门实际语言，使得 $\mathcal{L}$ 为 $\langle\sigma,o\rangle$ 指定包含 $\langle\mu,\tau\rangle$ 在内的某一解释集合，且 μ 为 0。（其他命名的语气亦是如此。）

在场合 o 中，根据解释 $\langle\mu,\tau\rangle$，在群体 P 中 σ 为**真**，当且仅当存在某一可能语言 $\mathcal{L}$，使得 $\mathcal{L}$ 成为群体 P 的一门实际语言，使得 $\mathcal{L}$ 为 $\langle\sigma,o\rangle$ 指定包含 $\langle\mu,\tau\rangle$ 在内的某一解释集合，且在（其所包含的）可能世界 w——言说 σ 的可能场合 o 位于这个世界——中，真值条件 τ 成立。（σ 为假的状态，其逻辑形式亦是如此。）

在场合 o 中，根据解释 $\langle\mu,\tau\rangle$，在群体 P 中 σ 是**分析性的**，当且仅当存在某一可能语言 $\mathcal{L}$，使得 $\mathcal{L}$ 成为群体 P 的一门实际语言，使得 $\mathcal{L}$ 为 $\langle\sigma,o\rangle$ 指定包含 $\langle\mu,\tau\rangle$ 在内的某一解释集合，且在每一个可能世界中，真值条件 τ 成立。（矛盾性和综合性状态，其逻辑形式亦是如此。）

将情形简单化，在群体 P 中 σ 意思清楚且永远不变，我们得到如下定义：

在世界 w 中，在群体 P 中 σ 为**真**，当且仅当存在某一可能语言 $\mathcal{L}$，使得 $\mathcal{L}$ 成为群体 P 的一门实际语言，使得 $\mathcal{L}$ 为 σ 在每一个言说它的可能场合都指定单一一个固定解释 $\langle\mu,\tau\rangle$，其真值条件 τ 在可能世界 w 中成立。

在群体 P 中 σ 为**真**，当且仅当存在某一可能语言 $\mathcal{L}$，使得 $\mathcal{L}$ 成为群体 P 的一门实际语言，使得 $\mathcal{L}$ 为 σ 在每一个言说它的可能场合都指定单一一个固定解释 $\langle\mu,\tau\rangle$，其真值条件 τ 在现实世界中成立。

在群体 P 中 σ 是**分析性的**，当且仅当存在某一可能语言 $\mathcal{L}$，使得 $\mathcal{L}$ 成为群体 P 的一门实际语言，使得 $\mathcal{L}$ 为 σ 在每一个言说它的可能场合都指定单一一
197 个固定解释 $\langle\mu,\tau\rangle$，其真值条件 τ 在每一个可能世界中成立。

我们能够用不同的方式来简化处理被定义项，仍然提及“言说 σ 的场合 o”，但是不提及“群体 P”。因为通过检验场合 o，我们能够确认信号发送者和他意向中的信号接收者，并进一步寻得他们所属的使用某一实际语言的群体。这样我们就得到了某一言辞表达 σ 和言说它的某一场合 o（并且，如果我们需要规定歧义性问题的话，还可以加上解释项）之间的语义学关系，既不需要提及群体，也不需要提及语言。在不规定歧义性的条件下，我来阐述有关这类简化处理的被定义项。

在场合 o 中 σ 为**真**，当且仅当存在某一可能语言 $\mathcal{L}$ 以及某一群体 P，使得在场合 o 中，信号发送者和意向中的信号接收者属于群体 P，$\mathcal{L}$ 成为群体 P 的一门实际语言，且 $\mathcal{L}$ 为 $\langle\sigma,o\rangle$ 指定单一的解释 $\langle\mu,\tau\rangle$，其真值条件 τ 在场合 o 所位于的可能世界 w 中成立。

在场合 o 中 σ 是**分析性的**，当且仅当存在某一可能语言 $\mathcal{L}$ 以及某一群体

P，使得在场合 o 中，信号发送者和意向中的信号接收者属于群体 P，$\mathfrak{L}$ 成为群体 P 的一门实际语言，且 $\mathfrak{L}$ 为 $\langle\sigma,o\rangle$ 指定单一的解释 $\langle\mu,\tau\rangle$，其真值条件 τ 在每一个可能世界中成立。

某一群体为那些言辞表达——这些言辞表达属于该群体使用的语言中的语句——所赋予的解释就讨论到这里。该语言的语法中那些非语句成分又是怎样的呢？这些成分同样也含有解释。（让我们忽略指向性、歧义性以及异常情况，假装它们含有单一的固定解释。）语法将解释指定给其所有的成分，要么 198
是以直接的方式，要么是通过它投影操作的方式。但我们还是想说，例如，一个词汇是通过某一语言使用者的群体来赋予其某一解释的。威尔士人为词汇“gwyn”赋予某一特定的解释——也许这是一个将包含白色事物的集合指定给每一个可能世界的函数。[①] 这么说的时候，我们既没有提及某一语言，也没有提及某一语法。我们想得到一种三要素之间的关系：成分 ξ 从群体 P 中获得解释 ι。

我们如何能够定义这类关系？设想是通过提及某一语言 $\mathfrak{L}$ 和某一语法 Γ，将它们与为 ξ 指定解释 ι 的群体 P 联系起来。语法 Γ 为成分 ξ 指定解释 ι；$\mathfrak{L}$ 由 Γ 所给定；群体 P 在 $\mathfrak{L}$ 内拥有某一求真惯例。不走运的是，$\mathfrak{L}$ 不会仅仅只具有一种语法。$\mathfrak{L}$ 的不同语法会对成分做出不同的解释。它们中的一种语法可能会为 ξ 指定 ι，其他的则不会。$\mathfrak{L}$ 的不同语法甚至可能会将语句分解为不同的成分；ξ 可能在 $\mathfrak{L}$ 的一种语法中是成分，在其他的语法中则不是。$\mathfrak{L}$ 的各种语法之间这些差别相互抵消；不同的语法给出带有同一解释的同一语句。给定群体 P，我们通过找寻求真惯例选择语言 $\mathfrak{L}$；但是给定 $\mathfrak{L}$，我们如何能够选择 Γ？求真惯例属于完整的句子，但是留给句子各部分的解释却是不确定的。或许我们应当寻找其他类型的惯例，但是我想不出来这样的一项惯例，其内容可能会是什么。这不可能简简单单地只是采纳了如此这般的语法的一项惯

① Gwyn 是常见的威尔士人名字“格温”，这个名字的含义是“白色、公平和祝福”，所以作者才说是“白色事物的集合”。这个名字源自威尔士的神话人物 Gwyn ap Nudd（他也在亚瑟王的传说中出现过），是死者国度 Annwn 的国王。但是这个名字的含义则同爱尔兰英雄 Fionn mac Cumhaill 有关，他的家族母系这一方可以追溯到 Nuada，也就是 Gwyn 的父亲。二者的共同起源则是凯尔特人的神话。——译者注

例，或者将如此这般的解释给予如此这般的成分的一项惯例。惯例是行为的常规性，不存在采纳某一语法或者是给予某一解释这样的行为（或者，如果有这样的行为的话，它也不是发生在语言正常使用的情形中）。

$\mathscr{L}$ 的有些语法是简单、自然、合理、容易且优美的；其他的则是复杂、造作、无理、困难且糟糕的。根据某种评价备选语法的恰当方式，或许 Γ 应当成为 $\mathscr{L}$
199 的**最佳**语法。我们能够在某一成分 ξ、某一群体 P、某一解释 ι 和某一评价方式 M 之间定义四要素的关系：

> ξ 从群体 P 中**获得**解释 ι（根据 M），当且仅当存在某一可能语言 $\mathscr{L}$ 和 $\mathscr{L}$ 的某一语法 Γ，使得 $\mathscr{L}$ 成为群体 P 的一门实际语言，使得 ξ 是语法 Γ 中的成分，Γ 为 ξ 指定解释 ι，且根据评价方式 M，使得 Γ 成为 $\mathscr{L}$ 的最佳语法。

如果我们能够发现一种评价方式，其独一无二，应当得到一种特别具有优势的地位，那么我们就能够将不需要的、与 M 相对的其他评价方式去除掉。如果不是那样的话，我担心我们想要获得的那个概念是有漏洞的：不存在"通过群体 P 将**特定**解释给予 ξ"这么个东西，只有"根据各种不同的语法评价之备选方式，通过群体 P 将各种不同的解释给予 ξ"这种情况。

为什么某一种语法评价方式应当得到一种特别具有优势的地位？如乔姆斯基所猜测的那样，也许它构成了语言能力的心理解释的一部分。[①] 假设无论何时当任何一个人得到了求真的能力和倾向，并预期在某一语言内做出求真行为，他通过形成某种与该语言相关的、无意识的内在语法表征来做到这一点；假设在一名儿童习得语言的任何阶段，根据某一特定的固定评价方式 M，他的内在表征语法都是**最佳**语法，这符合他所观察到的、他周围的人们的语言使用。这样，M 和他的观察一起决定了一名儿童内在地会表征哪一种语法；而将某一语言 $\mathscr{L}$ 作为母语使用的人们，根据 M，他们内在表征的语法会成为 $\mathscr{L}$ 的最佳语法。

这一心理语言学假设仍然是推测性的。我只能说如果它——或者和它类似的假设——是真的，那么就会有一种清晰的理论能够说明某一成分从某一

① *Aspects of the Theory of Syntax*, chap. 1.

群体中获得了某一解释。如果不是这样的话，我们必须到其他地方去寻找一种具有优势地位的评价方式，或者我们必须放弃这一理论。放弃的话就等于 200
是接受了蒯因的指称不确定性命题：无论我们对群体 P 有多么了解，我们也没有客观上确定的方式来解释他们比句子还要短小的话语片段。①

我希望我们现在理解了一种言辞表达在某一群体 P 中成为分析性的，会是什么样子的。是否有过任何一种言辞表达在任一群体中曾经**确实是**分析性的，这仍有待于进一步的探讨。到目前为止，我们将分析性描述为一种可能是全然易于理解的状态，这种方式碰巧之前从未有人注意到过。相似地，我们可以知道某一可能语言 ℒ 成为某一群体实际使用的语言会是什么样子的，但是我们不知道这种情况是否曾经发生过。而我则是强烈怀疑它并未发生过。

常常有人说分析性是不精确的。（这种说法同说分析性——无论是精确还是不精确——是难以理解的，有很大的差别。）在任一群体中——比方说我们自己，绝大多数语句明显是综合性的，少数一些无足轻重的句子很明显是分析性的，而在哲学和科学中令人感兴趣的每一句话看起来似乎都是介于二者之间。例如，动力学的基本原理中有些似乎是分析性的。但又是哪些呢？动量守恒？作用力等于反作用力？力等于质量乘以加速度？还是别的什么？我们说不出来。不知何故，每一句话看起来都似乎是部分分析性的，但是部分分析性又是如何成为可能的呢？

主要不是因为我们的语言惯例不属于最高等级的惯例，尽管它们确实不是。看起来较高等级的惯例属性——较少的非求真行为、对他人求真行为持有更为坚定的信心、更少的各种类型的例外情况——并不能让分析性变得更为精确。并且主要也不是因为不清楚到底有哪些可能世界，尽管确实不清楚。（例如，我不知道可能世界中有没有一个是五维空间的。）因为分析性在每一个可能世界——在某一群体的语言内——中皆为真，有关世界的可能性之不确定性，能够确定地在有关语句的分析性之不确定性中反映出来。但是这不能 201
成为不精确的分析性的完整解释。有时候我们无法分辨一句话是不是分析性的——比方说动力学的原理之一，是因为我们无法分辨在某个假想世界——

① *Word and Object*, pp. 68—79; "Ontological Relativity: The Dewey Lectures 1968", *Journal of Philosophy*, 65 (1968), pp. 185—198.

这个世界很明显**是**可能的——中，它在我们的语言内是否为真。

我认为我们应当给出结论，在某一单一可能语言内的某一求真惯例是某个其他惯例——从未达成过——的受限情形：我们从某一非常相似的可能语言密集簇中选择出来的任何一种语言内的求真惯例。该语言簇具有完全相同的语句，并为它们给出相应的解释集合，但有时候在相应的真值条件中存在着少许差异。这些差异极少会影响到和现实世界足够接近的那些世界，这些世界和我们大多数的日常信念相容。但是当我们深入到那些越来越稀奇古怪的可能世界，就会有越来越多的语句在我们的语言簇中的某些语言内表现为真，但在其他语言内则为假。因此，一句话可能在我们的语言簇中的某些语言内是分析性的，但（在差异悬殊的世界中）在其他语言内则不是。在我们中间，这些语句就会是**部分**分析性的，或者分析性是**不精确的**。我们实际使用的语言就像是构成该语言的诸可能语言之产生共鸣的混合物。在这些可能语言的每一门语言内，分析性都是精确的，但是它们各自的分析性可能相互不一致。

即使这样还是没有解释“分析性是不精确的”这一事实，“我们的语言惯例将我们的行为限制在语言簇之中，而不是单一的可能语言”，基于其他理由，这一假设是有道理的。我心中所想的这种惯例是：几乎每一个人，几乎总是在该语言簇的至少**某些**语言内求真（但是对每个人，或者同一个人在不同的时间而言，不必是相同的那些语言）。和单一语言内的求真惯例相比较，对我们来说这是更好的惯例。为了交流沟通的便利，标准化是一件好事，但不是首要事务。如果该语言簇足够紧密，那么就不会对交流沟通造成多大的威胁。一般来说，我们不会讨论那些真值条件相互分歧的差异悬殊的世界。因此一般来说在语言簇中的任一语言内的求真行为，就是在该语言簇的每一门语言内的求真行为。当某一种令人困惑的分歧的确出现时，通过寻找那些真值条件还
202 没有以棘手的方式产生分歧的语句，以及制定比我们永久性惯例更为严格的临时性惯例，交流沟通能够得以维持——再假定存在一丝善意。作为容忍对交流沟通产生的威胁之回报，我们得到两个好处。

第一个好处是，语言簇中不同的语言可以具有不同的优、缺点，因而可以适合于个人不同的看法、品味以及谈话目的。如果每个人都能从语言簇中进行挑选，那么语言之间互不相容的偏好就都能得到满足。此外，只使用单一语言会对新发现和新理论的获取造成不便，通过不让我们自己陷于只使用单一

语言的情况，我们避免了这方面的风险。我们让自己具有了某种灵活性，但又不需要改变惯例。

但更重要的是，我们永久性惯例的限制条件越少，那么确认它、理解它以及开始参与其中所需要的经验就越少。一名儿童不得不从有限的语言使用范例中进行推断，这些例子中有些甚至还是违反惯例的。假设他周围的每个人始终在完全相同的可能语言内求真。在观察到足够多的谈话，使得这名儿童能够确认这种语言之前，他有可能还是需要等待很长的时间。因为如果两门语言仅仅是在差异悬殊的可能世界中，语句的真值有所不同，那么这种差异只会在非常少的谈话过程中才会显现。不可否认，这名儿童会得到他的倾向的帮助，忽略几乎所有与他已知信息相一致的推断——否则的话，他无法获得任何进展。但是倘若在该语言簇中有不止一种语言可以作为重要的候选语言——我认为不精确的分析性的存在能够证实会出现这种情况，相较于确认这一语言簇而言，他需要更多的信息来确认该语言簇中的某一门语言。所以我认为在一门单一的可能语言内的求真惯例自身是无法得以持存的。人们不能完全习得该惯例。由于不能完全习得它，这一惯例就会经常被违反。人们常常违反该惯例，就更加不能完全习得它。

203

结　论

在导论中，我着手开始进行一项工作，赞同这样一个寻常道理：存在着语言惯例。现在我已经完成了这项工作——我不知道在多大程度上能够令人信服。首先，我尝试非常详尽地在一般意义上说明惯例是什么，然后我尝试用简略的方式说明什么样的惯例才有可能成为某一群体的语言惯例。这样，我尝试回答了蒯因和怀特的怀疑论式的挑战。

但是他们有关语言惯例的怀疑论主张只是另一种范围更为宽广的怀疑论的一部分：有关分析性、矛盾性、综合性、蕴涵、同义关系（在互为蕴涵的意义上）以及其他概念的怀疑论。正如现在每个人已经知道的，这些概念是可以通过简单的方式互为定义的。如果这个概念群中任何一个概念是合理的，那么每个概念都是合理的。我尝试证明分析性概念是合理的。或者更准确地说，我尝试证明有两种不同的分析性概念，都是合理的。在第五章第三节，我在某一可能语言 $\mathcal{L}$ 内定义了分析性；在第五章第五节，我在某一语言使用者群体 P 中定义了分析性。后一种分析性取决于前一种分析性，且取决于可能语言和群体之间具有惯例性质的关系。如果我成功地拯救了“语言具有惯例性质”这一寻常道理的话，那么我是否也因此而成功地拯救了分析性及其相关的概念？我相信我做到了。

存在两类语义理论，有时候会被人们误解为它们相互竞争，尝试完成相同的工作：分析“真”“分析性”以及其他这类概念的语义性质。不存在这样的工作，因为不存在这样的性质需要去探究。相反，存在着一组组语义**关系**：某一语言 $\mathcal{L}$ 内的真、某一群体 P 中的真；$\mathcal{L}$ 内的分析性、群体 P 中的分析性；诸如此类。

204 一类语义学分析了与可能的解释型语言有关的“真”“分析性”以及其他这

类概念，抽象掉其中任何的使用者。这类语义学由弗雷格(Frege)[①]、塔尔斯基以及(绝大多数时候的)卡尔纳普完成。这类语义学过去对于区分带有不同意义的共延表达(coextensive expression)无能为力，也无法处理语言的指向性特征；但是这些缺陷在最近的研究中得到了克服，解决方案来自如下观点：外延应当相对于可能世界，相对于言说的时间、说话者等因素而进行指定。

另一类语义学分析了和某一参与人或者某一参与人群体有关的“真”“分析性”以及其他这类概念。这类语义学由后期的维特根斯坦(Wittgenstein)[②]、格赖斯、斯金纳(Skinner)[③]、蒯因、莫里斯(Morris)[④]、齐夫以及(有些时候的)卡尔纳普所完成。这类语义学经常会出现的问题是它很难同时分析一种以上的言辞表达。

说前一类语义学处理的是人为的语言[⑤]，而后一类处理的是自然的语言，这是一种混淆视听的说法。这两类语义学都处理这两种语言。正如我们所预料的，两类语义学都能更好地用于研究自然语言的简化片段，而不是完整的自然语言。建筑师傅－助手的语言游戏[⑥]说的正是像进行一阶演算的自然语言。

现在让我们转而探讨蒯因有关分析性的部分批评意见。蒯因抱怨说卡尔

---

① 弗里德里希·路德维希·戈特洛布·弗雷格(Friedrich Ludwig Gottlob Frege，1848－1925)，德国数学家、逻辑学家和哲学家，被认为是现代逻辑的创始人，也是数理逻辑和分析哲学的奠基人。而卡尔纳普就是弗雷格的学生，也是弗雷格作为教授时，唯一的一名注册学生。——译者注

② 路德维希·维特根斯坦(Ludwig Wittgenstein，1889－1951)，应当说他是20世纪知名度最高的哲学家之一，也是分析哲学中最有影响力的学者之一。维特根斯坦的哲学思想曾发生过重要且关键性的转变，所以作者特别指出是“后期的维特根斯坦”。——译者注

③ 可能是指博尔赫斯·弗雷德里克·斯金纳(Burrhus Frederic Skinner，1904－1990)，美国心理学家、行为学家，被认为是20世纪最有影响力的心理学家之一。他的典型行为主义理论对当代心灵哲学影响很大，从而引起分析哲学界和语言学界的关注。乔姆斯基就曾批评过斯金纳试图用行为主义的方式来解释人类语言差不多等同于一种言词游戏(word games)。——译者注

④ 可能是指查尔斯·W. 莫里斯(Charles W. Morris，1901－1979)，美国符号学家、哲学家。他将符号学分为句法学、语义学和语用学三类，试图将实用主义和逻辑实证主义相结合，是语言哲学早期发展中代表性的学者之一。——译者注

⑤ “artificial language”，也有学者译作“人工语言”，而本书则是按照刘易斯提及的有关休谟意义上的“人为”和“自然”的区分(参见原书第38页)，译作“人为的语言”。——译者注

⑥ 这个语言游戏例子出自维特根斯坦的《哲学研究》，参见书中第一部分的第二节。“language game”(语言游戏)是后期维特根斯坦非常重要的一个哲学概念，其中“game”一词在经济学中通常译作“博弈”，即“语言博弈”。并且从逻辑形式上而言，经济学的博弈模型和分析哲学的语言模型也确实是相通的，如本书作者的研究所显示的那样(同样，反过来讲，“博弈理论”其实也就是“游戏理论”)。但是目前经济学家的博弈模型常常完全忽视了其内在的逻辑形式，导致漏洞百出。本书按照哲学界的“惯例”，仍然译作“游戏”。——译者注

纳普和他的合作者们提出的有关分析性的论述毫无用处。他考察了两种主张：在 $\mathcal{L}$ 内一项陈述是分析性的，当且仅当根据 $\mathcal{L}$ 的语义规则（且仅仅只是根据这些规则）它是真的；语言$\mathcal{L}$——至少如果它是一种人为的语言——是一个序对，其中次要的构成部分是一个具体规定了真值条件的语义规则集合。蒯因的答复如下：[①]

> 但是由此我们同样可以更简单地把人为的语言 L 直截了当地解释为这样
> 205 一个序对，其次要的构成部分是其分析性陈述的类；L 的分析性陈述就变成了单单是对 L 的次要构成部分陈述的指定。或者更好的办法是，我们干脆不要在这上面白费气力了。
>
> 求助于一种简单人为的假设语言，如果和分析性有关的心智、行为或者文化因素——不管它们是什么——已被设法用勾勒的方式植入这个简单化的模型里，可以想象，这对于澄清分析性是有用的。但是这种将分析性仅仅作为一种不可化约的特质的模型，是不太可能有助于说明阐释分析性这个问题的。[②]

这是什么情况？不必在意这个事实，蒯因的卡尔纳普式的对手本应该讨论的是人为的简化语言。让我们用他的方式提出一个更为大胆的主张：任何可能的语言都能够用某一序对——其次要的构成部分是“真”之语义规则的一个集合——进行表征。（人为语言的特殊之处只不过在于一名哲学家不想花太多功夫，就将这些规则展示出来。）这同我们为可能语言所选择的表诠有点不太一样，但也差不多。蒯因说，这是白费气力。不是白费气力的事情，就是那些提及心智、行为或者文化因素的事情。

---

① 以下两段话引自中译本《从逻辑的观点看》（《蒯因著作集（第 4 卷）》），陈启伟等译，中国人民大学出版社 2007 年版，第 42 页。部分语句做了改动。其中“白费气力”原文是“tugging at our bootstraps”，直译就是“扯着我们的鞋带往上提”，这个典故出自《吹牛大王历险记》（*The Adventures of Baron Munchausen*），说的是男爵掉进湖里，然后扯着自己的鞋带把自己从湖里拉了上来。原本引申为“自力更生”的意思，但是蒯因这里所说的，类似于坐在椅子上将自己和椅子一块举起来的意思，所以原译者译作“费力”也是可以的。——译者注

② “Two Dogmas of Empiricism”, pp. 35—36.

蒯因想要了解给定群体中的**特定**语言之分析性，[①]否则他就没有理由承认，与群体有关的任何信息是同语言相关的信息。他认为自己的问题未曾得到解答，这一点他完全是正确的；因为他的对手只是告诉他某一可能语言中的分析性，却没有考虑任何使用该语言的群体。或许这位对手误认为蒯因知道某一可能语言成为某一群体的语言，到底意味着什么。而且在某种意义上，蒯 206
因确实知道：蒯因知道让威尔士人的语言成为威尔士人的语言，意味着什么。但是蒯因的确**不**知道——而他的卡尔纳普式的对手也没有告诉他[②]——的是，威尔士人和某一特定对序（其次要的构成部分是某一语义规则集合）之间必须成立的那种关系，这一关系使得该对序**成为**威尔士人的语言。要告诉蒯因这一点，这位对手肯定会不得不提及威尔士人群体的心智、行为或者文化因素。

蒯因对于"真"本身没有提出怀疑，这似乎是很奇怪的。他认为塔尔斯基的著作已经澄清了"真"的问题。但是塔尔斯基澄清的是在某一给定的、可能的解释型语言中的真，而非某一群体的语言中的真。同意"Gwyn yw eira"[③]在某一特定的、可能的解释型语言中为真，当且仅当雪是白色的，那么此时摩根说"Gwyn yw eira"，他所说是真的吗？我们正在谈论的这门可能语言被称为威尔士语，是因为它是威尔士人的语言。这一事实并没有解释，当我们说"摩根所说的，在他的语言中为真"，我们的意思是什么；或者当我们只是简单地说"摩根所说为真"，我们的意思是什么。要解释这一点，我们就会不得不谈论某些心智、行为以及文化因素。

我首先或多或少做了些蒯因的卡尔纳普式的对手所做的工作：我论述了任意可能语言的性质，通过这样的方式我们可以很容易地确认某一给定的可

---

① 这与"经验论的两个教条"中的观点相一致，第 33 页，"陈述 *S* 被认为**对于**语言 *L* 来说是**分析性的**，问题就是要理解这一关系一般性的意义，即变元'*S*'和'*L*'之间的关系"。（同前，引用部分文字参考了中译本，第 39 页。语句做了改动。——译者注）对于这一段话，能够且必须如此解读，是说问题在于要理解某一任意的**实际**语言的分析性，这是通过语言的使用者，而非语言的语义属性得到确认的。

② 真正的卡尔纳普确实有些话要说，参见"Meaning and Synonymy in Natural Language"，*Philosophical Studies*，6 (1995)，pp. 33—47。假设某一给定的可能语言 $\mathfrak{L}$ 是卡尔的实际语言；卡尔对于"如果……你会说什么？"这个问题，有着可能的回答；关于卡尔的回答，该假设具有可检验的结论。困难在于要从假设中推出这些结论，我们必须先要理解这个假设，即我们必须知道，"$\mathfrak{L}$ 成为卡尔的实际语言"指的是什么。

③ 这句话为威尔士语，译作英语的话大致是：Gwyn is white，即"格温有白色的意思"。其中 eira 直译是 snow(雪)，引申为白色的意思，所以有了后半句话，"当且仅当雪是白色的"。——译者注

能语言的分析性语句。但是之后我试图做蒯因的对手没有做的工作，来完成这项研究。我论述了某一群体内的心智、行为以及文化因素，该群体通过决定
207 何种可能语言是他们的语言，来确定他们语言中的分析性语句。因此，我宣称我已经完成了蒯因的要求：我论述了真正的分析性类型——同某一语言使用者群体相关的分析性。

然而我对于蒯因的回答还达不到某些哲学家的希望。我的谈论自由自在地遍及所有可能世界，而我不知道离开了这些可能世界我如何可能完成这项研究。到最后这不就是老一套的兜圈子吗？因为每一种已知的、为可能世界辩护的方式结果都是诉诸分析性的。可能世界是某一内涵足够丰富的语言的模型，或者模型的索引，或者模型的图示（状态说明），或者模型的理论（全新的理论）。[①] 但是当然不可能**所有可能世界**都是语言的模型——只有那些满足分析范畴的真的可能世界才是！

即便这样的结果还是有些绕来绕去的，但至少不是在兜圈子。如果最初我们只是知道一门特定的语言中分析性是什么，我们能够将可能世界作为该语言的模型——或者任何其他的工具，以便进一步使用这些可能世界来解释任意一门语言中的分析性。这也算是一点进步了。

但是我宁愿说，为可能性辩护以有利于支持分析性，这整个就是糟糕透顶的主意。什么是可能的，创造和破坏这些事实，为什么应当成为人类的惯例呢？人类惯例所能做的全部事情，就是选择这一种而非那一种言辞表达，并根据有关世界的可能性之事实，从而享有特殊地位，能够表达“真”。正是这同样的方式，人类惯例能够选择这一种而非那一种言辞表达，并根据有关明天天气之事实，从而享有特殊地位，能够表达“真”。如果你喜欢，可以说根据惯例，不存在已婚单身汉这样一个**正确的称谓**。但是不要说根据惯例，在这个世界或者其他任何的世界，都不存在已婚单身汉。不可能是这样的。

在任何情形下，是根据什么样的权利，我们能够将可能世界和它们的居民 208

---

① 例如，在理查德·蒙塔古那里可能世界被解释为模型，“Logical Necessity, Physical Necessity, Ethics, and Quantifiers”, *Inquiry*, 3 (1960), pp. 259—269；在克里普克(Kripke)那里被解释为模型的索引，“Semantical Considerations on Modal Logic”；在卡尔纳普那里被解释为状态说明，“Modalities and Quantification”, *Journal of Symbolic Logic*, 11 (1946), pp. 33—64；在杰弗里那里被解释为全新的理论，*Logic of Decision*, pp. 196—197。

称作是声名狼藉的实体，不适合服务于哲学研究的目的，除非他们能够乞求从语言哲学中得到救赎呢？我所知的任何对于可能事物的指控，同样也能正义地适用于对集合的指控。然而极少有哲学家会良心发现，对集合论有所疑虑。集合和可能事物很相似，都是为拥挤着各种各样理论的本体论所准备的。集合和可能事物很相似，都提出了我们没有办法回答的问题。存在任何比连续统还要小的不可数集合吗？存在五维空间的可能世界吗？我的建议是，既然彼此都有这些神秘的未解之谜，那么就一视同仁，保持一颗平常心。

有一项对于可能事物的指控倒是集合中没有的；但是对于这项指控，可能事物无罪。有人说可能事物会抵制个性化的发展过程。我们何时可曾有过两个世界共有一种可能事物，我们何时可曾有过两个世界有两种相似的可能事物？一种极端的理论能够轻而易举地解决这个问题：从来不曾有过任何一种事物，能够同时存在于一个以上的可能世界之中。这一极端的解决方案表明这种困难不是那么严重；或许不那么极端的解决方案甚至还会更好些。①

可能事物其实表现尚可。因此是否支持它们存在于我们形而上学的理论化过程之中，这个问题取决于它们能带来什么好处。我相信任何不偏不倚地利用它们从事系统化的本体论研究的工作都会表明它们十分有用。

分析性在所有可能世界中皆为真。对于某个人而言，分析性意味着什么，这取决于和可能世界有关的事实以及他所使用的语言二者之间的结合。他所使用的语言取决于他所参与的惯例。而这些惯例是行为的常规性，通过协调所带来的利益以及预期他人会做他们应做之事而得以维持。

---

① 参见 Lewis，“Counterpart Theory and Quantified Modal Logic”。

索 引[①]

Abnormal agents. 非正常的参与人 51,62 注释,75,76—78

Acquisition of language. 语言的习得 202

Actual language of a population. 某一群体的实际语言 176—177,194—202,205—207

Admissibility of contingency plans. 某一群体实际使用的语言 131—133

Advice. 建议 参见 Imperatives

Agreement. 协定 协调的方式,33—35,52—57;惯例的起源,45,83—88

Alston,William,威廉·奥尔斯顿 87 注释,105—106

Alternatives to conventions. 备选惯例 69—76,78,80,148—149,152,180—181. 同时参见 State of nature

Ambiguity. 歧义性 161,164,168,169,192—194

Analyticity. 分析性 174—176,187,196—197,200—202,204—208

Anaphora. 回指 参见 Indexicality

Anomaly. 违背常理,异常 164,169—170

Arbitrariness. 任意 16—24,69—70,117. 同时参见 Alternatives to conventions

Audience. 信号接收者 定义 130;~的应变预案,131—132

Authority,relation of. 职权关系 184—185

Automatic signals. 自动信号系统 参见 Semaphores;Stoplights

Basis for common knowledge. 共同知识的基础 56—58

Blazing trails. 开辟道路 128

Boats. 小船 参见 Rowing

Calling back. 回拨电话 5,11—12,36—40 各处,43—44,100

---

① 索引中的页码为原书页码,即本书中的边码。——译者注

Campers. 露营者 参见 Firewood-hunting
Carnap,Rudolf. 鲁道夫·卡尔纳普 171,204—206,207 注释
Categories,grammatical. 语法范畴 166—168
Cavell,Stanley. 斯坦利·卡维尔 62—63

Children. 儿童 参见 Abnormal agents; Acquisition of language
Chomsky,Noam. 诺姆·乔姆斯基 50,166,169,170,199
Clothing. 衣服 6,45—46
Clusters of languages. 语言簇 201—202
Code flags. 信号旗 125—126
Combining operations. 合并操作 166—168
Commands. 命令 参见 Imperatives
Commissives. 允诺式,允诺式语句 187—189. 同时参见 Moods
Common knowledge. 共同知识 52—60; 定义 56;同时参见 Higher-order expectations, Knowledge of conventions
Communicator. 信号发送者 定义 130; ~的应变预案,131
Confidence,mutual. 共同信心 25—27
Conflict of interests. 利益冲突 13—14,15,17,46,116—118,120
Conformative behavior. 遵从行为 107—118
Consequences of conventions. 惯例后承 80—82,103,143
Consolidation of alternative choices. 替代选择项的合并 23,135
Constituents. 成分 166—173,197—200
Context-dependence. 语境的依赖性 参见 Indexicality
Contingency plans,应变预案 47,122—141,144—147
Continuous activity. division of,连续性活动的分割 46—47,68—69
Contradiction. 矛盾性 参见 Analyticity
Convention. 惯例 定义,42,58,76,78—79; 例子,42—51. 同时参见 Meeting (例子 1); Calling back (例子 2); Rowing (例子 3); Driving on right (例子 4); Firewood-hunting (例子 5); Dress (例子 6); Oligopoly (例子 7); Stag-hunt (例子 8); Division of goods (例子 9); Medium of exchange (例子 10); Language (例子 11)
Convention-dependent regularities. 依赖于惯例的常规性 80—82,103,143
Coordination equilibria. 协调均衡 14—23; 定义 14
Coordination problems. 协调问题 5—36;定义 24; 例子 5—8. 同时参见 Meeting (例子

1)；Calling back（例子 2）；Rowing（例子 3）；Driving on right（例子 4）；Firewood—hunting（例子 5）；Dress（例子 6）；Oligopoly（例子 7）；Stag—hunt（例子 8）；Division of goods（例子 9）；Medium of exchange（例子 10）；Language（例子 11）
Cut off, telephone. 掐断电话 5,11—12,36—40 各处,43—44,100

Declaratives. 陈述句 参见 Indicatives
Degrees of convention. 惯例等级 76—80,97—98,200；定义 78—79
Denotation. 指谓 171—173,197—200
Describing conventions, difficulty of. 描述惯例的困难 44,63—64,86—87,127,182—184
Desirability-measures. 欲望度量 9,13 注释
Discretionary contingency plans. 允许自行决断的应变预案 144—147
Division of goods. 物品的分配 7,47—48
Domination. 占优 17—21
Dress. 穿着 6,45—46
Driving on right. 靠右侧行驶 6,40—41,44—45,58,59,65—66

Enforcement. 施行 参见 Sanctions
Equilibria. 均衡 8—23;定义 8
Eternal sentences. 意思永远不变的语句 173—175,196—197. 同时参见 Indexicality
Evaluation of grammars. 语法的评价 198—199
Exceptions. 例外 参见 Abnormal agents；Degrees of convention
Expectations, mutual. 共同预期 参见 Confidence, mutual；Higher-order expectations；Reasoning
Extensions of constituents. 成分的外延 171—173,197—200

Fair play. 公平游戏 参见 Obligations
Falsity. 假 参见 Truth
Feeble-minded agents. 低能参与人 参见 Abnormal agents
Firewood-hunting. 找寻木柴 6,45
Flag signals. 旗帜信号 125—126
Formatives. 构成要素 166—173,197—200

Games. 博弈 ～理论,3,13—14；纯冲突～,13—14,116—118,120；纯协调～,14,17—

21. 同时参见 Jotto；Penny-matching
Generality of attitudes，two sense of. 两种意义上的一般化心态 64—68，183—184
Generative component. 生成部分 166—168
Gestures. 手势 126—128
Grammars. 语法 165—173，197—200
Grice，H. P. H. P. 格赖斯 107，152—154，204

Hand signals. 手势信号 126—128
Hare，R. M. R. M. 黑尔 161 注释
Higher-order expectations. 高阶预期 定义 28；～的形成，52—60. 同时参见 Reasoning
Hintikka，Jaakko. 亚科·欣蒂卡 171—172 注释
Hobbes，Thomas. 托马斯·霍布斯 88，89，94 注释，95
Horse-training. 驯马 129—130
Hume，David. 大卫·休谟 3—4，48. 同时参见 Rowing

Idiots. 傻瓜 参见 Abnormal agents
Imitation，mutual. 相互模仿 181—121
Imperatives. 命令式，命令式语句 144—147，150—151，161，184—186. 同时参见 Moods
Imperfect conventions. 非完美惯例 76—80
Improper equilibria. 不是真正的均衡 21—23
Indeterminacy of translation. 转译的不确定性 200
Indexicality. 指向性 161，163—164，170，172—173，175—176，191—192. 同时参见 Eternal sentences
Indicating. 表明 52—59，61
Indicatives. 直陈式，直陈式语句 144—150，160—161，178—184. 同时参见 Moods
Indicator words. 指示词 参见 Indexicality
Individuation of possibles. 可能事物的个性化发展 208
Inscriptions. 记录 142
Inscrutability of reference. 指称不确定性 200
Intensions of constituents. 成分的内涵 171—173，197—200
Intentions，Gricean. 格赖斯式内涵 152—159
Interpretations. 解释 信号的～，151；语句的～，162—163，165，168—173，195；成分的～，168—173，197—200. 同时参见 Meaning；Moods；Truth conditions

Interrogatives. 疑问式,疑问式语句 186—187. 同时参见 Moods

Jeffrey,Richard. 理查德·杰弗里 9 注释,207 注释
Johansen,Dr. H. H. 约翰森博士 177 注释
Jotto. 乔托游戏 104—105
Justifications. 合理性的证明,正名 参见 Reasoning

Kalish,Donald. 唐纳德·卡利什 65 注释
Kaplan,David. 大卫·卡普兰 65 注释,172 注释
Katz,Jerrold. 杰罗尔德·卡茨 170—171
Knowledge of conventions. 惯例知识 60—68
Kripke,Saul. 索尔·克里普克 172 注释,207 注释

Language. 语言 1—3,7—8,49—51,62—63,74,87—88,142—143,152—208. 同时参见 Signaling
Languages. 语言(复数) 152,160—165,173—177. 同时参见 Actual language of a population; Clusters of languages; Unusable languages
Lanterns,Paul Revere's. 保罗·里维尔的灯笼 122—125,134—135,144—146
Lewis,David. 大卫·刘易斯 33 注释,65 注释,208 注释
Lexicon. 词汇 166
Linguistic competence. 语言能力 51,182—184,199,202
Linguistic universals. 语言的通用性 参见 Unusable languages
Locke,John. 约翰·洛克 88,93—94
Logic,notations for. 逻辑符号 85—86,103—104

Marks. 记号 142
Meaning. 意义 信号的~,122,124—125,143—147;语句的~,165;成分的~,172—173. 同时参见 Interpretations; Meaningnn
$Meaning_{nn}$. 信号的非自然意义 107,152—159
Medium of exchange. 交换媒介 7,48—49
Meeting. 会面 5,9—10,14—15,28—39 各处,42—43,52—57,74,80—82
Models. 模型 207
Money. 货币 7,48—49

Montague, Richard. 理查德·蒙塔古 65 注释, 172 注释, 207 注释
Moods. 语气 151, 161, 162—163, 176. 同时参见 Commissives; Imperatives; Indicatives; Interrogatives; Permissives
Moral obligations. 道德义务 参见 Norms; Obligations
Morphemes. 语素 166—173, 197—200
Multiplicity of equilibria. 多重均衡 参见 Arbitrariness
Mutual confidence. 共同信心 25—27

Nested replications. 相互嵌套的复制过程 参见 Reasoning
Norms. 规范 97—100. 同时参见 Obligations
Notations for logic. 逻辑符号 85—86, 103—104

Obedience. 服从 参见 Imperatives: Sovereign, obedience to
Obligations. 义务 34—35, 45, 84, 93—95, 103, 181—182, 188—189. 同时参见 Norms
Occasions of utterance. 言说场合 参见 Indexicality
Oligopoly, 寡头垄断 6—7, 46—47
One-sided coordination. 单边协调 129—130, 179—180, 185—186
Opacity, referential. 指称的含混不清 49, 50
Orders. 位阶 参见 Higher-order expectations; Imperatives
Origin of conventions. 惯例的起源 83—88

Partial analyticity. 部分分析性 200—202
Payoff matrices. 收益矩阵 9
Penny-matching. 猜硬币 116—118, 120
Permissives. 允许式, 允许式语句 189—191. 同时参见 Moods
Phrase-structure grammars. 短语结构语法 168
Possible languages. 可能的语言, 可能语言 参见 Languages
Possible worlds. 可能世界 163, 171—172, 200, 201, 207—208
Pragmatics. 语用学 参见 Actual language of a population; Indexicality
Precedent. 先例 35—41, 57—58
Preference, two concepts of. 两种偏好概念 93—95
Price-setting. 定价 6—7, 46—47
Prisoner's Dilemma. 囚徒困境 17

Projection operations. 投影操作 169
Promises. 承诺 参见 Agreement; Commissives; Obligations
Proper equilibria. 真正的均衡 21—23
Property. 地产,产权 48
Psycholinguistics. 心理语言学 参见 Linguistic competence
Punishment. 惩罚 参见 Sanctions

Questions. 问题 186—187. 同时参见 Moods
Quine, Willard V. 威拉德・V. 蒯因 2,49 注释,65 注释,87,142 注释,200,203—207

Railroad semaphores. 铁路信号灯 128—129
Rawls, John. 约翰・罗尔斯 89 注释,93—94
Rearranged replications. 重新排列的复制过程 113—116,137—141,155—156
Reasoning. 推理过程 图示方法的～,28; 协调中的～,25—26; 共同知识中的～,52—56; 遵从行为中的～,109—117; 发信号中的～,135—141; 信号的非自然意义中的～,155—159; 语言使用中的～,179—180
Reference. 指称 171—173,197—200
Replications. 复制过程 参见 Reasoning
Representing component. 表征部分 168
Requests. 请求 参见 Imperatives
Rescher, Nicholas. 尼古拉斯・雷舍尔 150
Responses to signals. 对信号做出回应 131
Revere, Paul. 保罗・里维尔 参见 Lanterns, Paul Revere's
Richardson, Jane S. 简・S. 理查森 33 注释
Role-dependence. 角色依赖 10—12,43—44,131
Rousseau, Jean-Jacques. 让一雅克・卢梭 88. 参见 Stag-hunt
Rowing. 划桨 5—6,44,63—64,86—87
Rules. 规则 100—107,204—206. 同时参见 Conformative behavior
Russell, Bertrand. 伯特兰・罗素 87 注释

Salience. 显著性 35—36,38,57,158—159
Sanctions. 处罚 44—45,48,102—104,106
Schelling. Thomas C. ,托马斯・C. 谢林 3,13—14,35,102 注释

Schemata of reasoning. 推理模式 参见 Reasoning
Scott,Dana. 达纳·斯科特 172 注释
Scriven,Michael. 迈克尔·斯克里文 33 注释
Searle,John. 约翰·塞尔 157,159
Semantical rules. 语义规则 204—206
Semantics. 语义学 171,173—176,195—202,203—206
Semaphores. 信号灯 128—129
Sensu composito,generality in. 综合意义上的一般性 64—68
Sensu diviso,generality in. 分离意义上的一般性 64—68,183—184
Sentences. 语句,句子 152,162. 同时参见 Eternal sentence; Verbal expressions
Set theory. 集合论 208
Ships' flag signals. 船只的旗帜信号 125—126
Shwayder,David. 大卫·施韦德 107—118
Signaling. 发信号,发信号现象 122—161;
signaling problems. 发信号问题 130—131;
signals. 信号 131;
signaling systems. 发信号机制 132—133;
signaling conventions. 发信号惯例 135;
examples. 例子 122—130. 同时参见 Language; Lanterns,Paul Revere's; Flag signals (例子 1); Hand signals (例子 2); Trail blazing (例子 3); Semaphores (例子 4); Stoplights (例子 5); Horse-training (例子 6)
Slote,Michael A. 迈克尔·A. 斯洛特 24 注释
Social contracts. 社会契约 88—96,103,105,182
Solutions. 解决方案 参见 Equilibria
Sounds. 声音 142
Sovereign,obedience to. 服从主权者 90—94
Specializations of conventions. 惯例的特殊情形 80—81,143
Speech. 言语 142. 同时参见 Language
Stag-hunt. 猎鹿 7,47,95 注释
State of nature. 自然状态 89—96
Statements. 陈述 参见 Indicatives
Stenius,Erik. 埃里克·斯特纽斯 177 注释,187 注释
Stoplights. 红绿灯 129

Strategies. 策略 参见 Contingency plans
Strawson,P. F.P. F. 斯特劳森 158
Stylistic variation. 语体变异 168
Syntheticity. 综合性 参见 Analyticity

Tarski,Alfred. 阿尔弗雷德·塔尔斯基 171,204,206
Telephoning. 打电话 参见 Calling back
Tenses. 时态 参见 Indexicality
Termination of commands. 指令完结 150. 同时参见 Imperatives
Threats. 威胁 参见 Commissives; Sanctions
Token-reflexives. 标记反身词 参见 Indexicality
Traffic lights. 交通信号灯 129
Trail blazing. 开辟道路 128
Training horses. 驯马 129—130
Transformational grammars. 转换语法 168
Transparency,referential. 指称的清晰透彻 49,50
Triviality. 微不足道 参见 Arbitrariness
Truck-steering. 卡车驾驶 126—128
Truth. 真 信号中的～,147—151；语句中的～,152,173—175,196—197,206
Truth conditions,真值条件 151,163,171
Truthfulness,求真 148—152,177—195
Two-side coordination. 双边协调 参见 One-side coordination

Uniformity. 一致性 参见 Role-dependence
Unique equilibria in coordination games. 协调博弈中唯一的均衡 16—21
Unsharp analyticity. 不精确的分析性 200—202
Unusable languages. 无法使用的语言 50,74,162,166,180—181
Using a language. 使用语言 49—51,176—177,194—195,205—207
Utility-measures. 效用度量 9,13 注释
Utterance,occasions of. 言说场合 参见 Indexicality
Utterances. 言说 142

Verbal expression. 言辞表达 142. 同时参见 Language

Verbal signaling. 言辞信号 141—143,151—152,160—161

White,Morton. 莫顿·怀特 2,203

Wittgenstein,Ludwig. 路德维希·维特根斯坦 177,204

Wolff,Robert P. 罗伯特·P. 沃尔夫 89 注释

Words. 言词 166—173,197—200

Worlds. 世界 参见 Possible worlds

Writing. 写,书写 142. 同时参见 Language

Ziff,Paul. 保罗·齐夫 106—107,204

译者后记

从某种意义上来说,《惯例:一项哲学层面的研究》一书可算作是经济学界的一部"奇书"了,尽管它对于当代经济学制度分析影响深远,但是大多数做制度研究的经济学者恐怕从未读过此书,而引用本书的经济学者也很少有人会去看50页之后的内容。

因为本书虽然题名为"惯例",但是作者关注的核心内容其实是语言哲学。对于这一领域,经济学家自然是陌生的。

就我自身来说,翻译此书也有些"名不正,言不顺"。我的专业领域是经济学,尽管制度理论是我的主要研究兴趣之一,平时也常常翻阅些哲学著作,但无论是分析哲学还是语言学,我顶多只能说是个业余爱好者,并非专业研究者。所以我相信有不少读者会好奇:我这么一个学经济学的人,为何要翻译这样一本哲学著作呢?

这事得从十多年前说起。2008年,萨格登教授到复旦大学讲授短期课程,我当时刚译完他的《权利、合作与福利的经济学》,理所当然地做了他的助教。我记得在他启程回英国的那天,去机场的路上,跟他聊起那些影响他的哲学家的著作,其中第一本也是最重要的一本书就是刘易斯的《惯例》。当时我说这本书国内还未曾引进,他说:"你应该把这本书译出来,这本书很重要。"

我已经忘记那时是如何回答的了,但是肯定没有想过真的要翻译此书。一是因为这本书所涉及的主要内容非我本专业领域,不敢越俎代庖;二是由于在目前国内高校的科研评价体系中,翻译的地位极低,在职称评定中几乎没有用处,我周围绝大多数年轻学友都以要评职称为由拒绝做译书的工作,"当别人都这样做时,我也这样做,这符合我的利益"——这是一项惯例。所以当时的我并没有翻译此书的念头。

然而在此后数年的制度研究过程中,特别是在撰写有关制度定义的论文过程中，我越来越感觉到此书的重要性：我自己有关制度的界定就是基于“分析性概念”。另一方面，经历过多年高校科研评定的“磨练”之后，我也开始变成“老油条”，如果不是个人需求无法满足，“职称”这东西似乎并不是那么重要；但是译出几本经典之作，于人于己，都更有意义。就在那时，我从学友处得知此书早在 2009 年便已有了中译本。不过当我看到这个中文版本时，发现其中的问题很多。

译事维艰，做过翻译的都知道译书的难处，所以我对于中译作品基本上不会咬文嚼字，只要没有硬伤，我就认为不错。但是 2009 年的这个中译本，译者既不知道“均衡”这类最为基础的专业术语，也不认识“休谟”“蒯因”这些著名思想家，甚至连最为基本的中文语句都难以说是通顺的。对于《惯例》这样一本堪称传世之作的书而言，这个译本无论如何都是不能令人满意的。

2015 年，先生韦森和上海财经大学出版社合作，计划翻译引进一套“人类经济社会思想探索前沿丛书”。在选书的过程中，我将刘易斯的《惯例》一书放了进去。犹豫再三之后，我决定接下翻译此书的任务。

然后一晃就是四年过去了。

现在回想起来，其实真正翻译的时间并不多，大量的时间都花费在理解刘易斯的证明，查找、考证和斟酌专业术语的译名上了。思考刘易斯模型证明的过程，真觉得像是回到了研究生时期解高微、高宏课后习题的时代，尤其当弄清楚其结论是如何推导出来的时候，那种喜悦感就好像是自己终于又做出一道题一样。而对于那些专业术语的推敲，常常是数天乃至数月反反复复考证某一术语的来龙去脉，因为自己非科班出身，生怕弄错意思，误解了原文。

所以《惯例》一书虽然篇幅不大，但翻译过程可谓是步步惊心、如履薄冰。即便如此，受限于自己专业素养的欠缺，我相信书中一定存在着不少错误之处。希望在本书出版之后，能够得到各位方家的指正。

书中几处比较特殊的译名我都在译者注中做了解释，不过在此仍有必要简单提及几个有些“不太规范的”译名问题。

首先是本书的书名，convention 一词在国内的分析哲学著作中常常译为“约定”，大概是出自“约定俗成”之意。但是经济学界一般接受的是“惯例”一语，取其“惯常行为”之意。分析哲学和经济学的侧重点各有不同，从经济学制度分析的立场上来讲，我仍倾向于译作“惯例”。

其次是 utterance 一词，国内分析哲学著作中一般译作“谈话”，这是没有问题的。但本书中刘易斯使用这个词的含义比较特殊，因为他用这个词既表示“书面记录”又表示“口头言谈”（参见本书第 142 页，原书页码，即本书边码），那么译作“谈话”就不那么合适了。而且书中常常能够见到“utterance of the sentence”“occasions of utterance”这类固定搭配，译作“谈一句话”“谈话场合”显然都不是非常合适，所以在本书中我将这一术语译作“言说”，“言”在汉语中除了说话的意思外，也可以表示记录的意思。对应地，speak 一词就简单地译作“说”或者“说出”。

最后是 commissive 一词，这个语气词术语在语言学著作中一般译为“承诺式”。但是原文中这个术语的表述是，“commissive, for promises and threats”，如果仍然机械式地译作“承诺式”的话，这个解释就很怪——“承诺或威胁的承诺式”。为了同 promise 做区分，同时也可和 permissive（允许式）相对应，所以我选择了一个不太常见的译名“允诺式”。

以上是几个需要说明的翻译问题。我自认为就自己的水平来说，翻译的标准原则——“信、达、雅”，倘若能做到“信”就已经是合格了；如果还能在此基础上语句畅达，那就非常不错了；至于“雅”，是我万万不敢企及的。幸有前人鸠摩罗什大师聊以自慰，“改梵为秦，失其藻蔚，虽得大意，殊隔文体。有似嚼饭与人，非徒失味，乃令呕哕也”（《高僧传・鸠摩罗什传》）。所以诸位读者觉得本书中译有词不达意之处，务必请参考原文。

本书的翻译过程中得到了许多学友的帮助。尤其是作为“前语言学研究生”的某人（尊重隐私，在此就不透露其名了），书中不少涉及语言学的术语就是在与她“抬扛、互怼和争吵”过程中敲定下来的。同时我也要向上海财经大学出版社董事长金福林老师、总编辑黄磊老师表示感谢并致以歉意，由于本书的翻译实在拖得太久，乃至两位领导都来关注本书的翻译进度，实在有些不好意思。当然最要感激的还是先生韦森，我仍然记得第一次听先生的课就是关于语言与制度，是他引领我进入制度研究的大门。

翻译本书的时期，也是儿子进入小学开始他漫长的学子生涯的时期。通过观察他的学习过程，也让我进一步理解了刘易斯所分析的语言惯例。

比方说，在所有语言的学习过程中，语感确实是十分重要的，但是有一个前提，就是学习语言者要身处使用该语言的群体环境中，那样他才能够通过交流沟通，从语感中熟悉并掌握使用该语言的技巧。若不然，盲目强调语感就是一种本末倒置。上海小学的英语教育就特别重视语感，但是如果家庭不具备相应的说英语环境，那么在不了解音标、语气、语法规则等前提下只是培养所谓的“语感”，只能变成小和尚念经——有口无心式的模仿而已。更何况英语是语法规则比较成熟的语言，在不具备营造英语语感环境的条件下，重视教授语法规则或许更易于让小孩子熟悉这种与汉语差别甚大的语言。

相比较而言，汉语则是更需要培养语感的语言。因为作为非字母文字，汉语的音韵、语气和声调等本就更依赖从语感中获得，而且汉语语法规则和英语相比要弱得多。在这些条件下，从幼儿园就开始的拼音、笔画、语法训练，反而让小孩子对自己日常使用的语言感觉更陌生而不是更熟悉，甚至产生抵触的学习情绪。我认为，汉语教学就应该强调语感，让小孩子凭着自身的感觉去表达（书面的和口头的），即便幼稚可笑，即便存在错误其实也无关紧要——只要不是根本性的语言使用不当。但是如果翻看现今一篇篇小学生优秀范文，满眼都是程式化的、“学而不思的”培训机构批量生产出来的、如黄河之水滔滔不绝般的成人式修辞模仿，这绝对不是一种自然的语言学习过程。而家长、老师们还为这种竞赛式文体叫好、点赞，实在是匪夷所思的事情。或许，这也是在一种畸形的学习竞争压力中形成的惯例吧。

最终的结果，就像我在最近十年教学中所见的，有多少大学生能够说一口流利的英语，却无法正确表达自己的意思，或理解英文原著的意思；有多少学生甚至读到研究生阶段，论文中基本的中文表达都成问题。

不过最奇葩的还是数学。我们常常在新闻媒体中见到家长吐槽小学数学题难倒了数学博士，众人议论纷纷。如今读了《惯例》，亲眼见证了儿子的数学作业后，我终于明白了是怎么回事。因为实在太有意思，所以请诸位读者容忍我将两道题摘录如下：

例题 1

小实践：先试一试，再填一填

1 分钟跑（　　）米	1 分钟写（　　）字
2 分钟约可以跑（　　）米	2 分钟约可以写（　　）字

这道题我还真的按照题干——“小实践”，和儿子一起测了一测，然后按照实际情况，他1分钟跑大约200米，2分钟跑大约300米；1分钟写30字左右，2分钟写50字。

正确答案是：1分钟跑200米的话，2分钟应该是400米；1分钟写30字的话，2分钟写60字。

例题2

三个人去开水房冲开水，水房只有一个水龙头。小王冲一大杯水用1分钟，小田冲一瓶水需用5分钟，小方冲一瓶水用6分钟。怎样安排使等候时间的总和最少，这个时间最少是多少？

这道题是数学题，也就是曾经的奥数题。我想的是：小王冲水，大家都等了1分钟；小田冲水，小田和小方等了5分钟；然后小田和小方都是用瓶子，可以互换，所以小田完全可以把自己的瓶子给小方，然后再拿空瓶子打水，这样又是5分钟，所以答案是：1＋5＋5＝11(分钟)。

然后家长群中立刻有其他家长贴上了百度来的“标准答案”：小王打水，小王、小田和小方各自都等了1分钟；小田打水，小田和小方都等了5分钟；最后小方打水，6分钟；把三个人各自等待时间加总，答案是：1×3＋5×2＋6＝19(分钟)。

晕不晕？

其实这两道题非常具有典型性，反映出我们数学教育中缺失的东西。我以为，数学的本质是语言，而且是一门分析性语言，即在所有可能世界中都能言说“真”的语言。所以数学教育中最重要的是两点：(1)数学语言的日常使用能力；(2)运用数学语言进行逻辑思维的能力。

像第一道题，分明题干指向的是日常使用问题。任何一个有常识的人都知道跑步会越跑越慢，写字会越写越累，这就是经济学中的边际收益递减原理。所以2分钟跑的距离绝对不可能是1分钟的2倍。但是出题者偏偏不按题干给答案，他考的是可能世界中的数理逻辑：2分钟就是1分钟的2倍，这段时间发生的所有量的变化都是2倍值。

第二道题稍微复杂些。我是按照标准的数理逻辑来理解题干的。首先，按照逻辑上而言，一人拿杯子，两人拿瓶子，那么就表明瓶子属于同一类对象，逻辑上可交换；其次，“等候时间的总和”意味着“经过多少时间”。结果又一次，出题者不按牌理出牌，他要考的并非逻辑思维能力，而只是类似于那种菜市场大妈算钱快慢的日常问题。这就出现了刘易斯在本书中提及的语言的“指向性”问题——出题者指的就是每个人手里拿的东西而非逻辑上的同质对象，和语言的“歧义性”问题——出题者说的“等候时间的总和”是所有人的等候时间加总而非“经过的时间”。

数学是非常严谨的。如果出题者自己都没有理解题干和自己想要问的内容属于何种范畴，那么就会产生严重的误导，此类数学训练的意义也会大打折扣。所以并非是小学数学题难，而是出题者自己难以理解他想要教授的数学究竟是什么。

国人经常嘲笑外国人买东西连算钱都算不清楚，又哀叹为何中国人参加“奥数竞赛”能屡次获奖，但有世界级影响力的大数学家却不多见。其实归根到底是我们的数学教育究竟要教会小孩子的是什么？是菜市场大妈的算钱能力，还是一种基本的、能够替代日常语言的逻辑思维能力？如果把单纯的计算能力（或者是综艺秀那类脑筋急转弯能力）置于逻辑思维训练之上，那么最终丧失的是我们运用数学进行真正有意义的思考的能力。

啰嗦了这么多，其实我想说的就是，尽管《惯例》一书很哲学、很专业，但是它所讨论的问题，对于每一位有兴趣思考社会现象的读者而言，都是有价值的。就像刘易斯开篇所言，这本书要澄清的，就是我们日常生活中的寻常道理。

2019年10月9日